한국영화의 갈등 구조

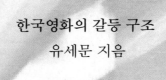

한국영화의 갈등 구조

유세문 지음

도화

차례

이 책은 저자의 박사학위 청구논문을 출간한 것이며 동시대 문화 연구의 선상에서 영화 텍스트를 통해 한국적 서사가 가진 문화적 특성을 이해하려는 노력의 결과이다. 영화는 그 시대의 사회와 문화를 비추는 거울로서, 대중 영화를 구성하고 있는 서사와 다양한 표상들을 분석하는 작업은 동시대 한국 사회가 지닌 문화적 맥락을 조금 더 객관적으로 이해하는 데에 도움을 준다. 특히 영화에서 가장 중요한 서사적 요소인 갈등 구조는 서사에 역동성을 부여함으로써 영화가 관객들과 성공적으로 소통할 수 있게 한다. 영화의 서사는 문자로만 이루어져있는 문학과는 달리 영상이나 사운드와 같은 다양한 요소들로 구성되어 있기 때문에 분석 작업에 특별한 전략이 요구된다. 따라서 갈등이라는 서사적 요소에 집중함으로써 영화 서사 분석의 난관을 돌파하고자 하였으며, 그것을 다루는 틀로서는 '유사가족(類似家族)'이라는 표상을 선택하였다. 유사가족이란 혈연을 통해 엮이지 않았으면서도 가족주의에 바탕을 둔 사회적 집단을 의미하는 것으로, 한국의 문화적 특성 중 가장 대표적인 것이 '가족주의' 이데올로기이므로 한국 영화의 갈등 구조를 분석하는 틀로 유사가족 표상을 활용하는 것은 본 연구만의 독창적인 시도라고 할 수 있다. 정리하자면, 동시대 한국 영화에 나타난 유사가족 관계의 갈등 구조를 심층적으로 분석함으로써 가족주의에 기초한 한국적 내러티브의 특성을 규정하고, 그것이 각각의 서사에 어떻게 영향을 미치고 있는가를 이해하는 데에 기여하는 것이 본 연구가 지향하는 지점이다.

대상 텍스트는 2008년부터 현재까지 나온 동시대 한국의 대중 영화 중에서 유사가족 표상이 나타나는 텍스트를 중심으로 선정되었고, 등장인물들의 비가족적 관계 속에서 가족 호칭이 주되게 사용되거나 가족 호칭이 사용되지 않더라도 조직의 보스나 마을의 이장, 배의 선장과 같은 가부장적 인물을 중심으로 명백하게 가족 형태를 이루는 사례들을 유사가족으로 다루었다. 분석에는 정신분석학적 접근을 주된 방법으로 도입하였으며, 기호학적 방법을 기능적 차원에서 활용하여 보충하였다. 분석의 과정은 먼저 등장인물들이 어떤 구조로 유사가족 관계를 이루고 있는가를 그레마스의 '기호학적 사각형'을 통해 명확히 하였다. 이렇게 제공된 도식들은 인물 간의 외적인 관계를 도식화한 것이 아니고 인물, 특히 갈등의 주체가 되는 인물이 가진 무의식적 환상 속의 관계를 도식화한 것이다. 영화에 재현되고 있는 현재의 유사가족 관계 속 갈등을 등장인물이 가진 가족 환상이 욕망이라는 동기를 통해 전이되어 나타나는 것으로 보았기 때문이다. 다시 말해 갈등 구조를 심층적으로 다룸에 있어서 무의식을 활용한 것인데, 무의식은 언어의 법칙을 따르기에 은유와 환유를 통해 드러난 표상을 경유함으로써 무의식적 환상 속에 존재하며 표상되지 않는 욕망이나 충동과 같은 갈등의 원인들에 접근할 수 있었다. 13개 영화 텍스트를 중심으로 진행된 각각의 분석의 마지막에는 밝혀진 갈등 구조가 어떻게 서사를 특징짓고 있는가를 그레마스의 '행동자 모델'을 통해 도식화하여 제시하였다.

　갈등 구조 연구의 결과로 나타난 한국적 서사의 특징은 '어머니의 욕망'으로 대변되는 개인의 욕망은 지나치게 강한 것에 비하여 그것을 중화시켜 줄 '아버지의 이름'으로 대표되는 고차원적 가치가 결여됨으로써 환상이 특정 기표(예를 들자면, 돈)에 고착되는 결과를 가져오고 있다는 것이다. 문화적으로 환상이 자유롭게 풀려나지 못하고 고착화된다는 것은 서사가 다양하고 풍부하게 발전하지 못하고 특정 구조의 반복적이고 강박적인 변형만을 답습할 수밖에 없다는 의미이기도 하다. 따라서 본 연구를 통해 얻을 수 있는 통찰은 고착된 환상을 횡단하고 자유로운 환상을 지향함으로써 한국적 서사를 더욱 풍부하게 만들 필요성이 있다는 것이다.

　박사과정의 연구를 지도해주신 성균관대학교 이지순 교수님과 많은 조언을 해주신 성균관대학교 황호덕 교수님, 숭실대학교 이찬규 교수님께 감사드린다. 논문이 책으로 출간될 수 있도록 도와주신 박지연 대표님과 김성달 작가님께 감사드린다. 마지막으로 언제나 든든한 후원자 역할을 해주시는 어머니께 감사드린다.

2018년 4월
유세문

제1장 /
서론

1. 연구의 목적

본 연구의 목적은 대중 영화를 텍스트로 하여 동시대 한국 문화를 특징짓는 요소의 하나인 가족주의와 그로 인한 갈등이 유사가족이라는 표상을 통해 서사 안에서 어떻게 재현되고 있는가를 심층적으로 살펴봄으로써, 한국적 서사가 가진 특성을 이해하는 데에 기여하는 것이다. 이러한 연구는 영화가 재현을 통해 동시대 사회의 문화와 소통한다는 전제를 바탕으로 하며,[1] 영화의 텍스트를 분석하는 작업은 현대 문명사회가 전유한 우리의 삶 속에서 너무나 익숙해져버린 문화적 표상들을 낯설게 보려는 시도로서 의미가 있다는 믿음으로부터 출발한

---

[1] 스튜어트 홀(Stuart Hall)은 문화를 영화와 같은 텍스트 자체가 아니라 개인이나 집단이 이를 이해하는 과정에서 일어나는 커뮤니케이션 행위로 보았다. (Marita Sturken & Lisa Cartwright, *Practices of looking*, New York: Oxford University press, 2001, p.4.)

다.

영화의 근간을 이루는 것은 서사인데 백선기에 따르면 같은 소재의 영화라도 서로 다른 서사 구조를 지닐 수 있는 것은 "영화를 제작할 당시의 시대상과 사회, 문화적 상황이 연계되기 때문이다."[2] 이러한 의미에서 그는 영화를 "사회, 문화적 속성을 지니고 있는 기호 체계이면서 의미 체계"[3]로 파악한다. 따라서 우리는 영화의 서사 구조와 다양한 표상(representation)들을 살피는 행위를 통해 그 영화와 연관을 맺고 있는 동시대 사회의 문화적 맥락을 역추적해 볼 수 있으며, 이러한 맥락들을 종합하면 한국의 문화 속에서 존재하며 각종 서사와 표상에 영향을 미치는 일관된 내러티브(narrative)를 이해할 수 있다.

피터 브룩스(Peter Brooks)는 "내러티브는 우리가 현실의 문제를 타결하기 위해 사용하는 이해 체계 내지 포괄적 이해 범주의 일종"[4]이라고 밝히고 있다. 따라서 영화를 통해 동시대 문화의 특징적인 내러티브를 발견하는 일은 우리가 우리의 문제를, 우리의 사회를, 그리고 우리 자신을 바라보는 데에 하나의 틀을 제공할 것이다.

영화의 텍스트는 서사와 이미지 등이 결합된 형태의 매우 복잡하고 역동적인 기호 체계이다. 영화에 시간성을 부여하는 내러티브는 아주 단순하게는 "사건의 재현"[5]으로 정의될 수 있다. 단순한 서술 행위와는 달리 재현이라는 단어는 과거의 사건이나 행동, 생각 등을 어떻게 다시 구성 할 것인가라는 '방식'이나 '전략'과 같은 의미를 필연적으로

---

2 백선기, 『영화 그 기호학적 해석의 즐거움2』, 커뮤니케이션북스, 2010, p.8.
3 위의 책, 서문, p.6.
4 Peter Brooks, 박혜란 역, 『플롯 찾아 읽기』, 강, 2012, p.11.
5 H. Porter Abbott, 우찬제 외 역, 『서사학 강의』, 문학과지성사, 2010, p.35.

내포하게 된다.[6] 그것이 내러티브를 단순히 서사나 서사체로만 바라볼 것이 아니고 서사의 전략으로도 보아야하는 이유인 것이다.

특히 영화의 내러티브는 문자로만 이루어져있는 문학과는 달리 영상, 사운드, 몽타주 등과 같은 다양한 요소로 이루어져있어 서사 전략에서 경우의 수가 무한히 확장하게 된다. 여기에 한국 사회라는 문화적 맥락에 대한 고려까지 더해질 때 논의 할 대상을 그 모든 전략과 표상들을 관통하는 하나의 프레임워크(framework)로 제한하지 않는다면 연구 자체가 불가능해질 수 있다. 그래서 선택된 틀이 바로 '유사가족(quasi-family)'의 개념이다.

한국의 모든 사회적 관계는 유사가족 관계라고 할 수 있다. 지나치게 일반화한 측면이 없지는 않지만 한국 사회의 특징을 이보다 더 적절하게 표현하는 명제를 찾기도 힘들다. '형', '누나', '오빠', '언니', '아저씨', '아줌마', '할아버지', '할머니' 등 한국 사회에서 직업명이나 직위가 아닌, 관계를 나타내는 호칭은 모두 가족을 의미하는 것들이며 주로 나이에 의해 정해지는 유사가족 관계는 사회적 서열을 결정하는 가장 중요한 요소이다. 한국사람 사이에서 싸움이 나면 서로의 나이부터 확인하려고 드는 것만 보아도 그러한 사실을 쉽게 확인할 수 있다. 2015년에는 영국의 경제주간지 ≪이코노미스트≫가 한국 기업의 유사-가족적 특성을 지적하면서 상사는 아버지, 동료는 형제로 간주하

---

6 권택영은 서사 이론의 시작을 러시아 형식주의에서 비롯된 '낯설게 하기'로 본다. 다시 말해 서사란 일상에 존재하는 이야기(story)들을 플롯(plot)이라는 형식을 통해 낯설게 보이도록 가공한 것을 의미한다. 따라서 서사를 구성하는 요소는 내용인 스토리와 형식인 플롯으로 나눌 수 있는데, 학자에 따라 이 두 요소 대신 파불라(fabula)와 수제(sjuzet)라는 개념을 사용하기도 한다. (권택영, 『소설을 어떻게 볼 것인가』, 문예출판사, 2013, p.8.)

는 직장 문화를 소개한 바도 있다.[7]

보다 정확히 표현하자면 유사가족은 한국 사회를 대표하는 표상이 아니라 한국 사회를 지배하는 대표적인 이데올로기인 '가족주의(familism)'의 표상이다. '가족'은 모든 문화에서 존재하는 가장 오래되고 보편적인 집단이며[8] 어느 나라를 막론하고 사회의 기본 단위로 인식된다. 그러나 한국 사회에서의 가족의 개념은 절대 거부해서는 안 되는 사회적 명령까지도 내포하는데, 그것은 곧 사회규범으로서 작용한다는 의미이다.

다시 말해 다른 사회에서는 가족이 개인의 생존을 위해 반드시 필요한 집단이기 때문에 그 중요성이 강조되는 것에 비해, 한국에서는 개인이 희생을 해서라도 반드시 지켜야 하는 어떤 상징성, 즉 한국만의 독특한 가족주의가 개입되어 있다는 것이다. 한 사회가 공유하는 가족에 대한 가치는 가족의 형태뿐만 아니라 그 사회만의 특징적인 가족주의 이데올로기를 형성하는 데에 있어서도 큰 영향을 미친다. 가족주의에 대한 정의는 관점에 따라 다양하게 주장될 수 있다. 그러나 그 중에서도 공통적인 논지는 발견할 수 있는데, 가족주의에서는 모든 가치 판단 기준의 중심에 가족이 있다는 것이다.[9]

한국 사회의 가족주의는 가부장제의 영향으로 인해 유대와 서열을 중요시하고 타 집단에 대하여 배타성이 강한 것이 특징이다.[10] 최재석

7 《금강일보》, http://www.ggilbo.com/news/articleView.html?idxno=255395, 2015.11.29.

8 Larry A. Samovar & Richard E. Porter, 정현숙 외 역, 『문화 간 커뮤니케이션』, 커뮤니케이션북스, 2007, p.159.

9 박통희, 「가족주의 개념의 분할과 경험적 검토―가족주의, 가족이기주의, 의사가족주의」, 『가족과 문화』16권/2호, 한국가족학회, 2004, pp.98―100.

10 고영복, 『철학사상과 사회과학의 만남』, 사회문화연구소, 2005, pp.221―222.

에 따르면 "한국의 전통적 가족윤리는 사회윤리로 확대되어 모든 사회생활의 기본원리가 되었다."[11] 이것에 대해 신수진은 다양한 관련 연구들을 검토한 후, 한국에서의 가족주의는 가족에만 국한된 개념이 아니며 사회의 무의식적 구조를 결정하는 지배적인 이데올로기로서 사회 구성원들의 일상생활에서 문화적 관습을 통해 계승되어 왔다고 주장한다.[12] 또한 권용혁은 전통적인 가족의 가치가 희미해진 근대화 이후에도 가족주의가 그 위력을 잃지 않고 오히려 유사−가족주의를 통해 사회적으로 확산되고 있다는 점에 문제를 제기한다.[13] 이러한 문제의식의 연장선상에서 박통희는 어디까지를 가족 구성원으로 인식하는가에 따라 가족 집단의 외연이 유사가족의 형태로 얼마든지 확장될 수 있음을 강조하기도 한다.[14]

따라서 유사가족에 대한 연구를 진행하기 위해서는 그 근저를 이루는 한국 사회의 '유사−가족주의(quasi−familism)'를 먼저 이해해야만 한다. 신수진에 따르면 "가족 내의 인간관계를 통해 사회화된 개인은 가족 외적인 상황에 직면할 때, 그들이 이미 내면화시킨 행동원리를 바탕으로 적응하는 현상이 나타난다."[15] 다시 말해 유사−가족주의는 개인이 가족 외부에서 사회적 관계를 형성할 때에 가족 집단 내에서 규범으로 작동했던 이데올로기를 그대로 적용한 결과 나타난다는 것이다. 또한 그녀의 주장에 의하면 전통사회에도 '가족원리'가 그대

---

11 최재석, 『한국의 가족과 사회』, 경인문화사, 2009, p.215.
12 신수진, 「한국의 가족주의 전통과 그 변화」, 이화여자대학교 대학원 박사학위논문, 1997, pp.1−2.
13 권용혁, 「한국의 가족주의에 대한 사회철학적 성찰」, 『사회와 철학』25집, 사회와철학연구회, 2013, p.203.
14 박통희, 위의 논문, p.109.
15 신수진, 위의 논문, p.89.

로 사회관계, 국가조직에까지 확대되는 특징이 있었다. 즉 군사부일체(君師父一體)라는 사고를 통해 국가까지도 하나의 '가족'으로 생각할 수 있게 만들었던 것이고, 이를 바탕으로 '가족주의'의 원리가 정착될 수 있는 기반이 될 수 있었던 것이다.[16]

이러한 관점에서 볼 때 한국에서 개인의 사회화는 가족의 경계 밖으로 발을 내딛는 것이 아니라 오히려 다양한 형태의 가족에 재편입되는 과정에 불과하다. 강나영은 "우리가 가족 내부에서 충족시켰던, 정서적인 유대를 통해 안정감을 얻고자 하는 욕구는 가족 외부의 관계에서 유사가족이라는 가족과 비슷한 공동체를 만들어내는 근본적인 원인으로 작동한다"[17]고 피력하고 있다. 이득재가 유사-가족주의를 한국 사회의 가장 큰 특징으로 파악하고 한국을 '가족 사회'라고 칭했던 것처럼,[18] 유사가족이라는 개념은 한국 사회의 고유한 서사 구조를 만들어내며 다양한 현상들을 특징짓는다.

그러한 현상들 중 오늘날 한국 사회에서 가장 두드러지는 현상은 갈등이다.[19] 이념갈등, 계층갈등, 세대갈등 등 참으로 다양한 갈등의 양상들이 나타나고 있다. 갈등의 정의는 학문의 분야마다 모두 다를 수 있다. 그러나 이성록의 주장에 따르면 갈등이라는 개념의 다양한 정의 속에서도 공통적인 속성은 존재한다. 먼저 갈등이 발생하기 위해

---

16 위의 논문, p.89.

17 강나영, 「2000년대 후반 한국 영화에서의 유사가족 관계에 관한 연구」, 동국대학교 영상대학원 석사논문, 2010, p.17.

18 이득재, 『가족주의는 야만이다』, 소나무, 2001, p.19.

19 대한민국의 사회갈등지수는 2011년 기준으로 OECD에 가입된 24개국 중 5위인 것으로 나타났다. 사회갈등지수는 사회갈등요인이 많을수록, 갈등관리수준이 낮을수록 값이 커진다. (정영호, 고숙자, 「사회갈등지수 국제비교 및 경제성장에 미치는 영향」, 한국보건사회연구원, 2014.)

서는 둘 이상의 행위주체가 존재해야 하는데, 행위주체는 개인뿐만 아니라 집단이나 조직도 될 수 있다. 각각의 주체들은 반드시 원하는 것이 있어야 하며 그것은 서로 의존적이거나 상충되어야 한다. 또한 갈등은 주체가 갈등요인을 인지하고 표현할 때 비로소 드러나게 되기 때문에 외적인 것으로만 보이는 갈등도 본질을 들여다보면 주체의 내적, 혹은 심리적인 수준에서의 요인들이 작용한 결과이다. 갈등은 고정적인 것이 아니며 계속해서 변화하는 역동적인 것이다.[20]

공통적인 속성에 근거하여 갈등이라는 개념을 정의해본다면 어떤 사회에 함께 속한 개인이나 집단의 다양한 내적 가치와 욕망들이 표출되어 서로 대립하거나 충돌하는 현상인 것이다. 이러한 정의는 갈등이 사회, 문화적 맥락과 매우 밀접하게 연관을 맺고 있다는 의미를 내포하고 있다. 왜냐하면 개인이나 집단의 가치와 욕망을 정의하는 데에 반드시 한 사회와 문화가 공유하고 있는 이데올로기들이 개입되기 때문이다. 유사가족은 한국 사회의 특징을 가장 잘 드러내고 있는 표상이기 때문에 유사가족의 갈등을 분석하면 한국적 서사의 심층적 특성, 그리고 그것에 영향을 미치며 "문화적 무의식"[21]의 층위에서 작동하고 있는 내러티브의 특성까지 이해할 수 있다는 것이 본 연구가 겨냥하는 지점이다.

다시 논의의 출발점으로 돌아가자면, 영화는 이러한 연구에서 가장 의미 있는 텍스트이다. 김성곤이 영화를 "한 나라의 특성과 시대상을

---

20 이성록, 『비영리 민간조직 갈등관리론』, 미디어숲, 2007, pp.27－29.

21 부르디외가 이데올로기를 '문화적 무의식'이라고 주장한 바 있는 것처럼, 이러한 무의식이야 말로 개별의 서사에 영향을 미친다는 점에서 메타적 내러티브라고 할 수 있다. (Terry Eagleton, 여홍상 역, 『이데올로기 개론』, 한신문화사, 1994, p.212.)

드러내주는 중요한 사회문서이자 문화 텍스트"[22]라고 강조했던 것처럼 영화는 어떤 식으로든 동시대의 사회, 문화와 소통한다. 이것은 영화가 만들어지는 방식과 관계가 있다. 백선기가 지적한 것처럼 스토리텔링(storytelling)으로서의 영화는 이야기(story) 자체뿐만 아니라 그것을 전달(telling)하는 행위까지 포괄하기 때문에 듣는 이(listener), 즉 관객에 대한 고려는 필연적이다.[23] 관객들은 이야기를 단순히 듣기만 하는 것이 아니라 해독하는 과정을 거치게 되는데 시대적, 사회적, 문화적 맥락은 이러한 해독에 있어서 중요한 잣대가 된다.[24]

따라서 영화를 제작하는 주체는 그들이 속한 사회, 문화적 배경에서 결코 자유로울 수 없다. 특히 대중 영화에 있어서 관객이 얼마나 영화에 공감하는가의 여부는 상업적 성공과 직결되는 중요한 문제이다. 대중들과 소통하기 위해 기획자는 영화가 만들어질 당시의 사회와 문화를 면밀하게 검토하여 기획에 반영하게 된다. 또한 연출자가 영화의 다양한 미학적 요소들을 선택하는데 있어서도 그것이 의도적이든 혹은 직관적이든 그가 속한 사회의 시대상이나 문화를 반드시 고려하게 되어있다.

정리하자면, 동시대 문화에 속한 영화를 통해 유사가족의 틀 안에서 갈등이라는 현상이 어떠한 심층적 구조에 따라 작동하고 있는가를 살펴보는 것은 한국적 서사의 특성을 이해하고자 하는 본 연구의 목적에 부합하는 행위이다. 영화가 재현하고 있는 유사가족의 형태나 서사에서 작동하고 있는 갈등의 기제는 다를 수 있지만, 다양한 사례들

---

22 김성곤, 『퓨전시대의 새로운 문화 읽기』, 문학사상사, 2003, p.33.

23 백선기, 『영화 그 기호학적 해석의 즐거움2』, 커뮤니케이션북스, 2010, 서문, p.6.

24 Marita Sturken & Lisa Cartwright, *Practices of looking*, New York: Oxford University press, 2001, pp.25−27.

을 다루어본다면 그 안에서 어떤 유사성을 발견해낼 수 있을 것이다. 그리고 유사성을 중심으로 서사 체계를 면밀하게 살펴볼 때 몇 가지의 공통된 특성이 도출될 수 있다. 이러한 시도는 서사를 통해 한국의 다양한 사회적 갈등을 되돌아볼 수 있는 '낯설게 하기'로서의 창을 제공할 것이며, 더 나아가 한국이 가진 문화적 특수성에 대한 이해를 바탕으로 갈등의 해법을 모색하는 통찰의 계기가 될 것이다.

2. 연구의 의의

갈등이라는 극적 요소는 서사의 가장 중요한 부분을 담당하고 있음에도 문학 연구에 비해 영화 연구에서는 갈등에 대한 집중적인 연구가 거의 없거나 미미한 것이 사실이다. 표상의 총체라고 할 수 있는 영화 텍스트에서는 갈등 구조를 분석하는 데에 활용될 수 있는 표상들이 넘친다. 어쩌면 너무나 많기에 분석에 대한 시도가 쉽게 이루어지지 않는지도 모르겠다. 그러나 적절한 방법을 통해 다양한 표상들을 살피고 갈등 구조를 분석해낼 수 있다면, 표상이 다양한 만큼이나 그것에 영향을 미치는 요소들을 보다 심층적으로 이해할 수 있을 것이다.

그렇다면 한국 영화라는 텍스트를 통해 갈등 구조를 밝히는 작업은 동시대 한국의 서사를 이해하는 데에 어떻게 기여할 수 있는 것일까? 이것을 확인하기 위해서는 갈등이라는 극적 요소가 서사에서 점유하고 있는 위치와 역할에 대해 이해하는 것이 필요하다.

흔히 좋은 영화를 표현할 때 '힘이 있는 영화'라고 한다. 일반적으로 힘이 있는 영화란 곧 역동적인 서사를 가진 영화를 의미한다. 대중적으로는 관객들에게 파급력이 있는 영화를 의미하기도 한다. 그리고 두 개의 의미는 상충되지 않는다. 역동적인 힘을 가진 영화는 관객들에게 미치는 영향력 또한 클 수밖에 없기 때문이다. 영화의 서사에 역동성(力動性)을 부여하는 극적요소는 다양하지만 가장 중요한 요소가 바로 갈등이다.

서사에서 역동성이라는 개념 자체가 모호한 것은 사실이다. 로버트 맥키(Robert Mckee)가 지적한 것처럼 재료가 손에 주어진 조각가나 연주할 악기와 음표가 주어진 음악가와 달리 서사에서는 그 재료와 도구가 명확하지 않다. 언어는 단지 매개일 뿐이며 이야기의 실체는 분명 존재하고 있으나 눈으로는 확인할 수 없는 에너지와 같은 것이기 때문이다.[25] 그래서 오래 전부터 많은 학자들이 서사의 실체를 밝히려고 노력해왔다. 그러한 노력의 결과물들 중에서 가장 주목할 만한 개념이 바로 '플롯(plot)'이다.

가장 일반적인 플롯의 정의를 인용하자면, "플롯이란 인과 관계가 있는 일련의 사건들"이다.[26] 가상의 소재이든 실제로 일어난 사건이든 간에 그것이 재현되는 과정에서 반드시 개연성을 획득하여야만 대중들의 공감을 얻을 수 있다. 이러한 개연성 혹은 필연성을 획득하는 가장 중요한 요소가 인과 관계인 것이다. "이야기를 시간의 연속에 따라 정리된 사건의 서술"이라고 정의한 에드워드 포스터(Edward Forster)는 "플롯 역시 사건의 서술이지만 인과 관계를 강조하는 서술이다. '왕이 죽자 왕비도 죽었다.' 이것은 이야기이다. '왕이 죽자 슬픔을 못 이

---

25 Robert Mckee, 고영범, 이승민 역, 『Story 시나리오 어떻게 쓸 것인가』, 민음인, 2013, pp. 207-208.

26 안영순, 노시훈, 『영화와 애니메이션을 위한 36가지 극적 플롯』, 동인, 2009, p. 25.

겨 왕비도 죽었다' 이것은 플롯이다"[27]라는 주장을 펼쳤다.

그러나 플롯은 인과 관계라는 요소 하나만으로 정의될 수 있는 단순한 개념은 아니다. 플롯은 그것을 연구하는 학자의 수만큼이나 확장된 개념으로 다루어질 수 있다.[28] 그것은 플롯이라는 개념의 난해함 때문이 아니라 그것이 서사 안에서 너무나 다양한 방식으로 변화하며 역할하기 때문이다. 열려있는 변화의 가능성은 아직까지도 서사를 연구하는 학자들이나 좋은 이야기를 쓰려는 작가들에게 플롯이라는 개념이 유효한 이유가 되기도 한다.

로널드 토비아스(Ronald Tobias)가 강조하듯 플롯의 변화 가능성은 서사에 역동성을 부여한다.[29] 오랫동안 이어진 플롯에 대한 그 많은 논의들 속에서도 변하지 않았던 사실 한 가지는 갈등은 플롯의 가장 기본적이고 중요한 요소라는 것이다.[30] 갈등은 개별의 사건들과 인물들을 유기적으로 엮어 인과관계를 부여하기도 하며 플롯에 변화 가능성을 잉태시키는 요인으로 작용하기도 한다. 특히 갈등으로 인해 플롯에 다양한 변화 가능성이 부여되는 이유는 갈등의 속성 자체가 변화를 내포하고 있기 때문이다.

모든 갈등은 해소를 전제로 한다. 물론 해소되지 않을 것처럼 보이는 갈등도 존재한다. 그러나 그러한 갈등이라고 할지라도 해소라는 전제는 반드시 내포하고 있다. 모든 인간은 갈등을 해소하는 방향으로 의도와 행위를 이끌게 되어 있기 때문이다. 예를 들어 두 사람이 세상

---

27 E. M. Forster, 이성호 역, 『소설의 이해』, 문예출판사, 2000, p.106.

28 조남현, 『소설 신론』, 서울대학교출판문화원, 2013, pp.270−280.

29 Ronald B. Tobias, 김석만 역, 『인간의 마음을 사로잡는 스무 가지 플롯』, 풀빛, 2002, pp.25−26.

30 한용환, 『소설학 사전』, 문예출판사, 2012, pp.21−23.

에 하나 밖에 존재하지 않으며 나눌 수도 없는 무엇을 가지려고 하는 경우 생겨난 갈등이라면, 단 두 가지의 결말 밖에 존재하지 않는다. 그것을 가지거나, 포기하거나. 만약 포기하지 않는다면 다른 이가 그것을 가지게 되어도 끊임없이 빼앗으려는 노력을 할 것이기 때문에 갈등은 끝나지 않는다. 그러나 그러한 노력 자체가 갈등 해소를 향해 나아가는 행위이다. 포기의 경우에도 갈등 해소를 위해 의지가 개입된 행동이다. 다시 말해서 해소는 갈등의 운명이며, 플롯은 언제나 해소라는 방향으로 변화하는 갈등의 가소적(可塑的) 성질을 통해 서사에 역동성을 부여하는 것이다.[31]

이렇게 갈등은 언제나 서사가 움직일 수 있게 하는 에너지이다. 에너지는 해소라는 목표를 향해 유기적으로 엮인 사건과 인물들 사이로 흐른다. 이 과정에서 서사에 어떤 역동성이 생겨나는 것은 틀림없으나 더욱 주목해야할 것은 그러한 역동이 단순히 표상적 차원에서만 일어나지 않는다는 것이다. 영화는 다양한 표상들을 가지고 있다. 인물의 언어, 표정과 자세, 행위, 쇼트 속 인물 간의 배치, 공간이 주는 분위기, 쇼트들의 결합이 만들어내는 제3의 의미 같은 것들이다. 영화의 연출자는 자신이 가진 의도를 관객들에게 효과적으로 전달하기 위하여 표상적 요소들을 주의 깊게 다룬다. 그러나 그들이 이러한 표상을 통해 전달하려고 하는 것은 오히려 표상의 차원이 아닌, 인물의 내적인 요소들에 대한 의도이다.[32]

---

31 영화 서사에는 시간이 존재하기 때문에 김용석이 지적한 것처럼 비가역적 특성을 가지고 있다고 볼 수 있다. 영화에서 갈등은 물리적인 실체가 아니기에, 갈등의 가소성은 서사를 되돌릴 수 없는 비가역성에서 비롯되는 것이다. (김용석, 『서사 철학』, 휴머니스트, 2009, pp.595−598.)

32 정재형, 『영화 이해의 길잡이』, 개마고원, 2003, p.303.

서사에서 갈등은 주로 주인공을 중심으로 발생하는데, 주인공의 내면에서 일어나기도 하고 주인공과 다른 인물 사이에서 일어나기도 하며 주인공과 집단, 혹은 환경 사이에서 일어나기도 한다.[33] 그러나 이모든 갈등은 무엇을 이루고자 하는 주인공의 내적 동기, 즉 욕망에 의하여 일어나는 것이기 때문에 갈등 해소를 위한 노력 속에서 외적 갈등은 모두 주인공의 내적 갈등으로 환원될 수밖에 없는 운명 위에 놓여있다. 그러한 이유 때문에 서사는 갈등을 통해 주인공의 내적 요소들, 즉 결핍이나 욕망 등을 드러내게 된다.

좋은 서사에서는 인물의 욕망을 설명하지 않는다. 오히려 감추어진 상태에서 외적 요인들로 인해 인물 내부의 갈등이 자연스럽게 드러나게 한다. 외적 갈등이라는 상태에 놓인 인물의 내면에서는 외적인 것보다 훨씬 더 강한 갈등이 일어나게 된다. 따라서 갈등의 구조를 연구하는 데에 있어서 가장 주목해야하는 것이 인물의 내면에서 벌어지고 있는 심리적 양상이다.

자크 라캉(Jacques Lacan)이 데카르트의 명제를 전복시켜 "나는 내가 존재하지 않는 곳에서 생각한다. 그러므로 나는 내가 생각하지 않는 곳에 존재한다"[34]라고 주장했던 것처럼 갈등을 일으키는 원인인 내적 요소들에도 의식 밖의 힘이 크게 작용하게 된다. 지그문트 프로이트(Sigmund Freud)는 나의 정신 속에 존재하면서도 의식이 아닌 이질적인 어떤 것을 '무의식'이라고 불렀다. 그는 과학적 인식론의 영향을 받아 이러한 무의식에 역학적 법칙을 적용하여 에너지론으로 바라보

---

33 한용환, 『소설학 사전』, 문예출판사, 2012, p.22.

34 Jacques Lacan, *Ecrits*, trans. Bruce Fink, New York: W. W. Norton & Company, Inc., 2006, p.430.

는 관점을 도입하였다.[35] 무의식에는 에너지와 같이 표상되기 어려운 요소들이 개입을 하며, 그것들은 에너지처럼 이동하고 변화할 수 있다는 관점인 것이다.

프로이트가 에너지론을 통해 강조한 '무의식의 역동성'[36]은 언제나 인간의 선택에 다양한 국면을 만들어 낸다. 라캉이 강조했듯 무의식은 주체가 알지 못하는 어떤 곳에서 존재하며 인간 내면의 심리적 양상과 그것으로 인한 선택과 행동에 지대하게 영향을 미치는 것이다. 문학이나 영화와 같은 서사에서는 등장인물의 의도하지 않은 선택들이 반드시 개입되기 때문에 그러한 선택에 관여하는 무의식은 본 연구에서 주된 관심사가 될 수밖에 없다.

결과적으로 본 연구에서 갈등의 양상을 통해 살펴보려는 것은 고정된 표상들로만은 설명할 수 없는 심층적 구조, 즉 무의식적 구조이다. 앞에서 언급했듯 무의식의 역동에는 표상되기 어려운 요소들이 작용하기 때문에 갈등이 유의미한 연구 대상이 될 수 있는 것은 그것이 단순히 고정된 표상들만으로 이루어진 것이 아니라 움직이는 것, 변화하는 어떤 것이기 때문이다. 서사학자들이 서사의 실체를 연구하기 위해 플롯이라는 개념을 도입하고 그 안에서 변화의 양상을 살폈던 것처럼 표상되기 어려운 어떤 것을 연구하기 위해서는 반드시 변화 속에서 그것이 드러나는 지점을 겨냥해야만 하는 것이다. 따라서 갈등은 서사에 영향을 미치고 있지만 표상되지는 않는 심층의 구조를 살펴보는 데에 어떤 극적 요소보다도 더 큰 기여를 할 수 있다. 다시 말해 갈등을 연

---

35 박찬부, 『기호, 주체, 욕망: 정신분석학과 텍스트의 문제』, 창비, 2009, p.38.
36 프로이트는 무의식의 역동성을 강조하기 위해 '역동적 무의식'이라고 부르기도 했다. (위의 책, p.20.)

구하는 것은 그것이 변화하는 양상을 살펴봄으로써 그 양상을 지배하는 심리적인 구조를 분석하는 데에 큰 의의가 있을 수 있다는 것이다.

예를 들자면 프로이트는 정신적 갈등상태에 놓인 환자들을 관찰한 결과로서 갈등의 기본 구조를 제안한바 있다. 그는 인간을 언제나 심리적인 갈등상태에 놓여있는 존재로 간주한다. 그는 정신의 구조적 모델을 통해 이드, 자아, 초자아 등의 세 가지 요소를 가정했는데, 이들은 서로 대립하거나 균형을 찾는 과정인 정신적 갈등을 통해 끊임없이 에너지가 재분배되는 역동성을 특징으로 하고 있다. 이러한 정신 내면의 모델은 외부의 상황이 변화할 때 더욱 역동적인 성질을 가지게 되는데, 그것은 인간의 정신이 외적 상황 변화에 적응하려는 노력의 결과이다.[37]

그러나 구조적 모델은 말 그대로 기본 구조일 뿐으로, 실제 사례에서는 훨씬 더 복잡한 구조적 양상을 가지게 될 것이다. 이러한 사실이 주지시키는 바는 무의식적 구조가 모든 갈등의 근저에 존재하고 있다는 것이다. 따라서 우리 사회의 특성을 대표할 수 있는 표상인 유사가족의 갈등 구조를 심층적인 차원에서 연구하고 다양하고 유의미한 결과들 속에서 공통적인 요소들을 발견하는 작업은 한국적 서사가 어떠한 무의식적 구조로부터 영향을 받고 있으며 그러한 무의식적 구조의 형성에 관여하는 사회, 문화적 맥락은 어떤 것인가를 이해하는 데 중요한 단서들을 제공함으로써 그 의의를 가지게 된다.

---

37 Charles Brenner, 이근후, 박영숙 역, 『정신분석학』, 하나의학사, 1987, pp.45−48.

제2장 /
연구방법과 선행연구

1. 연구의 방법과 범위

1) 연구의 방법

본 연구에서는 영화 서사의 갈등 구조를 정신분석학적 방법으로 접근한다. 연구의 방법으로 정신분석학이 선택된 이유는 정신분석학이 인간 내면의 갈등을 주된 연구 대상으로 하는 학문이기 때문이다. 정신분석학의 창시자인 프로이트는 드러난 현상들의 배후에 있는 무의식적 갈등을 찾아내는 것이 정신현상의 본질을 규명하는 길이라고 믿었다.[1] 따라서 찰스 브레너(Charles Brenner)가 지적하듯 "갈등의 기원, 본질, 그리고 정신기능에 있어서 그것의 영향에 관한 이해여부"는 당연히 정신분석학의 주된 연구 대상이 될 수밖에 없는 것이다.[2] 이러

---

1 김태형, 『왜 아직도 프로이트인가?』, 세창미디어, 2011, pp.123-141.
2 Charles Brenner, 황익근 역, 『정신분석 기법과 정신적 갈등』, 하나의학사, 1993,

한 연구에서는 외부로 드러난 징후(sign)를 추적하여 정신적 갈등을 다루게 된다.

카렌 호나이(Karen Horney)는 "모든 증상이란 다소간에 갈등의 직접적인 파생물인 것이다"[3]라고 밝히고 있다. 문제는 그것이 언제나 은유라는 변형된 형태로 드러나기 때문에 매우 주의 깊은 접근을 요구한다는 점이다. 정신분석학에서 사용하는 '증상(symptom)'이라는 개념은 정신적 갈등이 복잡한 심리적 과정에 의해 가공되어 외부로 표출된, 해소가 필요한 어떤 상태를 의미하는 것이다. 따라서 원인이 되는 증상의 본질에 접근하기 위해서는 증상을 구성하고 있는 다양한 징후들을 특별한 관점과 사유체계를 통해 포착하여야만 한다.

서사에서의 경우, 외적으로 드러난 다양한 갈등의 상황 속에서 상호작용을 하고 있는 인물의 내적 갈등을 다루는 데에 증상이라는 개념을 도입하는 것은 그것의 징후로 파악되는 다양한 변화 양상과 표상들을 살피는 작업에 의미를 부여할 수 있으며 정신분석학은 그러한 관점에 특화된 사유체계로서 기여할 수 있다. 그렇다고 해서 정신질환이나 행동장애를 다루는 치료기법으로서의 정신분석을 영화 텍스트에 도입하려는 것은 아니다.

미국 정신분석학회는 "신호(sign)가 비정상성을 알려주는 관찰 가능한 징후라면, 증상은 좁은 의미에서 환자가 호소하는 질병의 표현으로 정의될 수 있다"[4]라고 지적하는 동시에 『옥스포드 영어 사전』을 인

---

p.16.

3 Karen Horney, 이희경 외 역, 『카렌 호나이의 정신분석: 신경증적 갈등에 대한』, 학지사, 2010, p.37.

4 미국 정신분석 학회, 이재훈 외 역, 『정신분석 용어사전』, 한국심리치료연구소, 2002, p.488.

용하여 "모든 신체적 또는 정신적 현상, 상황, 또는 질병이나 정서로부터 오거나 그것들을 수반하는 그리고 그것들의 증거가 되는 신체적 또는 정신적 상태의 변화를 포함"[5]시킴으로써 증상의 개념을 일상적 범위까지 확대한다. 후자의 정의대로라면 증상과 징후를 구별할 필요가 사라지는 것이다.

프로이트의 관점에서도 증상이나 징후가 꼭 병적 상태를 의미하지만은 않는다. 맹정현에 따르면 "프로이트는 히스테리에서 도출된 무의식이라는 개념을 꿈이나 말실수, 농담과 같은 정상적인 정신작용에 적용"[6]한다. 즉 증상을 꿈이나 말실수 등과 같이 정상적인 정신 현상에서 나타나는 무의식적 산물의 하나로 위치시킨 것이다. 무의식의 산물이란 인간의 무엇인가를 이루고자 하는 욕망과 그것이 현실에서 충족되지 못한 상태를 어떻게든 극복해보려는 노력이 만들어낸 정신적 갈등의 결과이다. 따라서 치료기법으로서의 정신분석이 드러난 징후를 해석하여 증상의 근원이 되는 정신적 갈등을 밝혀주는 것이라면, 본 연구의 방법으로서 정신분석학은 드러난 갈등 양상을 통하여 파악할 수 있는 서사나 인물의 무의식적 구조를 해석하는 데에 도움을 줄 것이다.

정신분석은 해석을 기반으로 한다. 다시 말해 정신분석에서 가장 중요한 자료는 현대과학에서처럼 수치화된 데이터가 아닌 '해석'에서 얻어진다. 그러나 해석에는 항상 논란의 여지가 존재하기 때문에 텍스트 연구에 정신분석이라는 도구를 도입할 때에는 언제나 조심스러워

---

5 『옥스포드 영어 사전』, http://www.oed.com/ (위의 책 p.488에서 재인용.)
6 맹정현, 『프로이트 패러다임』, SPF—위고, 2015, p.35.

질 수밖에 없다. "과도한 단순화와 환원론적 사고의 문제"[7] 같은 것들이다. 또한 정신분석학 내에도 다양한 주장들이 공존하기 때문에 어떤 학파나 이론을 따를 것인가의 문제도 발생한다. 그럼에도 불구하고 정신분석학을 텍스트 연구의 도구로 선택하는 이들은 다른 학문 영역에서는 다루지 않는 독창적인 개념들의 가치를 인정하기 때문이다. 예를 들어 무의식과 같은 개념은 다른 학문에서는 설명할 수 없는 인간의 본성적 측면들을 이해할 수 있게 해준다.

찰스 브레너(Charles Brenner)는 "프로이트에게 대부분의 정신기능은 의식되지 않은 채 진행되는 것이며 의식은 정신기능의 통상적인 특성이나 속성이라기보다 비통상적인 것이라는 점을 확신시켜주었다. 이는 의식과 정신기능이 동일한 것이라는, 프로이트 이전에 인정되었던 견해와는 명백히 반대된다"[8]고 말했다. 이처럼 정신분석학은 우리가 비합리적인 선택을 하고 그것 때문에 통제하지 못하는 상황들이 생기는 이유를 합리적으로 설명할 수 있게 해준다. 특히 문학이나 영화에서는 인간의 비합리적인 행동이나 선택으로 인한 극적 상황들을 주로 다루기 때문에 이러한 것들을 설명할 수 있는 합리적 시선으로서의 정신분석학은 가치가 높다.

프로이트는 환자와의 대면들을 통하여 정신분석학을 정립시켜나가는 과정에서 언제나 불확실성 속에 있었다. 존재하는 학문 영역 안에서 자신의 이론을 전개시켜나가는 것이 아닌, 완전히 새로운 길을 개척하며 나아간 것이기 때문에 자신이 주장한 이론들조차 끊임없이 의

---

7 Arthur Asa Berger, 박웅진 역, 『대중문화 비평, 한 권으로 끝내기』, 커뮤니케이션 북스, 2015, p.182.
8 Charles Brenner, 이근후, 박영숙 역, 『정신분석학』, 하나의학사, 1987, p.23.

심할 수밖에 없었고 그 의심을 통해 확실성이 생겨나게 되었다.[9] 데카르트가 확실성을 의심하는 '생각'을 통해 자신의 존재를 증명했듯이 프로이트는 어떤 생각도 확신할 수 없게 만드는 다른 생각, 즉 무의식적 생각을 통해 무의식의 존재를 증명해냈다고 보아야할 것이다. 따라서 정신분석학이 합리주의적 전통의 선상에 있다고 전제해야만 하며 그러한 합리성은 본 연구에서도 바른 논리를 가꾸어나갈 수 있는 근거가 될 것이다.

실험심리학이나 뇌과학 등이 발전하면서 창시자인 프로이트의 합리주의적 의도[10]와는 달리 정신분석학을 과학의 영역에 포함시키지 않으려는 태도가 만연한 것이 최근의 현실이다. 프로이트가 자신의 심리학을 메타심리학(초심리학)[11]이라고 불렀던 사실에서도 알 수 있듯이 실험을 통해서는 실증되지 않는 '무의식'이라는 영역을 다루는 학문이기에 어쩌면 당연한 일일지도 모른다. 그러나 문학이나 영화와 같이 오히려 과학으로는 설명이 불가능한 인간의 비합리적인 면을 주로 다루는 서사적 텍스트를 연구하는 데에 무의식이라는 개념은 더할 나위 없이 매력적일 수밖에 없다. 무의식의 개념이야 말로, 왜 인간이 자신의 의도와는 상관없이 비합리적인 선택을 하게 되는가를 설명하는 데에 최고의 통찰을 제공할 수 있기 때문이다.

---

9 비록 현재에 실증 과학의 영역에서는 받아들여지지 않는 정신분석학이라 할지라도 그는 인간의 비합리성을 설명하기 위해 아이러니하게도 언제나 합리적인 태도를 유지하였다. 이러한 태도는 그가 자신이 창안하거나 발견해낸 개념조차도 오랜 연구를 거쳐 계속 수정해왔다는 사실이 증명한다. 그는 언제나 합리성을 기초로 하여 스스로를 검증하고 자신의 오류를 수정하고자 했다.

10 Sigmund Freud, 박성수, 한승완 역, 『정신분석학 개요』, 열린책들, 2012, pp.11−24.

11 Sigmund Freud, 윤희기, 박찬부 역, 『정신분석학의 근본 개념』, 열린책들, 2012, pp.89−91.

정신분석학의 개념 중 본 연구의 방법으로 가장 중요하게 다루어질 개념은 '환상'과 '전이'이다. 프로이트는 「전이의 역동에 대하여」라는 논문에서 모든 사람은 유아 시절에 맺은 관계의 영향에 의하여 대상으로부터 충동의 만족을 얻는 방식이 억압된 '환상'의 형태로 저장되며 이것은 삶이 계속되는 한, 타자와의 '전이'된 관계 속에서 끊임없이 재현된다고 주장하였다.[12] 앞에서부터 지속적으로 강조하고 있는 바는 갈등 구조를 '심층적으로' 살펴본다는 것인데, 여기서 심층적이라는 의미는 적어도 표상적 층위를 의미하는 것은 아님을 전제로 한다. 정신분석학에서는 증상의 원인으로 표상이 아니라 표상될 수 없는 어떤 것을 다루는데 그 방법이 '전이'를 다루는 것이다.

다시 말해 현재 주체가 타자와 맺는 관계는 모두 전이 상황이라고 말할 수 있는데, 그것의 이면에서는 무의식에 표상될 수 없는 형태로 억압이 되어있는 근본적인 환상이 작용하고 있다는 것이다. 라캉은 무의식이 '타자(분석가)와의 관계' 속에서만 그 존재를 드러내게 된다고 주장했다.[13] 그런 관점에서 타자와의 관계가 가장 첨예하게 드러나는 갈등의 순간이야말로 어린 시절의 영향이 무의식에 남긴 흔적을 발견하기에 가장 적합한 지점이라고 할 수 있다. 그리고 갈등은 언제나 대상을 필요로 하므로 현재 대상과의 갈등은 어린 시절 최초의 대상과의 문제가 반복된 것, 즉 전이의 상황으로 보아야 한다. 다시 말해 갈등이 현재에서 어떤 문제를 일으키고 있고, 무의식으로부터 그 원인을 추적하고자 한다면 반드시 대상과의 관계 속에서 문제를 바라보아야 한다

---

12 Sigmund Freud, 이덕하 역, 『끝낼 수 있는 분석과 끝낼 수 없는 분석』, 도서출판 b, 2004, pp. 29−30.

13 Jacques Lacan, 맹정현, 이수련 역, 『세미나11: 정신분석의 네 가지 근본 개념』, 새물결, 2008, p. 193.

는 것이다.

이렇게 전이의 특성은 과거가 그대로 표상되는 것이 아니라 관계라는 현실태를 통해 드러나기 때문에 전이를 해석하는 것은 표상 불가능한 어떤 것에 접근하려는 시도이다. 그것은 아이러니하게도 다시 표상을 해석하는 작업이 될 수밖에 없는데, 여기에서 표상이란 과거의 원초적 갈등이 현재의 관계 속에서 재현된 갈등으로서의 표상을 의미한다. 따라서 본 연구가 겨냥하는 지점은 전이를 통해 표상된 것, 즉 현재의 갈등과 그 양상을 분석하여 억압된 환상의 구조를 구성하는 것이다. 당연히 최초의 대상은 아이의 어머니와 아버지로, 모든 갈등은 어린 시절 어머니와 아버지로 인해 빚어진 원초적 갈등의 전이 상황인 것이다. 이러한 전제는 유사가족을 대상으로 하는 본 연구에서 더욱 큰 의미를 가지게 된다.

정신분석학적 비평가인 노먼 홀랜드(Norman Holland)는 사람들이 일상생활 속에서 다양한 사건들을 겪으며 생겨나는 정서적, 혹은 심리적 반응들은 독자들이 문학 텍스트를 읽을 때에도 동일하게 나타난다고 주장했다. 로이스 타이슨(Lois Tyson)은 "우리는 자기 마음속에 존재하는 세계를 텍스트를 읽으면서 무의식적으로 다양한 방법들로 되살리는 것이다"[14]라고 주장한다. 그의 주장은 이미지나 사운드와 같은 장치들, 그리고 극장이라는 특수한 환경을 통해 관객들에게 깊은 몰입을 제공하는 영화에서도 여전히 유효할 것이고, 영화의 감독은 대중과 성공적으로 소통하기 위해 이러한 반응을 극대화하려고 노력할 것이다.

그렇다고 해서 영화를 통해 만나게 되는 무의식적 욕망들이 감독의

---

14 Lois Tyson, 윤동구 역, 『비평이론의 모든 것』, 앨피, 2014. p.392.

욕망이라고 말하기는 힘들다. 오히려 그것은 대중의 욕망과의 조우를 통해 타자로부터 결여를 채우고자하는 영화 자체의 욕망, 즉 "대타자의 욕망"[15]이다. 이러한 의미에서 영화의 텍스트를 분석하는 작업은 노엘이 지적하듯 "작가에 대해 작품 밖에서 알게 된 사실들을 참조하지 않고, 그의 다른 작품들이 우리에게 가져다주는 것도 참조하지 않으며, 독자의 고삐 풀린, 어떤 식의 개인적인 특이 반응도 참조하지 않으면서 하나의 욕망의 담화를 재구성하는 (텍스트의 무의식을 향하여) 것으로 정의"[16]되는 것과 맥락을 같이 한다. 본 연구에서는 대중 영화 연구의 특성상 영화에 대한 다양한 담론을 완전히 배제하기는 힘들지만 가능한 한 최소화하여 텍스트의 욕망 자체에 집중할 것이다.

다시 말해 영화에서 나타나는 대표적인 표상들은 감독이나 관객의 욕망 때문에 드러나는 것이 아닌, 그 둘 간의 소통의 결과로서 나타나는 것으로, 라캉이 대타자의 욕망이라고 부른 의미화(상징화) 작용의 욕망 때문에 나타나는 것이다. 따라서 한국 영화에서 자주 등장하는 유사가족이라는 표상은 그냥 우연에 의한 것이 아니라 가족 콤플렉스의 지배를 받고 있는 한국 사회가 상징화 작용을 완수하기 위해 필연적으로 만들어낼 수밖에 없는 결과인 것이다. 이러한 의미에서 전이의 해석을 통해 유사가족 관계에 드러난 갈등 상황으로부터 서사 속 인물들의 무의식에 존재하는 어머니나 아버지와의 원초적 관계를 역추적해 들어가는 작업은 곧 한국의 대중 서사들을 지배하고 있는 가족주의의 환상을 구성하는 데에 매우 유효한 방법이 될 것이다.

---

15 김석, 『프로이트 & 라캉 무의식에로의 초대』, 김영사, 2010, p.140.
16 Jean Bellemin—Noel, 최애영, 심재중 역,『문학 텍스트의 정신분석』, 현대신서, 2001, p.91.

정신분석에서는 주로 환자의 말을 통해 분석이 이루어지는데, 영화를 분석하기 위하여 대상으로 삼아야 하는 것은 영화 텍스트에 등장하는 인물의 대사만이 아니다. 언술의 내용과 그 언술행위 자체가 가진 의미나 상징성, 즉 인물들이 관계 속에서 대사나 행동을 통해 만들어내는 의미의 변화 양상, 그러한 변화의 양상 속에서 인물들이 점유하는 포지션과 쇼트 구성, 표상들의 합으로서 미장센이 만들어내는 분위기, 쇼트와 쇼트가 만나면서 새롭게 생성되는 제3의 의미 등, 다양한 층위의 징후들을 통해 심층적 층위에 접근해야만 한다. 따라서 분석은 대사와 더불어 인물들과의 관계, 쇼트, 미장센, 몽타주, 서사구조 등 다양한 차원에서 이루어질 것이다.

정신분석학에서는 분석 방법에 대해 매우 오랫동안 다양한 논의를 해왔기에 다양한 학파와 주장, 개념들이 존재한다. 이런 상황에서 어떤 개념을 연구에 도입할 것인가 하는 문제가 생긴다. 한 가지 다행스러운 점은 어떤 학문의 영역은 그 기원이 불분명한 데에 반하여, 정신분석학은 프로이트라는 시작점이 확실하다. 이 말은 곧 프로이트가 창안해 낸 개념들이 오늘날에도 정신분석학의 근간을 이루고 있으며 이러한 개념들을 이해하지 못하면 정신분석학 자체를 이해하기 힘들다는 의미와도 같다.

그러나 개념만으로 프로이트의 사유를 읽을 수 있다는 생각에 현혹되는 것은 정신분석학의 탄생이라는 사건 주위를 에워싸고 있는 다양한 맥락을 무시해버리는 일이다. 프로이트가 개념을 창안해내는 과정은 언제나 의심과 수정의 반복이었다. 그의 후계자들도 마찬가지였는데, 예를 들자면 라캉 또한 프로이트의 길을 따랐기에 사망 직전까지도 자신의 개념을 끊임없이 수정하였다. 따라서 정신분석학의 개념을 다양한 관점에서 살펴봄으로써 정신분석이라는 연구 방법을 탈신비화하고, 어느 한 학자나 학파의 주장만을 수용하는 데서 오는 오류를 피할 수도 있을 것이다.

영화라는 텍스트를 분석하는 실천의 차원에서도 문제는 존재한다. 디지털 컨버전스가 본격화되며 이제 영화관이라는 특수한 환경과 연관되어야만 영화라는 매체로 부를 수 있는 시대는 지났다. 데이비드 노먼 로도윅(David Norman Rodowick)은 "현상학적으로, 영화를 볼 수 있는 사회 문화적 방법은 텔레비전, 비디오, 컴퓨터 그리고 컴퓨터 네트워킹 등으로 불가피하게 바뀌어 왔다"[17]고 지적하면서 영화라는 매체에 대한 근본적인 질문을 제기하기도 했다.[18]

이렇게 영화에 대한 정의가 힘들어지다 보니 영화의 정체성이 매체 자체의 특성에서 드러나기 보다는 '영화적인 것'으로서의 서사나 표현 방식에 의해 결정되는 경우가 많아졌다. 영화는 다른 매체들과 차별화하는 전략으로서 거대 자본을 투입하기도 하지만, 그렇지 않은 대부분의 경우에서는 영화만이 가질 수 있는 서사를 지향한다. 그 결과 영화의 서사는 드라마에서는 볼 수 없는 복합적, 다층위적, 혹은 비선형적 전략을 취함으로서 차별화하려고 시도한다. 그러나 이러한 시도의

---

17 David Norman Rodowick, 정헌 역, 『디지털 영화 미학』, 커뮤니케이션북스, 2012, p.39.

18 로도윅의 이것에 대한 답은 "필름은 죽었다. 시네마는 오래도록 살아남는다."이다. (위의 책, p262) 일반적으로 영화는 Cinema, Film, Movie 등 다양한 단어의 번역어로 쓰이고 있다. Movie는 'Moving Image' 혹은 'Motion Picture'에서 유래된 단어로 활동사진과 같은 의미를 내포한다. Film은 영화의 물리적인 재료에서 유래되었지만 디지털 시대가 되며 그 의미가 사라지고 있다. 영화의 미학적 의미를 가장 충실히 내포한 단어가 Cinama인데, 본 연구는 영화를 매체적 특징보다는 이미지, 사운드, 연극, 미장센 등 다양한 요소를 가장 충실히 구현하고 있는 동영상 미디어를 영화(Cinema)라고 간주하여 진행한다.

결과로 영화의 서사 구조는 점점 더 복잡해지고 있으며 영화 텍스트의 분석에 있어서도 난관을 초래한다.

따라서 본 연구에서 지향하는 갈등의 심층 구조를 분석하는 데 있어서도 그 대상을 명확히 하는 작업이 필요하므로 영화의 복잡한 서사를 해체하여 어느 주체가 어떤 갈등과 연관이 되어 있는가를 도식화하여 바라보아야 하는 기능적인 과제가 따르게 된다. 이 지점에서 구조주의나 기호학은 큰 도움이 될 수 있다. 많은 비판에도 불구하고 영화 분석에 있어서 구조주의와 기호학이 기여한 부분은 명확하다. 특히 기호학은 인상주의적 비평의 대안으로서 미학적 표상들을 과학적으로 분석할 수 있는 틀을 제공하였다. 다시 말해 기호학이 표상을 탈신비화하고, 그것의 구조와 메커니즘을 설명하는 데에 기여했다는 사실은 누구도 부정할 수 없다는 것이다.[19]

이러한 기호학적 기획은 로버트 랩슬리(Robert Lapsley)와 마이클 웨스틀레이크(Michael Westlake)가 지적하듯 "유기적 통일체로서의, 현시(revelation)로서의, 영감을 얻은 전망의 소통으로서의 예술"이라는 개념을 기각시킨다는 비난을 받아야 했으나,[20] 그럼에도 불구하고 영화에 대한 기호학적 접근의 시도들이 계속되어 온 이유는 기호학이 일반적인 시각으로는 파악하기 어려운 서술체의 구조를 드러나게 하는 데에 큰 힘을 지니고 있기 때문일 것이다.[21]

한편 구조주의는 본 연구에 있어서 가족주의에 관한 특화된 시각을 제공한다. 김형효는 인류학자이자 대표적인 구조주의자인 클로드 레

---

19 Robert Lapsley & Michael Westlake, 이영재, 김소연 역, 『현대 영화이론의 이해』, 시각과 언어, 1999, p.54.

20 위의 책, p.54.

21 백선기, 『영화 그 기호학적 해석의 즐거움』, 커뮤니케이션북스, 2007, pp.74-76.

비스트로스(Claude Levi-Strauss)의 주장을 인용하였다. "친족구조를 연구함에 있어서 '태도'를 고려하고 있다. 즉 아들이 아버지라고 부를 때 단순한 호칭만이 성립하는 것이 아니라 거기에는 아버지에 대한 아들의 태도와 역으로 아들에 대한 아버지의 태도가 결정된다"[22]는 내용이다. 이러한 시각은 유사가족 연구에서 토대가 될 수 있다. 태도의 차이가 호칭체계를 대변할 수 있다는 의미에서이다. 유사가족에 대한 연구에서 가장 큰 문제는 가족이라고 명시되지 않는 관계 속에서 그것을 어떻게 유사가족으로 볼 수 있느냐는 것이다. 이러한 문제 때문에 유사가족 관계에 대한 적절한 근거가 제시될 필요가 있는데, 앞으로 자세히 논의하겠지만 인물들이 서로에 대해 나타내는 태도와 그 이면에 존재하는 '가족 로맨스(가족 환상)'를 바탕으로 유사가족의 관계를 도식화하여 근거로서 제시한다면 분석의 객관성을 확보하는 데에 큰 도움이 될 것이다.

본 연구에서 활용하게 될 구조주의 기호학적 방법은 알기르다스 줄리앙 그레마스(Algirdas Julius Greimas)의 개념들이 주를 이룰 것이다. 그는 텍스트에서 개별 기호들을 다루기보다는 이러한 기호들이 서로 결합하며 만들어내는 의미 작용에 주목하였다. 자크 오몽(Jacques Aumont)과 미셸 마리(Michel Marie)는 "그레마스에 있어, 의미론은 결국에는 언어의 구조에 의해, 즉 인간 정신의 구조에 의해 결정되는 규칙에 따른다"[23]고 지적하였다. 따라서 본 연구에서 그레마스의 기호학적 개념을 도입하는 것은 매우 적절하다고 판단된다. 주의할 점은

---

22 김형효, 『구조주의 사유체계와 사상』, 인간사랑, 2008, p.661.
23 Jacques Aumont & Michel Marie, 전수일 역, 『영화분석의 패러다임』, 현대미학사, 1999, p.173.

본 연구의 주된 연구 방법인 정신분석학적인 접근에 기호학적인 방법을 일부 도입하는 것이 텍스트 접근 방식의 일관성을 해쳐서는 안 된다는 것이다. 그러나 이미 다양한 연구에서 기호학과 정신분석학을 통합적으로 활용한 사례가 있고,[24] 라캉도 기호학에 그의 개념들을 빚지고 있는 것을 상기해볼 때 두 개의 방법은 상충되는 것이 아니라 오히려 상승작용을 일으킬 것으로 기대한다.

2) 연구의 범위

텍스트를 선정하는 데에 있어서 제기되는 문제는 본 연구에서 '동시대'를 어느 시점부터로 볼 것이냐 하는 점이다. 먼저 '동시대'라는 단어에 대한 의미를 정의해야한다. 특히 동시대라는 단어는 현대라는 단어와 그 의미에서 차이가 명확하지 않은 듯 보인다. 흔히 문화 연구의 영역에서 '현대 문화'라는 단어는 영어 'modern culture'의 번역어로 쓰이는데, 이것은 "17세기 이성주의 철학의 발전과 기술 혁신을 통한 산업화, 마르크스주의, 경제 구조의 변화뿐만 아니라 엘리트에 의한 혁명적 의식을 통해 문화가 규격화되었던 역사의 큰 흐름"을 뜻하는 것이다.[25] 따라서 '현재'라는 의미의 단어로 '현대'는 적절하지 않기에, 다른 단어의 사용이 요구되는데, 그것이 바로 '동시대'이다. 코디최는 "동시대 문화 연구란 '현시점'에 놓여 있는 문화에 대한 연구를

---

24 백선기, 손성우, 「영화 속의 욕망, 기억, 증상 및 상흔: 영화 올드보이에 대한 서사구조, 공간구조 및 시간구조 분석을 중심으로」, 『기호학 연구』19집, 한국기호학회, 2006, p.100.

25 코디최, 『동시대 문화 지형도』, 컬처그라퍼, 2012, p.29.

뜻하는 것이다"[26]라고 지적한다. 그렇다면 본 연구에서 '현시점'은 어떤 범위로 한정할 것인가?

본 연구에서 텍스트로 다룰 영화는 2008년 이후에 한국에서 만들어진 대중 영화로 한정한다. 지속적으로 강조해왔던 것처럼 시대상과 사회, 문화적 배경은 대중 영화에 있어서 가장 중요한 요소이다. 바꾸어 말하면 이 두 요소는 영화 텍스트를 연구하는 데에 있어서 매우 중요한 변인이라는 것이다. 따라서 동시대 문화 연구로서 본 연구의 시의적 가치를 높이기 위해서는 영화가 만들어진 시간과 공간에 따른 변인을 최소화해야만 한다. 2008년은 한국의 가족사에 있어서 여러모로 매우 의미가 있는 시점이다. 전통적인 가족이 해체되기 시작하는 상징적인 시점이며, 그로 인해 텅 비어버린 가족이라는 기표의 주체를 '호명'[27]하는 사회 이데올로기로서 가족주의를 살펴봐야 할 필요성이 대두된 시점이기도 하다.

2008년 미국으로부터 시작된 세계 금융위기는 1997년 IMF 경제위기부터 두드러진 경제적 요인에 의한 가족의 해체를 더욱 가속화시켰다. 경제적 위기가 가족 해체의 요인으로서 작용한다는 사실은 이미 여러 지표 통해서 드러난 바 있다.[28] 최재석이 지적했듯 전통적으로 한국 가족의 가장 큰 특성 중의 하나가 가부장제이며,[29] 이러한 가부장제

---

26 위의 책, p.31.

27 알튀세르는 이데올로기는 '호명'을 통해 무의식적 층위에서 각각의 개인을 그것의 주체로 '구성해 내는' 기능을 한다고 주장했다. (John Storey, 박만준 역, 『대중문화와 문화이론(제5판)』, 경문사, 2014, p.148.)

28 임인숙, 안병철, 「경제위기가 가족해체 고려에 미치는 영향」, 『가족과 문화』12집/2호, 한국가족학회, pp.2−3.

29 최재석, 『한국의 가족과 사회』, 경인문화사, 2009, p.203.

에서 주목할 점은 절대적인 아버지의 권위를 인정한다는 점이다.[30] 임인숙과 안병철이 지적하듯 경제 위기가 곧 가족의 위기로 비화될 것이라는 사회적 우려는 가부장제 가족이 위기에 처했다는 우려로 해석할 수 있다.[31] 이러한 주장을 증명이라도 하듯 2008년부터 부계 혈통 중심의 호주제 폐지가 시행되고 가족 구성원 개개인을 중심으로 한 새로운 신분등록제가 시행되었다.

이러한 가부장적 가족의 해체에도 불구하고 가부장제를 특성으로 하는 한국의 가족주의는 사회와 문화 속에 남아있다. 브리슬린(R. Brislin)은 "한 사회의 지배적인 문화적 가치가 수년간 존재해 왔다면 그것은 한 세대에서 반드시 다음 세대로 전수되어 왔다"[32]고 주장한다. 또한 이러한 문화적인 가치는 개인의 정신 과정에 지대한 영향을 미친다.[33] 따라서 세대가 수십 번 변하지 않는 한, 가족 형태의 변화 속에서도 당분간 전통적인 가족주의는 이 사회를 결정짓는 주된 이데올로기가 될 것이다. 그것은 사회 구성원의 정신세계를 지배하고 있으며, 동시대의 영화에도 반드시 반영되었을 것이라고 가정할 수 있기에 연구의 범위에 있어서 합당함이 부여될 수 있다.

그러나 변인을 최소화하기 위해 최대한 최근작을 선택하려고 노력을 해야 하는 것은 당연한 조건일 것이다. 사례(case)에 있어서는 비가족적인 사회관계 속에서 아버지, 어머니, 형제 등 가족을 지칭하는 호칭이 드러나는 유사가족 표상을 위주로 선택될 것이다. 이것은 한국

---

30 Henry S. Maine, 정동호, 김은아, 강승묵 역, 『고대법』, 세창출판사, 2009, p.112.
31 임인숙, 안병철, 위의 논문, p.1.
32 R. Brislin, *Understanding Culture's Influence on Behavior*, Fort Worth: Harcourt Brace Jovanovich, 1993, p.6.
33 Geert Hofstede, 차재호, 나은영 역, 『세계의 문화와 조직』, 학지사, 2011, pp.24-25.

영화만의 가장 흥미로운 특징인데, 가족 호칭이 사회적인 관계 속에서 대규모로 등장하는 영화를 직역하여 자막을 넣어놓는다면 외국 관객들은 인물들의 관계를 이해하는 데에 큰 혼란을 겪을 것이 틀림없다. 따라서 한국 영화에 등장하는 가족 호칭은 가볍게 넘길만한 요소가 아니다. 그러나 연구의 확장 가능성을 시험하기 위해 일부는 가족에 대한 호칭이 등장하지 않더라도 조직의 보스나 마을의 이장, 배의 선장 등과 같이 가부장적 표상이 표출되어 그 관계가 한국적 유사가족 관계임이 명확하다고 판단되는 사례도 포함될 것이다.

2. 선행 연구 검토

본 연구에 의미가 있는 선행 연구를 검토하기 위해서는 두 가지 관점에서 접근할 필요가 있다. 하나는 연구 주제에 대한 관점이며 다른 하나는 연구 방법에 대한 관점이다. 첫 번째로 본 연구 주제인 영화 연구로서 가족주의를 다룬 연구들을 살펴볼 필요가 있다. 영화 연구에서 가족은 자주 다루어지는 주제이지만 지금까지 연구의 궤적에서는 가족이나 대안 가족의 재현 양상을 살펴봄으로써 변화하는 가족상을 반영하려는 시도들이 주를 이루었다.

한미라는 1990년대 후반부터 현재까지 한국 영화의 가족 재현 방식을 살펴봄으로써 가족 담론의 변화를 통찰하려고 했고,[34] 김혜미는 영화를 통해 1997년 경제위기 이후 변화하는 가족의 형태를 연구했으

---

34 한미라, 「한국영화에서의 가족 재현:1990년대 후반부터 현재까지의 영화를 중심으로」, 중앙대학교 첨단영상대학원 석사학위논문, 2006.

며,[35] 손종희는 영화에서 가족주의의 변화 양상을 살폈다.[36] 이처럼 영화에서 가족에 대한 연구의 한 유형은 변화하는 가족상과 담론에 대한 통시적인 접근들이었다. 통시적인 접근의 또 다른 유형은 앞 유형과 반대로 가족의 시대적 변화에 따라 함께 변화하는 영화의 서사 형식을 밝히는 작업인데, 서의석의 연구[37]과 이강자의 연구[38]가 그 예이다.

공시적인 연구로는 영화를 통해 특정 시대의 가족 담론을 분석하려는 시도들이 있다. 이선화는 1990년대 후반의 가족주의 이데올로기를 영화를 통해 비평했고,[39] 이후경은 1990년대 말, 가족들이 IMF 경제위기에서 느낀 공포를 영화를 통해 살폈다.[40] 그 외의 유형으로는 영화에 재현된 가족을 통해 여성의 역할 변화를 고찰한 진환의 여성학적 연구[41]와 가부장적 이데올로기의 해체를 진단한 김용임의 이데올로기 연구 등이 있다.[42]

유사가족에 대한 연구로는 강나영이 한국영화에 등장하는 유사가

---

35 김혜미, 「1997년 경제 위기 이후 한국 영화에서 가족의 재현과 수용 양상」, 한양대학교 대학원 석사학위논문, 2010.

36 손종희, 「한국 영화에 나타난 신가족주의 고찰: 1990－2001년 영화를 중심으로」, 동국대학교 대학원 석사학위논문, 2001.

37 서의석, 「한국 가족영화의 서사와 양식체계의 변화에 관한 연구」, 경기대학교 대학원 박사학위논문, 2015.

38 이강자, 「한국가족영화의 스토리텔링 변화양상에 관한 연구」, 안동대학교 한국문화산업전문대학원 석사학위논문, 2015.

39 이선화, 「90년대 후반 한국영화에서 나타나는 가족의 재현 방식」, 『영화문화연구』4호, 한국예술종합학교 영상원, 2002, pp.247－303.

40 이후경, 「1990년대 말 한국 영화에 나타난 공포의 양상 연구: 한국 영화 〈링:바이러스〉의 가족 표상을 중심으로」, 성균관대학교 대학원 석사학위논문, 2013.

41 진환, 「영화 속 가족의 해체와 대안적 재구성 과정에서 나타나는 여성의 역할: 2000년대 한국영화를 중심으로」, 이화여자대학교 대학원 석사학위논문, 2009.

42 김용임, 「한국 영화에 재현된 가족이데올로기의 해체적 양상과 대안적 형태 연구: 2000~2003년 영화 중심으로」, 동국대학교 대학원 석사학위논문, 2004.

족 관계를 통해 가족 형태의 변화상을 엿보려고 했다.[43] 그녀의 연구에서 유사가족은 전통적인 가족의 해체 속에 등장한 대안 가족으로서의 유사가족으로, 본 연구의 주된 관심사인 가족주의의 사회적 표상으로서 유사가족을 바라본 것과는 큰 차이가 있다. 또한 조지훈은 1970년대 한국영화의 정신분석학적 연구를 통해 특정시기에 작동하고 있는 가족에 관련된 원초적 환상을 다루었다.[44] 그의 연구가 본 연구와 형식적으로는 유사하지만 1970년대를 지배했던 사회, 문화적 맥락이 지금과 완전히 다르다는 점에서 본 연구가 지향하는 지점과는 큰 격차가 있다.

연구 주제를 중심으로 선행 연구를 검토한 결과는 지금까지 한국 사회 자체를 커다란 유사가족으로 간주하여 그것이 표상된 영화의 갈등 구조를 살펴봄으로써 한국의 서사가 가진 특성을 심층적으로 파악하려는 시도는 없었다는 것이다.

두 번째로 연구 방법의 관점에서 선행 연구를 검토하는 데에는 훨씬 더 복잡한 문제가 제기되는데, 그것은 정신분석학적 영화 연구가 가진 난점 때문이 아니라 정신분석학사가 가진 궤적의 복잡함 때문이다. 그러나 다행히도 수많은 정신분석학의 연구자들과 이론들에도 불구하고 그 시작점에는 프로이트가 서 있다. 영화가 탄생한 시기와 프로이트가 정신분석학이라는 이름으로 연구를 시작한 시기가 1895년을 전후하여 거의 일치한다는 사실에 굳이 의미부여를 하자면, 영화 이론과 프로이트의 꿈 이론이 만나게 된 것은 결코 우연이 아니다. 둘

---

43 강나영, 「2000년대 후반 한국 영화에서의 유사가족 관계에 관한 연구」, 동국대학교 영상대학원 석사논문, 2010.

44 조지훈, 「1970년대 한국영화의 가족로맨스 환상 연구」, 한양대학교 대학원 박사학위논문, 2010.

간의 유사성을 굳이 따져보지 않아도 영화 이미지를 꿈에 비유하는 것은 결코 낯선 일이 아니다. 일부 정신분석학적 영화 연구가들은 프로이트가 꿈을 분석하듯이 영화를 분석하려고 시도하기도 했다.

그러나 오히려 정신분석학을 연구 방법, 혹은 비평 이론으로서 먼저 수용한 것은 문학 분야이다. 프로이트조차도 정신분석학을 예술이나 문학과 같은 텍스트 비평에 적용하는 것에 관심이 많았던 것으로 보아 이것은 결코 이상한 현상이 아니다.[45] 미국의 경우 정신분석학적 문학 연구는 1920년대부터 대규모로 확산되기 시작했고, 50년대와 70년대를 거치면서 문학 텍스트의 심층적 구조를 밝히는 연구 방법으로 큰 기여를 하였다. 유럽에서는 미국에서만큼 정신분석학적 문학 연구가 빠르게 인기를 얻지는 못했지만 기호학과 정신분석학을 접목시킨 라캉주의 이론의 등장으로 80년대 이후부터는 점차 활성화되었다.[46]

영화 연구 분야에서는 이야기가 좀 다르다. 1960년대 라캉에 의해 정신분석학이 구조주의와 만나기까지 정신분석학적 영화 연구는 다양한 비판과 직면하며 방법으로서의 지위를 확고하게 찾지 못한 것이 사실이다. 영화는 문학에 비해 보다 다양한 층위를 가지고 있기 때문에 영화 연구에 대한 정신분석학의 접근에는 언제나 모호함이라는 한계가 있었다. 가장 일반적인 예가 마치 환자를 대하듯 영화 속에 등장하는 인물을 분석하는 태도였다. 물론 영화에 등장하는 인물이 정신병이나 신경증 등 정신질환을 앓고 있는 경우라면 의미가 있을 것이다. 그러나 대부분의 경우 이러한 접근은 영화 텍스트가 가진 다양한 층위의 표상들을 무시해버리게 될 가능성이 크며 오몽과 마리가 지적한 것처

---

45 Sigmund Freud, 정장진 역, 『예술, 문학, 정신분석』, 열린책들, 2012, 참조.
46 곽정연, 『정신분석: 정신분석학과 문학비평』, 연세대학교 출판부, 2011, pp.19-20.

럼 허구적 등장인물에 대해 해볼 수 있는 진단으로 말하자면, 사람들이 진단할 수 있는 영화와 등장인물은 정확하게 그 의도 하에서 계산되어진 만큼 일반적으로 더욱 비공격적이고 대수롭지 않은 것으로 판명된다.[47]

등장인물에 천착하는 태도에서 다시 텍스트 자체에 대한 정신분석학적 접근으로 돌아오자면, 프로이트식의 정신분석이 문학 연구에서와 마찬가지로 영화 서사의 텍스트 분석에 적용될 수 있는 방법은 두 가지 정도가 된다. 첫째는 영화의 감독을 작가로 보고 텍스트를 그가 꾸는 꿈으로 해석하는 것이다. 둘째는 관객 중심의 접근 방법인데 허구적인 텍스트를 통해서도 관객들이 무의식적 쾌락과 충동의 만족을 얻을 수 있다는 가능성을 전제로 한 것이다.[48]

프로이트식 정신분석의 이러한 접근은 상반된 두 개의 주장이 공존한다는 모순에 직면한다. 프로이트가 꿈꾸는 사람의 연상을 꿈의 해석에 자유롭게 적용할 수 있어야 한다고 주장했다는 사실은 분명하다. 그러나 존 스토리(John Storey)가 지적한 것처럼 이것은 텍스트의 의미와 관련하여 몇 가지 흥미로운 이론적 문제를 제기한다. 그것은 텍스트의 의미는 텍스트 그 자체 속에만 있지 않다는 것을 시사한다. 오히려 그 연상들을 텍스트와 관련짓는 것은 독자(해석자)라는 것을 잊어서는 안 된다. 달리 말해서, 프로이트 주장의 핵심은 독자는 텍스트의 의미를 수동적으로 받아들이지 않는다는 것이다.[49] 즉 무의식적 쾌락과 만족의 핵심은 텍스트에 있는 것이 아니라 그 주체인 관객에게 있

---

47 Jacques Aumont & Michel Marie, 전수일 역, 『영화분석의 패러다임』, 현대미학사, 1999, pp.277-278.

48 John Storey, 박만준 역, 『대중문화와 문화이론(제5판)』, 경문사, 2014, pp.180-181.

49 위의 책, p.186.

다.

외부로부터의 비판을 배제하더라도 영화에 대한 프로이트식의 정신분석적 접근은 이렇게 스스로 한계를 드러내고 있기 때문에, 문제를 극복하기 위해 정신분석학적 영화 연구는 문학 연구의 영역에서보다 훨씬 더 다양한 시도들이 있어왔다. 장 루이 보드리(Jean-Louis Baudry)는 영화를 '장치'로 보고 그것이 가지는 특유의 현실감을 설명하기 위해 메타심리학적 분석을 이용했다. 그는 영화와 꿈의 유사성을 지적하며 영화가 관객들에게 무의식적 만족을 제공한다고 주장했다. 중요한 점은 보드리가 이러한 메커니즘이 허위 의식적이라고 주장하며 영화 속에서 작동하고 있는 이데올로기를 비판하려고 했다는 것이다.[50] 크리스티앙 메츠(Christian Metz)는 영화와 언어가 유사하다는 주장들에 맞서기 위해 정신분석학을 수용하여 기호학의 보충을 시도했다.[51] 그러나 한편으로는 영화를 의미작용의 체계 면에서 언어보다 더 복잡한 언어로 규정하고, '서사영화의 거대통합체'와 같은 영화 분석의 틀을 제공하며 결국은 기호학적인 방법으로 환원하는 결과에 이른다. 로라 멀비(Laura Mulvey)는 정신분석학적 관점을 적극 수용하여 남성 중심의 쾌락과 만족, 여성의 성적 대상화에만 집중하는 대중영화적 관점을 비판하였으며, 이러한 그녀의 주장은 이후 페미니즘 연구가들에게 큰 영감을 제공했다.[52]

그러나 이들의 시도는 엄밀한 의미에서 정신분석학적 영화 연구라고 보기는 어렵다. 오히려 이데올로기 비평이나 기호학, 페미니즘 등

---

50 Marita Sturken & Lisa Cartwright, *Practices of looking*, New York: Oxford University press, 2001, p.75.

51 *Ibid.*, pp.73-74.

52 *Ibid.*, pp.76-77.

의 관점에서 접근한 연구로 바라보아야하며, 단지 담론을 풍부하게 만들기 위한 자양분으로서 정신분석학을 제물로 삼았을 뿐이다. 그들의 연구에 정신분석적 밑거름을 제공한 것은 아이러니하게도 프로이트가 아닌 라캉의 이론이다. 그리고 현대에 협소한 의미에서 정신분석학적 영화 연구라고 부를 수 있는 영역은 라캉주의가 지배하다시피하고 있다.

라캉주의 정신분석학이 대부분의 영화 연구 용어를 점유하고 있더라도 라캉의 사유에 미친 프로이트의 영향은 지대한 것이다. 무의식, 충동, 오이디푸스 콤플렉스, 나르시시즘 등, 프로이트가 발견하거나 전유한 다양한 개념들은 그를 충실하게 계승하고자 했던 라캉에게 모든 사상의 시작점이 되었다. 따라서 지금의 정신분석학적 영화 연구의 자산들이 라캉만의 업적이라고 말해서는 안 되며, 정신분석학을 영화 연구에 적용하기 전에 프로이트에서 라캉, 혹은 이후의 정신분석학자로 이어지는 사유의 진화과정을 반드시 이해할 필요가 있다. 이러한 과정을 무시하고 오직 라캉의 개념들을 영화 분석에 적용하는 데에만 급급하다면 다양한 이론들만큼이나 무한하게 펼쳐져있는 정신분석학적 영화 연구의 가능성을 제한하는 결과를 가져올 것이다.

토드 맥고완(Todd McGowan)과 실라 컨클(Sheila Kunkle)이 지적하는 것처럼 비록 라캉주의 이론이 영화 연구 내에서 논쟁의 주도권을 쥐고 있지만 그것은 아주 협소한 영역이었고, 이러한 협소함으로 인해 결과적으로 라캉주의는 점차 쇠퇴하였다.[53] 이에 따라 최근엔 정신분석학적 영화 연구도 점점 영화 연구의 중심에서 멀어져가고 있는 것

---

53 Todd McGowan & Sheila Kunkle, 김상호 역,『라캉과 영화 이론』, 인간사랑, 2008, p.34.

같다. 그러나 라캉주의 정신분석학이 상상계, 상징계, 실재계라는 위상학적 관점과 욕망과 주체의 개념, 환상과 주이상스 등의 개념을 통해 영화를 이전과는 완전히 새롭게 바라볼 수 있는 시각을 제공했다는 사실을 부인할 수는 없다. 이를 증명하듯 한국에서는 아직도 많은 영화 연구자나 비평가들이 라캉의 개념에 매혹되고 있다는 사실에 주목할 필요가 있다.

그 중에서 한국 영화를 연구의 텍스트로 한 예들을 몇 가지 살펴볼 필요가 있다. 영화 〈살인의 추억(2003)〉과 〈장화, 홍련(2003)〉을 텍스트로 하여 연구한 김시무는 라캉의 실재계와 주체 개념을 텍스트 분석에 도입하고 있으며[54] 김소연은 영화 〈사마리아(2004)〉를 중심으로 김기덕 감독의 영화들을 라캉의 도착적 주체의 개념으로 읽기도 한다.[55] 최지윤은 영화 〈올드보이(2003)〉와 〈주홍글씨(2004)〉에 라캉의 죄의식 개념을 적용하며[56] 나지현은 한국영화에서 재현된 도착증의 재현 양상을 연구하기 위해 분석의 틀로 라캉의 개념을 적극 활용한다.[57] 신병식은 영화 〈똥파리(2008)〉를 라캉의 대타자 개념으로 바라보기도 하며[58] 심재욱은 봉준호 감독의 영화를 라캉주의 정신분석학의 관

---

54 김시무, 「라깡의 주체이론 재조명 : 〈살인의 추억〉과 〈장화,홍련〉에 나타난 실재계 개념을 중심으로」, 동국대학교 대학원 박사학위논문, 2005.

55 김소연, 「김기덕 영화에서의 도착적 주체성의 문제: 사마리아를 중심으로」, 『라깡과 현대정신분석』13권/2호, 한국라깡과현대정신분석학회, 2011, pp.33-61.

56 최지윤, 「영화 속에 투영된 인간 내면의식 구성과 반향연구 : 〈올드보이〉와 〈주홍글씨〉에 대한 라깡의 죄의식 개념 적용을 중심으로」, 성균관대학교 언론정보대학원 석사학위논문, 2004.

57 나지현, 「2000년 이후 한국영화에서 도착성의 재현에 관한 연구」, 중앙대학교 첨단영상대학원 석사학위논문, 2008.

58 신병식, 「영화 〈똥파리〉를 통해 본 정신분석적 권력 개념」, 『라깡과 현대정신분석』12권/1호, 한국라깡과현대정신분석학회, 2010, pp.65-87.

점에서 분석한다.[59]

출판의 영역에서도 마찬가지로, 김서영은 저서 『영화로 읽는 정신분석』에서 '융의 분석심리학'이라는, 사실상 정신분석학의 외부에 존재하는 담론까지 곁들이고는 있으나 대부분의 지면을 라캉의 개념 소개에 할애하고 있으며[60] 박시성은 저서 『정신분석의 은밀한 시선』에서 정신분석학적 관점으로 영화를 바라보고 있는데, '라캉의 카우치에서 영화 읽기'라는 부제가 말해주는 것처럼 철저하게 라캉의 개념들을 바탕으로 영화를 읽어나간다.[61] 이들 이전에도 권택영은 『감각의 제국』이라는 저서에 역시 '라캉으로 영화 읽기'라는 부제를 붙여 라캉식의 영화 독해를 시도했다.[62]

그러나 슬라보예 지젝(Slavoj Zizek)의 비판과 같이 영화 연구에 정신분석학사의 다양한 시도들을 무시하고 무비판적으로 라캉의 개념을 끌어들이는 것은 정신분석학적 연구자들을 끊임없이 괴롭혀 온 '환원주의적 태도'의 문제를 스스로 인정하는 것과 같으며[63], 그것은 정신분석학적 영화 연구의 영토를 협소하게 만드는 요인이 될 수 있다. 정신분석학적 방법을 아주 오래 전부터 도입한 문학 연구에서도 아직까지 프로이트의 개념들을 분석에 도입하는 것을 주저하지 않는 것처럼, 그간 영화 연구에서 프로이트적 정신분석학을 수용할 때 가해진 지적들을 냉철하게 받아들여 보완하고, 프로이트로부터 이어진 다양한 학자

---

59 심재욱, 「봉준호 영화의 서사 구조 연구 : 정신분석학적 접근을 통해」, 강원대학교 대학원 석사학위논문, 2011.

60 김서영, 『영화로 읽는 정신분석』, 은행나무, 2007.

61 박시성, 『정신분석의 은밀한 시선』, 효형출판, 2007.

62 권택영, 『감각의 제국: 라캉으로 영화 읽기』, 민음사, 2001.

63 Slavoj Zizek, 오영숙 외 역, 『진짜 눈물의 공포』, 울력, 2004, pp.10-11.

들과 개념을 연계하여 텍스트 연구에 창조적으로 적용할 때 현재 라캉 주의에만 치우친 정신분석학적 영화 연구에 새로운 계기를 마련할 수 있을 것이다.

사실 정신분석학이란 학문이 하나의 통합된 체계라는 믿음조차 환상에 불과하다. 학자들마다 이론이 다르고, 심지어 같은 학자라도 그 시기마다 개념이 계속해서 변화한다. 이 이론들은 독립되어 있거나 배치되는 것이 아니고 때로는 충돌하고 때로는 영향을 주고받으며 서로의 개념을 더욱 풍요롭게 만들어 왔기에 정신분석의 개념들은 인간의 다양한 사유 가능성들을 담고 있는 장이다. 특히 해석학적 연구에서는 이런 풍부한 사유들이 확장된 의미를 만들어낼 수 있는 근거가 된다. 예를 들어 라캉의 개념인 '대상 a'의 탄생에는 멜라니 클라인(Melanie Klein)의 대상관계 개념의 영향을 무시할 수 없다.

정신분석학이 다양한 관점들을 가지고 있음에도 하나로 통합하여 논의될 수 있는 가능성이 있는 것은 이것이 형이상학적 사유에서 비롯된 것이 아니고 환자라는 실체를 대상으로 만들어진 학문이라는 것이다. 실제로 프로이트의 사례를 이후의 학자들, 멜라니 클라인이나 라캉이 자신의 언어로 재해석하지만 결코 변할 수 없는 것은 '환자'라는 실체가 있는 분석 대상이다. 따라서 정신분석학적 영화 연구에서는 반드시 텍스트의 분석에 다양한 관점을 도입하는 것이 정신분석학의 지향점을 계승하는 것이기도 하다.

제3장 /
분석의 세 가지 접근

1. 정신분석학적 영화이론

바바라 크리드(Barbara Creed)는 영화와 정신분석의 탄생시기가 19세기 말로 거의 일치하며, 그로 인해 역사적, 사회적, 문화적 배경들에서 많은 부분을 공유해왔다는 사실을 강조한다. 또한 그녀는 프로이트가 '화면 기억(screen memories)'과 같은 영화 용어를 썼다는 점을 지적하며 정신분석학이 영화에 미친 영향만큼이나 영화가 정신분석학에게 미친 영향도 막대하다고 주장한다.[1] 한편 랩슬리와 웨스틀레이크에 따르면 "정신분석학은 역사유물론과 기호학의 보충으로서 영화이론에 도입되었다. 정신분석학에는 문제점들이 수반된다는 사실에 비추어볼 때 그것이 영화이론 내에 존속했을 뿐 아니라 중심적 위치로

---

1 Barbara Creed, 「영화와 정신분석학」, 『세계영화연구』, 현암사, 2004, p.100.

이동했다는 사실은 의외의 일일 것이다."[2] 따라서 정신분석학에 대한 다양한 시각들과는 별개로 영화 연구에 있어서 정신분석학적 접근 방법은 하나의 패러다임으로서 중요한 흐름을 형성하고 있다는 사실만은 거부할 수 없다.

동시에 다양한 시각들이 시사하는 바는 그만큼 정신분석학적 영화 연구의 역사가 복잡하고 그 개념이 난해하다는 사실일 것이다. 프란체스코 카세티(Francesco Casetti)는 "영화는 직접적으로 우리의 정신세계를 모델화한 것으로 간주된다. 즉 은밀한 지점을 파악하는 수단이거나 무의식의 표출과 대등한 관계이기보다는 오히려 정신분석학에서 연구한 구조와 역동성을 연장하고 포괄하는 현상처럼 영화를 검토한다"[3]고 말한다. 이러한 연구에는 프로이트에 대한 이해와 라캉과 클라인을 포함한 프로이트 이후의 재해석 작업들이 토대가 된다. 정신분석학적 영화 이론의 관점에서는 거울 이미지와 같은 주체의 정체성에 대한 은유가 주요한 관심사가 되며, 주체와 대상의 관계를 재현하는 과정에서 영화에 주체의 무의식적 역동성이 개입이 된다고 믿는다.

이러한 관점은 영화에 대한 정신분석학적인 접근을 두 가지로 나누어볼 수 있게 한다. 하나는, 정신분석학에 대한 관심의 영역과 중요한 개념을 확장하면서 그 분야를 '폭넓게' 사용하는 것이다. 다른 하나는, 재현에 대한 연구 방향을 제시하고, 그것의 '근본 원리'를 드러내는 모델을 제공하기 위해, 정신분석학을 '통합적'으로 사용하는 것이다.[4] 그

---

2 Robert Lapsley & Michael Westlake, 이영재, 김소연 역, 『현대 영화이론의 이해』, 시각과 언어, 1999, p.131.

3 Francesco Casetti, 김길훈, 김덕수, 김건 역, 『현대 영화 이론: 1945 - 1995년 영화 이론』, 한국문화사, 2012, p.229.

4 위의 책, p.230.

러나 이 두 가지의 접근이 모두 암시하는 바는 정신분석학의 연구 분야가 그 만큼 '폭넓고' 정신분석학의 긴 역사가 쌓아온 인간 정신의 모델들을 '통합적'으로 사용하는 것이 요구될 만큼 다양하다는 것이다. 따라서 본 연구에서 영화에 접근하는 정신분석학적인 관심들의 광활한 영역이나 이론들의 길고 복잡한 발전사를 모두 검토하는 것은 의미가 없으며 연구와 연관된 필수적인 개념 몇 개를 살펴보는 것으로 그쳐야할 것이다. 그것은 바로 동일시와 봉합의 개념이다.

1) 동일시

『정신분석 사전』의 저자인 장 라플랑슈(Jean Laplanche)와 장 베르트랑 퐁탈리스(Jean-Bertrand Pontalis)에 따르면 프로이트의 사유에서 동일시라는 개념은 중심적인 위치를 차지한다. "그것은 단순히 다른 여러 심리 기제 중의 하나인 것을 넘어서서, 인간 주체를 구성하는 가장 중요한 작용이다."[5] 다시 말해 인간은 사회적 존재가 되기 위해 정체성을 지녀야하며 그것을 획득하는 과정으로서 동일시는 주체에게 매우 중요한 문제라는 것이다. 정신분석학에서 동일시라고 하면 우리는 흔히 라캉의 '거울 단계' 이론을 떠올리곤 한다. "어떻게 주체가 이미지를 자기와 혼동하는 오인과 소외의 결과로서 쾌락의 경험과 아울

---

5 프로이트에게 동일시라는 개념은 여러 연구들에 의해 점차 풍부해진다. 첫째, 합체라는 개념이 도출되는데, 프로이트는 특히 멜랑콜리에서의 그것의 역할을 강조했다. 둘째, 자기애라는 개념이 도출되는데, 프로이트는 자기애적인 대상 선택과 동일시의 관계를 변증법적으로 사유한다. 셋째, 프로이트는 주체의 형성에 대한 오이디푸스 콤플렉스의 효과에 대해 설명하며 부모에 대한 애착이 포기되며 동일시로 전환한다고 주장한다. 넷째, 프로이트의 메타 심리학적 두 번째 모델을 설명할 때 동일시의 개념은 중요한 토대가 된다. (Jean Laplanche & Jean-Bertrand Pontalis, 임진수 역, 『정신분석 사전』, 열린책들, 2009, pp.119-120.)

러 '상상적' 정체성의 획득에 이르는지를 규명하는 이 이론은 보드리에 의해 영화이론의 맥락으로 유입되었다."[6]

장-루이 보드리(Jean-Louis Baudry)는 동일시 과정을 '일차적 동일시'와 '이차적 동일시'로 구분한다. 일차적 동일시란 관객이 시각의 주체로서 카메라의 시선과 동일시하는 것을 의미하며 이차적 동일시란 영화 속 등장인물과의 동일시를 말한다. 관객은 영화를 관람하는 동안 그것이 타자에 의해 만들어진 이미지라는 것을 잊고, 오히려 자신의 시각이 영화의 이미지를 구성하고 있다고 느끼게 됨으로써 카메라의 시선을 자신의 시선으로 오인하게 된다. 이렇게 관객들이 카메라의 시선을 자신의 시선으로 오인하게 하기 위해서는 영화의 다양한 요소들이 매우 정교하게 구성되어야하며 이것은 곧 이차적 동일시의 토대가 된다. 이차적 동일시를 설명하기 위해서 보드리는 라캉의 거울단계의 개념을 빌려오는데, 거울과 스크린 모두 실재하는 이미지가 아닌, 투영된 이미지란 점에 착안한 결과이다. 그에 따르면 관객은 영화를 보는 동안 거울을 바라보는 아이처럼 이미지 속의 인물과 자신을 구분하지 못하는 오인의 구조를 만들어 낼 수밖에 없다는 것이다.[7]

'오인'으로서의 동일시에 대한 정신분석학적인 시각은 다양한 스크린 이론을 만들어 내는 계기가 된다. 예를 들자면 "맥케이브(Colin McCabe)는 카메라 자체가 진실한 보증인 역할을 한다고 주장"하는데, 이것은 영화에는 "전지적인 화자"가 없으며, 카메라를 통해 각기 다른 사람들의 시점을 보여줄 수도 있는 특성에서 기인하는 것이다. 맥케이

---

6 김소연 외, 『라캉과 한국영화』, 도서출판b, 2008, p.41.
7 Robert Stam et al., 이수길 외 역, 『어휘로 풀어읽는 영상기호학』, 시각과언어, 2003, pp.284-285.

브에 따르면, 이런 형식은 "제반 사회적 모순들을 효과적으로 부인하고 사회란 결국 제어하고 이해할 수 있는 것"이라고 제시해준다. 뿐만 아니라 "관객에게 특정한 이데올로기 효과"를 발휘한다.[8] 이데올로기는 주체를 '호명'하는 효과를 발생시키는데, 이것은 언어의 사회적인 특성에서 기인하는 것이다.

언어체계에 의해 '나'라고 언술된 단어가 그 언술의 주체를 지시할 만한 아무런 연관성이 없음에도 '나'라는 주어로 시작된 문장에 따라 주체는 자연스럽게 사회에서의 위치를 지정받게 되는 것이 바로 이데올로기 효과라고 할 수 있다. 좋은 예로, 최동훈 감독의 2006년 영화 〈타짜〉에서 김혜수는 "나 이대 나온 여자야"라고 언술하는데, '이화여대'를 나온 여자들이 가진 특성은 매우 다양할 수 있음에도 사회가 만들어낸 편견에 따라 그녀의 특성을 가장 잘 드러내는 언술이 되어버린다. 이것은 전형적인 '오인'으로서 동일시의 결과라고 할 수 있는데, 맥케이브는 영화가 바로 이러한 효과를 발생시킨다고 주장하고 있는 것이다. 얀코비치는 "맥케이브 이론의 토대였던 알튀세르의 이데올로기 일반 이론은 많은 부분에서 라캉의 정신분석학에 의존하고 있었다. 알튀세르의 호명이론은 라캉의 거울단계(유아의 발달 단계) 이론을 끌어왔다"[9]고 밝히고 있다. 그러나 맥케이브의 이론은 알튀세르의 이데올로기론을 넘어서지 못했기에, 이후의 영화 이론가들은 그 한계를 극복하기 위하여 다시 라캉으로 돌아가는 현상을 보였다.

그러나 보다 정확하게 말하자면, 영화의 스크린을 무의식적 동일

---

8 Joanne Hollows & Mark Jancovich, 문재철 역, 『왜 대중영화인가』, 한울, 2012, pp.196−197.
9 위의 책, p.202.

시의 개념으로 접근한 이러한 패러다임은 라캉에 의해서만 비롯된 것은 아니었다. 토마스 엘세서(Thomas Elsaesser)와 말테 하게너(Malte Hagener)에 따르면 이 패러다임은 두 가지로 나눌 수 있는데, "첫 번째, 지그문트 프로이트의 무의식 이론은 장-루이 보드리가 인간 심리에 대한 모델로서 '영화적 장치(cinematic apparatus)'와 디스포지티브(le dispositif)라는 개념을 개발하는 데 영감을 주었다. 두 번째, 크리스티앙 메츠는 '상상적 기표(imaginary signifier)'에 대해 말하기 위해서 자크 라캉의 언어로서의 무의식이라는 개념을 빌려왔는데, 상상적 기표는 구조주의 언어학의 몇 가지 핵심 관념을 영화와 연결시킨다"[10]는 것이다.

앞서 이야기한 보드리의 '거울로서의 스크린'이라는 접근에서 동일시의 과정도 이러한 두 가지 패러다임에 모두 포함이 될 수 있다. 장-루이 보드리는 "영화 상영 동안 우리는 마치 아이처럼 운동 기능성은 저하된 반면 감각기능은 고조된 상태에 있고, 또한 우리는 이 시간 동안 아이처럼 상상계의, 복제 이미지의 먹이가 되고, 이 모든 과정은 모순적으로 현실적인 지각을 통해서 발생하기 때문에 스크린은 유아기의 거울을 닮았다"[11]고 언급했다. 또한 오몽과 마리에 따르면 '장치'인 카메라와 동일시하는 일차적 동일시에 비해 이차적 동일시는 "적어도 표면적으로는 영화비평이 오래 전부터 발견한 것을 함축하는데, 즉 영화는 관객에게 감정, 호감, 반감을 부추기며 이 감정들은 흔히 있는 그

---

10 Thomas Elsaesser & Malte Hagener, 윤종욱 역, 『영화 이론: 영화는 육체와 어떤 관계인가?』, 커뮤니케이션북스, 2012, p.118.

11 Christian Metz, 이수진 역, 『상상적 기표-영화, 정신분석, 기호학』, 문학과지성사, 2009, p.83.

대로의 등장인물들에게로 향해진다"는 것이다.[12]

크리스티앙 메츠(Christian Metz)도 이러한 생각에 일부 동의하면서도 몇 가지 문제를 제기한다. 그는 "영화는 거울과 같다. 하지만 다음과 같은 이유에서 원초적 거울과 구분되는데, 거울에는 모든 존재가 투사될 수 있는 반면, 영화에서는 반사될 수 없는 존재가 있다는 사실 때문이다. 관객의 신체는 결코 보이지 않는다. 어떤 지점에서 거울은 갑자기 전혀 반사되지 않는 유리로 변하고 만다"[13]고 피력했다. 그러나 라캉의 상상계에서 거울의 개념은 아이의 몸을 그대로 비추는 순수한 반사체의 개념이 아니다. 아이는 어머니나 형제들과의 동일시를 통해 자신의 모습을 상상적으로 구성하기에, 아이에게 타자는 곧 자아를 비추는 거울이다. 그런 면에서 관객이 영화 속의 인물과 동일시 한다는 이차적 동일시의 주장이 전혀 설득력이 없는 것은 아니다.

그러나 메츠는 라캉에게 거울 단계는 상상계에 속하지만 영화는 상징계를 전제로 한 상상계라는 점을 지적한다.[14] 다시 말해 영화를 보는 관객은 상상계에 머물러있는 아이가 아니라 이미 상징계의 법을 받아들인 주체라는 것이다. 문제는 "그렇다면 관객은 영화 관람 시간 동안 '무엇에' 동일시하는가?"이다.[15] 메츠에 따르면 "관객은 그 '자신에게 동일시하는 것이며' 순수 지각 행위로서의 자신에게, 지각된다는 가능성의 조건으로서의 그리고 '존재하는 모든 것' 이전의 선험적 주체로

---

12 Jacques Aumont & Michel Marie, 전수일 역, 『영화분석의 패러다임』, 현대미학사, 1999, pp. 285-286.

13 Christian Metz, 위의 책, p. 78.

14 Robert Lapsley & Michael Westlake, 위의 책, p. 115.

15 Christian Metz, 위의 책, p. 79.

서의 자신에게 동일시"한다는 것이다.[16] 이 말은 곧 영화가 관객에게 "전지적 지각 주체"[17]의 지위를 부여함을 의미한다. 이 지위에 올라있는 관객들은 무의식적으로 영화를 통해 상상적인 것들을 상징적으로 재구성할 수 있는 전지적 능력을 가지고 있다고 믿는 것이다.

이것은 라캉의 상징계 개념에서 대타자가 주체에게 미치는 효과와 같다. 즉 상징이 가진 과잉결정의 힘이 주체로 하여금 기표와 동일시 하도록 만드는 것이다. 최민재에 따르면 이러한 동일시의 개념이 의미가 있는 것은 "영화와 관객의 심리구조가 어떻게 동일시를 이루고 있는지를 설명"할 수 있다는 것이다.[18] 다시 말하자면 관객의 심리에 영향을 미치려는 감독의 의도는 이러한 동일시를 통해 실현이 가능한 것이며, 그 의도에 따라 정교하게 조작된 결과물들을 주의 깊게 살펴보는 것은 감독이 설계한 심리 구조들을 포착할 수 있게 한다. 메츠는 영화 이미지가 부재를 실재로 재형상화하며 따라서 대체라는 동적인 과정을 통해서 '의미를 생산한다'고 주장했다. 여기에서 관찰자는 프로이트의 예인 '포르트 다' 놀이에서처럼 그가 상상하거나 투영한 존재에게 '사로 잡힌다.', 또한 메츠는 이러한 서사적 영화 이론을 다른 라캉적 개념을 이용해서 일련의 대체('상징')와 환치('환유')로 보완한다.[19] 다시 말해 메츠의 주장처럼 상상적 기표인 영화도 결국 상징계의 원리를 따르는 것이라면 그것은 결국 은유와 환유의 법칙을 따른다는 의미이다. 따라서 영화의 다양한 동일시의 효과로 인해 감독과 등장

---

16 위의 책, p.83.

17 위의 책, p.82.

18 최민재, 「영상텍스트의 의미구성과 수용자 해독에 관한 연구: 영화 〈친구〉에 대한 분석을 중심으로」, 성균관대학교 대학원 박사학위논문, 2003, p.80.

19 Thomas Elsaesser & Malte Hagener, 위의 책, pp.118-119.

인물, 그리고 관객들이 공유하게 되는 다양한 무의식적 심리 구조들은 그것의 은유와 환유의 결과로 만들어진 기표들을 분석함으로써 드러날 수 있을 것이다.

영화에서 이러한 기표들의 분석은 쇼트나 미장센의 구성 방식을 검토함으로써 가능해질 수 있다. 쇼트는 영화의 최소 단위로 모든 매개 변수, 즉 여러 가지 차원, 프레임, 시점, 움직임, 지속 시간, 리듬, 다른 영상과의 관계와 같이 총체적인 것이 아주 넓은 의미에서 보면 쇼트에 포함된다.[20] 가장 흔히 사용되는 쇼트의 구분은 그 사이즈에 따른 것이며,[21] 그 외에도 화면에 등장하는 인물의 수에 따라 나누기도 하고,[22] 촬영하는 렌즈에 따라,[23] 앵글에 따라,[24] 카메라 움직임에 따라[25] 나누기도 한다. 이렇게 쇼트의 종류가 무수히 많다는 것은 선택할 수 있는 경우의 수가 많다는 것으로, 감독은 선택에 있어서 자신의 의도를 가장 잘 나타낼 수 있는 쇼트가 어떤 것인지를 고민하는 과정을 거친다.

따라서 쇼트의 구성 방식은 영화와 다양한 기제를 통해 동일시된 관객들에게 의식적으로든 무의식적으로든 반드시 영향을 미치게 되어

---

20 Jacques Aumont et al., 이용주 역, 『영화 미학』, 동문선, 2003, p.51.

21 자네티에 따르면 대략 6개의 쇼트로 구분되는데, 익스트림 롱 쇼트, 롱 쇼트, 풀 쇼트, 미디엄 쇼트, 클로즈업, 익스트림 클로즈업 등이다. 그러나 구분을 하는 이마다 그 종류가 모두 다를 수 있으며, 이 구분은 매우 주관적인 구분으로, 어떤 이에게는 미디엄 쇼트가 인물의 가슴까지 프레이밍 하는 것을 의미하는 것이라면, 어떤 이에게는 허리까지 프레이밍 하는 것을 의미하기도 한다. (Louis Giannett, 김진해 역, 『영화의 이해』, 현암사, 1999, p.20.)

22 단독 쇼트, 2인 쇼트, 3인 쇼트 등인데, 특히 2인의 대화 쇼트에서는 오버 더 숄더 쇼트를 사용하기도 한다.

23 딥 포커스 쇼트라고 부르는 광각 렌즈 쇼트, 심도가 얕은 망원 렌즈 쇼트 등.

24 하이 앵글 쇼트, 로우 앵글 쇼트 등.

25 패닝 쇼트, 달리 쇼트, 크레인 쇼트, 핸드 헬드 쇼트 등.

있다. 특히 한 쇼트의 공간 안에 시각적 요소들이 배치되는 방식을 '미장셴(mise en scene)'이라고 하는 데 이것은 단순한 배치가 아닌, 특정한 미학적 목적을 이루기 위한 의미작용으로서의 배치를 뜻한다. 따라서 다양한 시각적 요소, 즉 기표들이 한 공간 안에서 어떠한 관계를 이루고 있는지를 살펴보는 것은 영화가 기표의 연쇄를 통해 발생시키고 있는 의미를 분석하는 데에 매우 중요한 역할을 할 수 있다.

2) 봉합

수잔 헤이워드(Susan Hayward)에 따르면 "영화 이론에서 봉합 체계는 가장 단순하게 얘기하면 관객을 영화의 텍스트 속으로 밀어 넣는 것이다."[26] 영화에서의 봉합 작용에 대해 처음으로 언급한 이론가인 장-피에르 우다르(Jean-Pierre Oudart)는 다음과 같이 생각했다. 관객이 처음으로 영화를 접하게 되면 거울 앞에서 자신의 모습을 비추어보는 아이처럼 기쁨을 느끼게 된다. 상징계로 진입하며 실재와의 사이에서 생겨난 결핍을 영화라는 환상을 통해 채우며 주이상스를 얻는 것이다. 그러나 영화라는 상상계적 이미지는 상징계의 의미 작용이 없이는 존재가 불가능한 것이고, 관객들은 이러한 사실을 점차 인지하며 처음 느꼈던 기쁨을 잃게 된다. 상징적 질서 위에 짜여진 영화의 프레임은 프레임 밖의 실재에 접근할 수 없을 것 같은 제한을 만들어내는 것이다. 다시 이러한 제한은 쇼트와 역쇼트라는 영화적 장치를 통해 극복된다. 이것은 상징계의 침입으로 인한 이미지와 관객의 균열을 봉합하

---

26 Susan Hayward, 이영기 역,『영화 사전: 이론과 비평』, 한나래, 2004, p.130.

고 다시 그들을 상상계 안으로 위치시킨다.[27]

김서영에 따르면 "봉합은 영화를 읽어내는 과정에서 이해할 수 있는 것이다. 한 장면이나 하나의 대사 또는 소도구가 아니라, 장면들의 연쇄 속에서 드러나는 네 번째 벽이나 그것으로부터 체험하게 되는 부재에 대한 인식에 의해 봉합이 달성된다는 것이다."[28] 그러나 스티븐 히스(Stephen Heath)는 우다르의 주장처럼 "관객의 상상계가 영화의 담론을 봉합시키는 것이 아니라, 봉합의 과정 속에서 관객이 상상계적 결과물의 일부가 되는 순간이 있다"고 반박한다.[29]

앞서 이야기한 것처럼 관객이 일차적으로는 카메라의 시선과 동일시하며 발생하게 되는 이데올로기적 효과 때문에 히스의 표현처럼 관객은 '완벽한 눈'을 가지게 되며, 이러한 시선을 통해 감독이 제공한 방식에 따라 영화를 통제한다. 그러나 "편집이 만들어 내는 분열의 순간은 보통은 겉으로 드러나지 않는 시각 장치에 관객이 주의를 기울이게 하며, 따라서 불안과 손실의 순간을 만들어 낸다. 이 때문에 다음 숏은 이 순간을 묶고 꿰매야 한다. 간단히 말해서 '봉합'해야만 한다."[30]

이 지점에서 쇼트/역쇼트(shot/reverse shot)의 개념이 등장한다. 관객들은 분열의 순간에 자신이 바라봄의 주체가 아니라는 불안감을 느끼게 되는데, 랩슬리와 웨스틀레이크는 이것을 봉합하는 방식으

---

27 Robert Lapsley & Michael Westlake, 위의 책, p.121.
28 김서영에 따르면 "네 번째 벽이란 연극 용어로서 허구적 공간과 관객을 구분하는 상상적 경계를 일컫는다." (김서영, 「라깡과 영화: '스크린'의 봉합 문헌을 중심으로 고찰한 정신분석과 영화의 관계」, 『라깡, 사유의 모험』, 마티, 2010, p.282.)
29 위의 책, p.289.
30 Thomas Elsaesser & Malte Hagener, 위의 책, p.167.

로 우다르의 쇼트/역쇼트의 체계를 설명한다. "두 번째 쇼트는 첫 번째 쇼트를 극중 등장인물의 시선의 영역으로 보이게 한다. 이렇게 하여 부재하는 일자는 그 시점이 드러나는 특정 등장인물인 것으로 증명되고 위협적인 부재는 영화 내에서 재전유된다. 부재자의 위치를 점할 등장인물을 도입함으로써 쇼트/역쇼트는 이미지와 관객의 최초의 관계 속에서의 균열을 봉합하고 영화적 담론을 상상계 내로 제한한다."[31]

한편 자크−알랭 밀레(Jacques−Alain Miller)에게 봉합이란 "주체가 그 담론의 연쇄에 연결되는 방식"[32]이다. 밀레는 라캉의 누빔점(quilting point)의 개념을 설명하기 위하여 봉합이라는 단어를 사용한 것인데, 기표 밑에서 끊임없이 미끄러지는 기의가 순간적으로 고정되며 의미가 발생하는 지점을 뜻하며, 밀레는 이것을 상징계와 상상계의 봉합으로 설명하려고 시도한 것이다.[33] "봉합은 그렇다면 무의식의 작용을 정의하고 또 그 작용에 의해 정의되기도 하는 담론의 연쇄 안으로 주체가 '꿰매어져' 들어가는 과정이 된다."[34]

따라서 히스는 우다르의 봉합 개념에 문제점을 제기하고 자신만의 시각으로 보완한다. "그는 쇼트/역쇼트의 강조에 반대하면서 봉합은 상상계와 상징계의 접합으로서 모든 언표행위에 존재한다는 사실을 지적한다. 즉 각각의 봉합이 상당히 다른 형태로 이루어지기는 하지만 모든 텍스트는 봉합한다는 것이다."[35] 봉합이 이러한 의미로 개념화

---

31 Robert Lapsley & Michael Westlake, 위의 책, p.121.
32 김서영, 위의 책, p.276에서 재인용.
33 Dylan Evans, 김종주 외 역, 『라캉 정신분석 사전』, 인간사랑, 2004, p.53.
34 Robert Stam et al., 이수길 외 역, 『어휘로 풀어읽는 영상기호학』, 시각과언어, 2003, p.318.
35 Robert Lapsley & Michael Westlake, 위의 책, p.124.

될 수 있다면 히스가 지적한 것처럼 쇼트와 쇼트 사이의 봉합은 쇼트/역쇼트 뿐만 아니라 다양한 방식으로 수행될 수 있다. 엘새서와 하게너는 "소위 말하는 '연속적 편집'에서는 일반적으로 매치 컷을 통해 이 작업을 수행한다. 매치 컷은 예를 들어 프레이밍, 각도, 두 숏의 시점을 조정해서 두 번째 숏이 첫 번째 숏에 (재)반응하도록 하는 것으로, 이를 위해 시각적 차원에서, 그리고 '어디?'–'여기'라는 방식으로 (내적) 질문에 답변하는 방식을 사용한다"[36]고 지적한다.

그렇다면 영화에서의 봉합 개념은 편집 미학의 차원에서 다루어질 수 있다. 편집의 정의는 "2개의 쇼트가 제각기 독립적으로 만들어낼 수 없는 특정 효과를 창출해내는 작업"[37]으로, 편집 미학이라고 하면 결국 영화 이론에서 말하는 '몽타주'와 같은 개념이 된다. 다시 말해 몽타주의 개념은 편집의 개념을 포함하며, 편집이 물리적인 차원에서 쇼트의 선택, 삭제, 연결을 의미하는 것이라면 몽타주는 단순히 숏과 숏의 결합에만 적용되는 것이 아니라, 시각적, 청각적, 극적 요소 등을 특정한 미학적 목적을 위해 결합하는 것을 말한다.[38]

몽타주는 영화가 시간의 차원을 가지고 있기 때문에 가능해지는 독특한 개념으로, 공간이 가진 의미화 작용을 뜻하는 미장센과는 영화의 양대 축(시간과 공간)을 구성하는 한 요소이다. 따라서 앞서 언급된 '특정 효과'와 '미학적 목적'이란 결국 시간 축에서 의미의 생산을 뜻하는 것이며, 이러한 의미는 수용하는 주체(관객)의 내부에서 발생되는 것이기에, 두 쇼트의 봉합이 성공적으로 이루어져야만 감독과 관객

---

36 Thomas Elsaesser & Malte Hagener, 위의 책, pp.167–168.
37 Jacques Aumont et al., 이용주 역, 『영화 미학』, 동문선, 2003, p.82.
38 김용수, 『영화에서의 몽타주 이론』, 열화당, 1996, p.13.

이 소통할 수 있게 하는 특정한 의미가 발생할 수 있을 것이다. 정리하자면, 관객이 영화와 다양한 방식으로 동일시하기 위해 요구되는 봉합의 효과는 영화의 다양한 몽타주들을 검토함으로써 드러날 수 있을 것이며, 이러한 봉합은 감독이나 등장인물이 가진 욕망이 어떤 방식으로 영화 속에서 은유되고 있는지 알 수 있게 하는 의미의 고정점이 될 것이다.

2. 서사기호학적 접근

이전까지 상상계에 관한 연구에 몰두하던 라캉은 1950년 이후부터 페르낭 드 소쉬르(Ferdinand de Saussure)의 기호학적 개념들을 정신분석학에 도입하기 시작했다.[39] 김성도에 따르면 기호학의 개념적 기원은 소쉬르의 「일반언어학 강의」에서 찾을 수 있는데, 이것은 언어학의 새로운 분과 학문으로서 기호학의 탄생을 의미하는 것이다.[40]

다시 말하자면 소쉬르가 창안한 기호학은 언어에 접근하는 새로운 길을 열어준 것인데, 언어를 경유하지 않고서는 실천 자체가 불가능한 정신분석적 관점에서 라캉이 언어학의 새로운 지류인 소쉬르의 개념을 자신의 연구에 도입하게 된 것은 당연한 일일 것이다. 소쉬르로부터 시작되어 롤랑 바르트(Roland Barthes)에 의해 더욱 정교화된 기호학적 개념의 핵심은 언어를 기호의 의미작용으로 바라보는 것이며,

---

39 1953년에 라캉은 로마 담론을 통해 「정신분석에서 말과 언어의 기능과 영역」이라는 논문을 발표하는데, 이것을 통해 그가 당시에 가졌던 언어학에 대한 관심을 보여준다. (Madan Sarup, 김해수 역, 『알기 쉬운 자끄 라깡』, 백의, 1996, p.80.)
40 김성도, 『현대 기호학 강의』, 민음사, 1998, pp.89-90.

이러한 기호는 기표와 기의라는 두 가지 요소를 통하여 구성된다. 언어학자였던 소쉬르는 기표를 음성이미지의 차원에서 생각했던 것이지만, 이후로 개념이 확장되며 기표는 문자, 이미지, 상징과 같은 모든 표상 체계를 포괄하게 된다.[41]

당시의 라캉에게 기호학이 매력적이었던 이유는 기호를 이루는 기표가 반드시 어떤 기의를 표상하고 있다는 개념 때문이다. 그에게 그것은 곧 환자의 말이나 증상과 같은 기표를 점검하면 그것이 표상하고 있는 증상의 원인으로서의 기의를 파악할 수 있다는 의미였던 것이다. 그러나 라캉은 소쉬르의 개념에 머무르지 않고 더 나아간다. 그는 기표와 기의가 대칭적으로, 혹은 안정적으로 결합될 수 있다는 사실에 의문을 품었던 것이다.[42] 이것은 라캉의 상징계 모델을 위한 사유의 출발점이라고 할 수 있다.

그가 기호학을 통해 구상하기 시작한 상징계의 모델은 구조주의의 틀 안에서 체계화 된다. 구조주의는 1950년대와 1960년대 프랑스 지식인들의 사고방식을 지배했던 사상이자 문화이다. 숀 호머(Sean Homer)는 "레비-스트로스의 상징기능의 자율성에 대한 통찰은 더욱 철학적이고 과학적인 견고한 기초 위에 프로이트의 정신분석을 확립하려는 라캉의 시도에 결정적인 기반을 마련했다"[43]라고 설명한다. 사실 기호학과 구조주의는 별개의 사유체계가 아니다. 레비스트로스는 인류학자였지만 소쉬르의 기호학에 관심이 깊었으며, 기호학을 인류학적 연구에 도입하게 되면 신화나 친족체계, 관습 등의 구조를 파악

---

41 김경용, 『기호학이란 무엇인가』, 민음사, 2009, p.23.
42 Madan Sarup, 위의 책, p.81.
43 Sean Homer, 김서영 역, 『라캉 읽기』, 은행나무, 2012, p.71.

하는 데에 중요할 역할을 할 것으로 믿었다. 김형효는 "결국 기호는 구조를 파악하고 이해하는 수단이요, 매개다"[44]라고 주장한다.

상상계, 상징계, 실재계의 개념은 라캉의 사유의 핵심을 구성하는 틀인데, 상징계는 그 중에서도 가장 핵심적인 사유체계로서 상상계에서 실재계로 진화하는 사유의 중심에 서 있다. 따라서 기호학은 현대 정신분석학의 형성에 가장 큰 기여를 한 라캉의 사유체계를 관통하는 밑바탕이자 뼈대이다. 그런 이유로 라캉 이후에 기호학과 정신분석학을 하나로 통합하여 사고하려는 시도들이 끊임없이 존재해왔던 것도 사실이다. 크리스테바(Julia Kristeva)는 언어의 의미 작용에는 기호학에서 다루는 체계와는 무관하게 움직이는 힘들, 즉 충동이나 욕망과 같은 발화자의 무의식적인 요소들이 개입될 수밖에 없다고 주장했는데, 이것은 프로이트와 라캉의 정신분석학적인 개념을 통해 언어의 주체를 새로운 시각으로 해석함으로써 의미 작용 연구에 대한 기호학의 한계를 극복하려는 시도이다.

데이비드 노먼 로도윅(David Norman Rodowick)에 따르면 그녀의 시도가 의미 있는 이유는 "기호학과 정신분석학을 결합시킨 시각"에서 언어학을 쇄신할 수 있는 길을 열어주기 때문이라고 지적한다.[45] 비슷한 시각에서 메츠는 기호학적인 영화 연구에 정신분석학을 결합하여 관객의 의미 작용에 관여하는 무의식의 중요성을 강조하기도 했다.[46] 이러한 사실들로 볼 때 두 학문은 현대에 이르러 나누어 말할 수 없을 정도로 밀접한 관계를 맺고 있으며, 특히 영화 연구에 있어서 정

---

44 김형효, 『구조주의 사유체계와 사상』, 인간사랑, 2008, p.250.
45 David Norman Rodowick, 김수진 역, 『현대 영화 이론의 궤적』, 한나래, 1999, pp.260-261.
46 Robert Stam et al., 위의 책, pp.262-263.

신분석학과 기호학적 접근이 격렬한 대립을 통해 각각의 전통을 쌓아왔지만 이제는 서로에게 없어서는 안 될 정도로 상호 보완할 수 있는 요소들을 획득하게 되었다는 사실은 아이러니할 수밖에 없다.[47] 따라서 정신분석학적 접근이 방법의 주가 되는 본 연구에서 기호학적 방법의 도움을 얻으려는 시도가 결코 의미 없거나 무리한 것이 아니라는 사실은 자명하다.

본 연구에서 기호학적 방법을 도입하려는 부분은 명확한데, 그것은 영화 내러티브 분석(narrative analysis) 부분이다. 정확히 말하자면 내러티브 형식의 분석이다. 형식의 껍질을 벗겨내야만 본 연구에서 겨냥하는 심층적인 구조에 접근할 수 있는 길이 열린다. 내러티브의 형식이란 결국 기호들의 얼개이다. 영화의 시나리오만을 분석한다면 희곡이나 소설과 같은 문학의 내러티브 분석과 별로 다를 것이 없겠지만 문제는 영화의 표상 체계가 단순하지 않다는 것이다. 백선기가 지적한 것처럼 영화는 이러한 시나리오와는 별개의 영상화면이라는 표현체가 존재하며 영상화면 자체가 독자적인 서사구조를 지니고 있다.[48] 이렇게 다양한 표상체계들은 유기적으로 얽혀있어 그 구조는 더욱 복잡해진다.

로버트 버고인(Robert Burgoyne)이 "기호학적 연구의 가장 최근 분야가 영화의 내러티브 분석"[49]이라고 강조한 사실에서도 알 수 있는 것처럼 다양한 기호들이 복잡하게 얽혀있는 영화에서 내러티브를 분석하는 것은 그만큼 도전적인 과제이다. 버고인의 주장대로 영화의 내

---

47 Jacques Aumont & Michel Marie, 전수일 역, 『영화분석의 패러다임』, 현대미학사, 1999, pp.271-272.

48 백선기, 『영화 그 기호학적 해석의 즐거움』, 커뮤니케이션북스, 2007, p.1.

49 Robert Stam et al., 위의 책, p.133.

러티브 분석에 레비스토로스의 구조주의 이론과 블라디미르 프로프 (Vladimir Propp)의 민담연구가 미친 영향은 지대하다. 즉 레비스트로스가 의미론적인(semantic) 관점에서 접근하여 문화적인 맥락에서 영화를 분석할 수 있는 기반을 마련했다면, 프로프는 통사론적인 (syntactical) 관점에서 플롯의 인과관계를 바탕으로 내러티브가 구성되는 근본적인 원칙들을 밝혀내려는 노력을 통해 후대의 연구에 기여했다는 것이다.[50] 그레마스는 이 두 가지 관점의 영향을 받아 자신만의 독창적인 기호학적 개념들을 고안해냈다.

김성도가 지적하듯 그레마스의 연구 대상은 개별의 기호가 아니라 그 기호들이 상호작용을 하며 관계를 통해 만들어내는 "의미 작용의 체계"이다.[51] 그레마스는 처음부터 기호학 연구를 목표로 한 것은 아니었다. 대학에서 어휘론을 공부했고 불어를 가르치는 교수 생활을 하며 현상학, 인류학, 정신분석학 등의 학문들을 자양분으로 삼아 그의 세계를 확장하였다. 그의 관심은 이야기체 형식을 취하는 텍스트가 어떻게 의미 생성을 하는가에 있었기 때문에 이를 위해 의미론을 거쳐 결국은 기호학으로 연구 방향이 정해지게 된 것이다.[52]

따라서 그레마스 기호학의 핵심은 이야기를 기호학적으로 연구할 수 있는 길을 열어준 것이며 그런 의미에서 그의 기호학을 '이야기의 기호학', 또는 '서사기호학'이라고 부르기도 한다. 그레마스가 기호학적 연구를 통해 겨냥하는 지점은 담화와 텍스트에서의 의미 생성 과정을 설명하는 것이다. 그는 인간의 담화가 이야기체의 성격을 가지는

---

50 위의 책, pp.145-146.
51 김성도, 『구조에서 감성으로』, 고려대학교 출판부, 2003, p.67.
52 서정철, 『기호에서 텍스트로』, 민음사, 2007, pp.235-237.

66 한국 영화의 갈등 구조

것은 인간 정신이 가진 이야기성(narrativity)이라는 특징 때문이라고 생각했기에, 프로프의 민담연구에도 지대한 관심을 가졌던 것이다.[53] 따라서 그레마스의 기호학은 내러티브 분석에서 그 강점이 두드러진다.

예를 들어 그레마스가 제안한 '의미 생성 경로 모델'은 내러티브가 어떻게 의미를 생성하는지의 과정을 구조화하여 이해하는 데에 도움이 된다. 백승국은 이것을 "최고의 보편성과 효율성을 보여주는 모델로 모든 담론(텍스트, 이미지, 영화, 광고, 콘텐츠)의 의미가 생성과 서사성에서 창출되고 있음을 논리적으로 설명하는 도식"이라고까지 평가하고 있다.[54] 물론 이러한 평가는 관점에 따라 이견이 있을 수 있으나 그레마스의 기호학이 본 연구에서만큼은 큰 의미가 있는 것이 사실이다. 그 이유는 그레마스가 『정념에 기호학』에서 언급했듯 그가 겨냥하는 지점이 단순히 표상 체계의 구조가 아니라 표상들이 다양한 경우의 수의 결합을 통해 만들어내는 감정들이기 때문이다.

그레마스는 의미 효과로서 발현되는 감정들이 "서로 연결된 양태적 내용들의 단순한 결합을 넘어서고, 일정한 한도 내에서 인지적 범주화를 벗어나는 정념적 장치로부터 나오는 것으로 보인다"고 주장했다.[55] 이것은 다양한 표상들의 결합과 그 상호작용을 매개로 하여 표상되지 않는 것들에게 접근하려는 본 연구의 목적과 정확하게 일치한다.

정신분석학에서 표상되지 않는 것이란 감정과 함께 충동, 쾌락, 욕망 등도 포함한다. 이것들은 주로 의식의 통제를 벗어난 정신적 요소들로서, 무의식적 현상을 주요 대상으로 다루는 정신분석학의 관심은

---

53 위의 책, p.238.
54 백승국, 『문화기호학과 문화콘텐츠』, 다할미디어, 2006, p.75.
55 Algirdas J. Greimas & Jacques Fontanille, 유기환, 최용호, 신정아 역, 『정념의 기호학』, 강, 2014, p.56.

표상되는 것보다 표상되지 않는 것들에 있을 수밖에 없다. 다시 말해 표상되지 않는 것들에게 접근하는 방식이 표상 체계를 경유하는 것이라는 점에서 그레마스의 기획은 기호학임에도 불구하고 정신분석학이 겨냥하는 지점과 맥을 같이 한다고 볼 수 있다. 따라서 본 연구에 그레마스의 기호학을 일부 도입하는 것은 매우 타당한 것으로 보인다.

1) 의미 생성 경로

권명광과 신항식은 "그레마스는 레비-스트로스의 핵심적인 논리에 따라 언술 연쇄 형태로 나타나는 담화의 집합을 텍스트로 보고 선형적으로 전개되는 텍스트를 계층적으로 구조화함으로써 의미생성의 과정을 입체적으로 보여주고자 한다"[56]고 주장한다. 예를 들어 어떤 건축물을 이해하기 위해서는 그 구조물이 어떠한 요소들로 구성되어 있으며, 그 요소들이 어떻게 구조화되어 있는가를 이해하는 것이 중요하다. 지표면 위로 드러난 부분은 비교적 쉽게 이해할 수 있으나 그 건축물을 지탱하고 있는 토대 구조는 땅 밑에 묻혀있는 경우가 많으므로, 드러나지 않은 것에서 드러난 것으로 이어지는 구조를 계층화하여 파악하는 것이 필요할 것이다.

텍스트도 마찬가지로, 그것의 심층의미를 분석하고자 한다면 먼저 텍스트의 의미가 어떤 구조로 계층화되어 있는지를 이해해야한다. '경로'라고 하면 시간적인 경과에 따라 의미가 생성되는 과정으로 생각될 수도 있겠지만, 그레마스는 이것을 구조주의에 입각한 공시태적 모델로 구상하였음에 주목할 필요가 있다.

---

56 권명광, 신항식, 『광고 커뮤니케이션과 기호학』, 문학과경계사, 2003, p.152.

텍스트화 층위				
	의미론		통사론	
담화체 구조	담화체 의미론 주제화 형상화		담화체 통사론 배역화 시간화 공간화	
기호—이야기체 구조	표층	이야기체 의미론	표층	이야기체 통사론
	심층	의미론	심층	통사론

표 3-1. 의미의 생성 경로[57]

그레마스는 의미 생성 경로 모델을 기호—이야기체 구조, 담화체 구조, 텍스트화 층위라는 세 단계로 구성한다. 기호—이야기체 구조는 다시 심층 층위와 표층 층위로 나뉜다. 또한 각각의 층위와 구조는 통사론 부문과 의미론 부문으로 나뉜다.[58] 이것을 도식화 하면 표 3-1과 같다.

이처럼 위계화된 구조적 모델이 본 연구의 분석 작업에서 의미 있는 이유는 이 모델이 텍스트의 의미를 표면적 층위에서부터 심층적 층위까지 체계적으로 추적해 들어갈 수 있는 하나의 지도를 제시해준다는 것이다. 서정철에 따르면 "가설적 연역법을 토대로 하는 그레마스의 기호학은 텍스트가 최종적으로 드러나기까지 기호—이야기체, 담화체의 과정을 거쳐 생성된다"고 가정한다.[59]

기호—이야기체 구조는 텍스트의 실제 문장을 이루는 메타언어학적 토대로서 이 구조에서는 어휘와 통사, 그리고 구문과 같은 문장의

---

57 위의 책, p.248.
58 서정철, 위의 책, p.247.
59 위의 책, p.249.

구성 요소에 비교될만한 문장, 시퀀스, 에피소드 등을 다룬다.[60] 의미는 기호-이야기체의 심층 층위에서 시작하여 표층을 거쳐 담화체의 구조에 이르는 경로를 통해 생성되고, 이것은 텍스트화 층위에서 표출의 공간을 맞는다.

심층 층위에서는 의미 작용의 최소 단위인 의소들이 상호작용을 하는데, 이 의소는 가치 체계들을 구성하는 재료가 되며, 표층의 층위에서 의소들의 접합의 양상에 따라 다양한 이야기체의 형식으로 드러나게 된다. 심층 구조는 바로 이러한 의소의 구조를 의미하는 것이며, '기호학적 사각형'은 이러한 의소의 관계를 구조화하여 보여주기 위해 고안된 것이다.

권명광과 신항식에 따르면 표층 구조는 "문장과 시퀀스 그리고 이미지적 텍스트의 표현과 내용의 공간을 관찰하면서 얻어지는 이야기적 구조"를 말한다.[61] 다시 말해 이 층위에서는 서사 구조가 결정이 되는데 이러한 구조는 행위소들의 관계로 구성되며 그레마스의 '행동자 모델'은 담화체 구조의 층위에서 행위소가 행위자로 환원된 구조를 도식화한 것이다.

담화는 폭넓은 개념이지만 분석의 대상으로 그 범위를 국한시킨다면, 담화체 구조는 이야기가 특정 형식을 통해 물질적인 기호들로 형상화되는 층위라고 할 수 있다. "이 층위는 기호-이야기의 구성요소들이 현실의 다양한 수준에서 주체, 인물, 시간, 공간 속에 투사되어 담화적 형상으로 나타나는 실현성의 층위이다."[62] 본 연구에서 의미 생

---

60 권명광, 신항식, 위의 책, p.154.
61 위의 책, p.164.
62 위의 책, p.190.

성 경로를 다루는 이유는 영화 텍스트를 체계적으로 분석하는 데에 유용한 구조도를 얻는 것이므로, 이 지점에서 기호─이야기체 구조와 담화체 구조의 이러한 개념들을 영화의 분석에 적용시켜 보는 것이 중요할 것이다.

기호─이야기체의 심층 구조에서 이야기의 의미를 구성하는 기본 요소인 의소들이 관계를 형성하며 어떠한 가치 체계를 가지게 되는가를 기호학적 사각형을 통하여 분석한다면, 표층 구조에서는 그것이 어떤 구조로 서사화 되는가를 행동자 모델을 통해 분석할 수 있을 것이다. 담화체 구조에서는 영화의 시간과 공간이라는 형식이 주된 분석의 대상이 될 수 있는데, 쇼트 형식을 기반으로 몽타주(시간)와 미장센(공간)의 분석을 통해 가능하다. 이것은 영화의 고유한 형식들에 의해 지지되고 있는 이야기의 의미를 살펴봄으로써 본 연구가 서사적 연구를 넘어 영화 연구로서의 가치를 획득하는 중요한 과정이 될 것이다.

2) 기호학적 사각형

그레마스는 의미 생성 경로의 기호─이야기체에서 심층 구조를 모델화하기 위하여 '의미의 미시 세계'라는 개념을 등장시킨다. 김성도는 "의미의 미시 세계와 전체 텍스트의 총체적인 의미 사이의 관계를 맺어주는 의미의 동위성은 의미 작용의 기본 구조로 분절된다. 이 기본 구조를 모사하기 위해 고안된 이른바 기호학적 사각형은 의미적 범주의 논리적 분절을 가시적으로 표상한 모델로 정의할 수 있다"[63]고 밝힌 바 있다.

---

63 김성도, 『현대 기호학 강의』, 민음사, 1998, p.229.

시니피앙(기표)을 의미하는 S는 의미화를 위한 상징계의 기본 요소
로서 이것의 의미는 기표의 연쇄 속에서 드러난다. 즉 기표의 의미가
고정되기 위해서는 다른 기표가 필요한데, 그것은 주로 이항대립적 관
계에 있는 기표들이다. 예를 들어 우리가 어떤 기표의 의미를 파악하
기 위해서는 모순 관계와 반대 관계에 있는 기표들로 비교를 해보게
된다. 이렇게 시니피앙 S1의 의미는 모순 관계에 있는 시니피앙인 non
−S1과, 반대 관계에 있는 시니피앙 S2로 인해 명확해질 수 있다. 이것
을 도식화하면 다음과 같다.

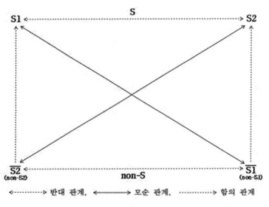

표 3−2. 기호학적 사각형의 기본 도식[64]

표 3−2와 같은 기호학적 사각형의 기본 도식을 레비스트로스의 개
념에 따라 성(性)관계의 의미화 과정에 적용시켜보면 그레마스의 의
도를 보다 명확하게 이해할 수 있다.

레비스토로스는 인간 사회가 그들의 정신 속에서 두 개의 차원, 즉
문화와 자연으로 구분되고 있다고 생각하였다. 김성도는 "문화는 인

64 김성도, 『구조에서 감성으로』, 고려대학교 출판부, 2003, p.129.

간 사회가 긍정하고 수용하는 내용으로 정의되며, 자연은 인간 사회가 부정하는 내용들로 정의된다"[65]는 주장을 펼친다. 문화의 차원에서는 결혼을 통한 법의 허락이 성관계를 가능하게 하는 기준이 되는 반면, 자연의 차원에서는 금지(타부)가 성관계가 불가능한 경계를 지정해준다. S1의 결혼 상태의 성관계와 S2의 외도로서의 성관계는 문화의 차원에서 서로 반대 관계를 이루고, non-S1의 결혼하지 않은 상태에서의 성관계와 non-S2의 타부 차원의 성관계인 근친상간은 자연의 차원에서 반대 관계를 형성한다. 프랑스에서는 성인간의 근친상간은 불법이 아니고, 스웨덴에서는 남매간의 결혼이 합법적이다. 또한 결혼으로 허락받지 않은 성관계가 자연의 차원에서는 아무 문제가 없지만 문화의 차원으로 들어서면 외도가 되므로 각각 non-S2에서 S1으로, non-S1에서 S2로의 변화는 문명화라는 과정이 되는 것이다. 이러한 관계를 기호학적 사각형으로 도식화하면 다음과 같다.

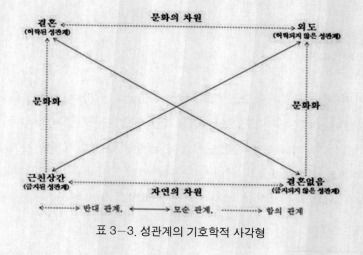

표 3-3. 성관계의 기호학적 사각형

65 김성도, 『현대 기호학 강의』, 민음사, 1998, p.231.

본 연구에서 분석의 도구로서 기호학적 사각형의 기여는 매우 클 것으로 예상된다. 서정철은 "기호학이 다루고자 하는 의미 작용의 개념적 틀로서 기본적인 의미 요소의 구조를 형성하는 기호 사각형은 주어진 분석 대상인 텍스트의 거대 구조뿐만 아니라 세부 구조도 동시에 볼 수 있도록 해주는 의미 논리적 형태임과 동시에 기호학적 의미 기술의 메타언어가 된다"[66]고 주장한다. 다시 말해 기호학적 사각형은 영화에 등장하는 다양한 의미 요소들 간의 관계를 도식화하여 분석할 수 있는 도구이다. 또한 권명광과 신항식에 따르면 이러한 기호학적 사각형을 통해 도식화된 심층구조는 화자가 수신자와의 사이에서 갖는 가치구조를 표현한다는 것이지 화자 자신의 가치가 아니라는 것을 다시 한 번 강조할 필요가 있다.[67] 따라서 기호학적 사각형은 영화와 관객이 공유할 수 있는 가치구조에 기인하기 때문에 분석의 객관성을 강화할 수 있는 도구로서의 의미도 있다.

3) 행동자 모델

이미 전술한 것처럼 프로프의 민담 연구는 그레마스에게 큰 영감을 제공했다. 박인철은 "프로프는 전통적인 민담 연구가들과 달리 '주제'나 '모티프'를 비교하기보다는 이들에 잠재해 있는 형식적인 관계망들에 주의를 기울임으로써 민담 연구를 획기적으로 바꾸어놓았다. 그는 민담을 이루는 인물들과 대상들은 다종다양하지만 행동은 이들에 비

---

66 서정철, 위의 책, pp.276-277.
67 권명광, 신항식, 위의 책, p.156.

해 매우 적은 수로 환원될 수 있음을 발견했다"[68]고 밝혔다. 다시 말해 행동을 연구 대상으로 하면 그것을 이야기의 최소 단위로 삼아 민담들을 보다 형태적인 차원에서 그 요소들을 분해하고, 보다 면밀하게 분석할 수 있을 것이라고 생각한 것이다.

프로프는 먼저 민담에서 변하는 것과 변하지 않는 것을 구분해낸다. 그는 "등장인물의 이름이 바뀐다. 그러나 그들의 행동과 기능은 바뀌지 않는다. 여기서 우리는 민담이 서로 다른 인물로 하여금 동일한 행동을 하게 한다는 추론을 끌어낼 수 있다. 이 때문에 등장인물의 기능에 의한 민담 연구가 가능한 것이 된다"[69]고 지적했다. 이어서 프로프는 민담의 변하지 않는 행동에서 31가지 기능을 추출해낸다. 이러한 접근은 사회나 민족에 따라 달라질 수 있는 이야기의 가치에 중점을 둔 비교 연구 차원의 접근이 아니기 때문에, 이야기의 보편적인 기능을 중심으로 구조를 형식적으로 분석할 수 있도록 해준다.

프로프의 민담 분석과 더불어 그레마스가 이야기를 분석할 수 있는 기호학적 모델을 구상할 수 있도록 영감을 준 것은 레비스트로스의 신화 분석이다. 레비스트로스는 신화를 인류학적인 구조로 분석한다. 그가 친족관계 연구를 통하여 인류학적 원칙 중의 하나로 제시하는 것이 근친상간의 금지이다. 레비스트로스는 신화 분석을 통해 근친상간의 금지와 같은 자연의 논리를 설명하고자 했다. 그러나 이렇게 자연의 논리가 성립이 됨에 따라 차이를 통해 자연스럽게 형성되는 논리가 문화의 논리이다. 결국 레비스트로스가 신화를 분석하는 기반은 자연/문화와 같이 이야기의 계열 관계에서 나타나는 대립적 관계이다. 의미

---

68 박인철,『파리의 기호학파』, 민음사, 2006, p.131.
69 Vladimir Propp, 유영대 역,『민담형태론』, 새문사, 2009, p.33.

가 서로 대립되는 쌍을 '의미 범주'라고 한다. "레비스트로스에 따르면, 신화는 계열체에 속한 의미 범주가 통합체라는 연속체의 축에 투사된 담화라고 할 수 있다."[70]

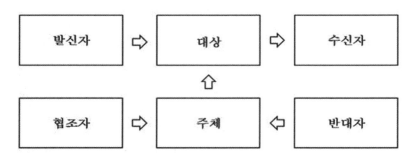

표 3−4. 행동자 모델의 기본 도식[71]

그레마스는 레비스트로스의 의미론에 따라 프로프의 기능 모델을 '주체−대상', '발신자−수신자', '협조자−반대자'와 같은 대립의 관계를 통해 재편하고 표 3−4와 같이 도식화될 수 있는 행동자 모델을 만들어냈다.[72]

그레마스의 행동자 모델은 프로프의 민담 분석 모델을 기초로 하고 있기는 하지만 그보다 훨씬 더 보편적인 모델로서 모든 이야기에 적용될 수 있다. 특히 본 연구에서 의미가 있는 것은 이 모델은 영화의 갈등 구조를 주체와 대상의 관계로 명확하게 도식화할 수 있게 해주며, 발신자와 수신자, 협조자와 반대자 같은 주변 요소들이 결합됨으로써

---

70 박인철, 위의 책, p.148.
71 위의 책, p.156.
72 권명광, 신항식, 위의 책, p.174.

주된 갈등 관계가 어떻게 서사 체계로 발전하고 있는지를 드러나게 해준다. 박인철의 주장에 따르면 행동자 모델은 상호관계를 가진다. 왜냐하면 행동자들 사이의 관계는 기능에 의해 정의되기 때문이다. 그래서 후에 그레마스는 기능을 '관계'로 정의했다.[73] 그레마스가 "주체와 대상의 관계가 두 개의 목록체 속에서 하나의 동일한 의미론적 투자, 즉 '욕망'의 투자와 더불어 나타난다는 것"[74]을 지적했던 것처럼, 영화에서 표상되지 않는 욕망과 같은 무의식적 요소를 인물 간의 '관계'를 통해 분석해내려고 하는 본 연구의 의도에 행동자 모델의 특성은 정확히 부합한다.

3. 정신분석학적 접근

1) 가족 로맨스

가족 로맨스(family romance)는 프로이트가 1909년에 발표한 논문의 제목이기도 하다. 프로이트는 "아이에게 부모는 유일한 권위자이자 믿음의 근원이다. 어린 시절 아이들의 강렬하고 유일한 소원은 동성(同性)의 부모와 같이 되는 것, 부모처럼 크는 것이다"[75]라고 했다. 다시 말하자면 남자 아이는 아버지와, 여자 아이는 어머니와의 동일시를 통해 성인이 된다. 그러나 이러한 성장과정에는 매우 복잡한 애착관계가 얽혀있으며, 이것으로 인해 무의식 속에서 그들의 성인기를 지

---

73 박인철, 위의 책, p.157.
74 김성도, 『구조에서 감성으로』, 고려대학교 출판부, 2003, p.210에서 재인용.
75 Sigmund Freud, 김정일 역, 『성욕에 관한 세 편의 에세이』, 열린책들, 2010, p.199.

배하는 근본적인 환상의 구조가 형성된다. 즉 어린아이들에게 부모의 역할이 너무나 중요한 나머지, 아이들은 부모와의 관계를 무의식 속에서 환상을 통해 자기만의 것으로 재구성한다는 것이다.

피터 게이(Peter Gay)에 따르면 가족 로맨스는 자신의 가족이 실제보다 부유하거나 유명하다고 생각하는, 심지어 훌륭한 부모를 꾸며내기도 하는 경향이다.[76] 여기에서 '로맨스(romance)'는 소설이라고 번역되기도 하는데,[77] 소설은 실제로 존재하지 않는 이야기라는 지배적 의미를 가지고 있으므로, 요약하여 말하자면 가족 로맨스란 '아이가 부모에 대하여 가진 환상', 즉 가족 콤플렉스라고도 말할 수 있다. 부모 없이 태어난 인간은 없기 때문에 가족 로맨스는 모든 인간이 가지는 공통적인 환상이며, 인간이라면 누구나 가족 콤플렉스를 가지게 된다.

임옥희는 "아버지-어머니-자녀 사이에 일어나는 욕망의 삼각형 모델은 마치 중세 로맨스 장르와 유사한 갈등과 화해의 서사에 기초해있다. 가족 로맨스는 오이디푸스 시나리오의 핵심이다"[78]라는 주장을 내세웠다. 가족 삼각형은 철저하게 핵가족 구조에 기초해있으며 상상적 아버지의 절대적인 권위 위에서 구성된 모델이기 때문에, 나병철은 "일종의 가부장제로의 귀환이면서도 당연히 전통사회의 가족제도와는 구분된다"[79]고 지적하였다. 다시 말해 아이가 어떤 형태의 가족 속에서 자랐는가는 중요하지 않다. 중요한 것은 어떤 인간에게나 존재하는 핵가족, 즉 아버지, 어머니와의 관계이다. 이 가족 삼각형은 표 3-5와 같이 도식화할 수 있다.

---

76 Peter Gay, 정영목 역, 『프로이트』, 교양인, 2014, p.38.
77 임진수, 『환상의 정신분석』, 현대문학, 2005, p.247.
78 임옥희, 「가족 로맨스」, 『페미니즘과 정신분석』, 여이연, 2003, p.19.
79 나병철, 『가족로맨스와 성장소설』, 문예출판사, 2007, p.27.

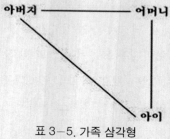

표 3-5. 가족 삼각형

가족 삼각형 도식은 아이가 부모와 맺는 매우 개인적인 관계를 보여주는 것이므로, 만약 아이에게 형제가 존재한다면 그 옆으로 다시 가족 삼각형이 추가가 되어야 할 것이다. 그렇게 되면 표 3-6이 탄생한다. 프로이트에 따르면 아이가 최종적으로 동일시하는 대상은 동성 부모이므로, 이 도식에서 남아는 아버지 쪽에 가깝게, 여아는 어머니 쪽에 가깝게 위치시켰다.

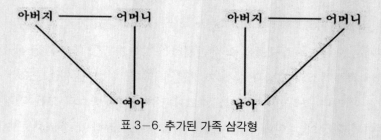

표 3-6. 추가된 가족 삼각형

정신분석학적 관점에서 부모는 평생에 걸쳐 인간의 삶에 영향을 미치는 존재이며, 아이는 이 애착관계를 차후에 어떻게 타자들과의 관계로 연결시키느냐에 따라서 정상적이 되느냐, 병리적이 되느냐가 정해지게 된다. 그러나 이 장은 부모와 아이에 관한 모든 이론들을 설명하기 위해 마련된 장은 아니다. 오히려 이러한 관계가 어떻게 주체의 무의식적 환상을 구성하게 되느냐를 논의하기 위한 장이다. 그러나 논의를 진척시키기 위해 오이디푸스 콤플렉스의 핵심 개념만은 잠시 살펴볼 필요가 있다. 홍준기는 "프로이트의 오이디푸스 콤플렉스 이론에 대한 통속적 해석에 따르면 오이디푸스 콤플렉스의 성격은 대칭적이다. 남자아이는 어머니를, 여자아이는 아버지를 사랑하고, 반대 성의 부모는 이러한 근친상간적 욕망을 방해하는 경쟁자로 등장한다"[80]고 지적하며, 이러한 해석을 경계한다. 다시 말해서 '통속적 해석'과는 달리 프로이트가 최종적으로 정리한 오이디푸스 콤플렉스는 남아와 여아에 있어서 대칭적이지 않다.

거세 콤플렉스는 이러한 비대칭성을 대표할 수 있는 개념이다. 남아는 어머니에 대한 애착을 아버지가 자신의 남근을 거세할 것이라는 위협 때문에 포기하고 대신 아버지와의 동일시의 길을 걷게 된다. 그러나 '진짜로 아버지가 아이의 남근을 거세하려고 하는가?', '그렇다면 남근이 존재하지 않는 여아는?', '아버지가 일찍 돌아가시고 없는 아이에게는 오이디푸스 콤플렉스가 존재하지 않는가?' 등 다양한 문제들이 거세 콤플렉스의 개념과 함께 제기될 수 있다. 이 지점에서 중요한 사실은 멜라니 클라인이 지적하듯 오이디푸스 콤플렉스의 모든 과정은 아이의 환상의 차원에서 일어나는 일들이며,[81] 라캉이 강조하듯 오이디푸스 콤플렉스와 거세 콤플렉스는 일종의 '은유'로 받아들여야한다는 것이다.[82]

---

80 홍준기, 『오이디푸스 콤플렉스, 남자의 성, 여자의 성』, 아난케, 2013, p.55.

81 N. Gregory Hamilton, 김진숙, 김창대, 이지연 역, 『대상관계 이론과 실제: 자기와 타자』, 학지사, 2013, p.22.

82 맹정현, 『리비돌로지: 라캉 정신분석의 쟁점들』, 문학과지성사, 2009, pp.358-359.

라캉에 따르면 아이는 형제와 같은 동류(同流)의 이미지를 통해 자아를 형성하게 되므로, 표 3-6의 두 도식을 합쳐서 프로이트와 라캉을 모두 만족시키도록 그레마스의 기호학적 사각형을 이용해 재도식화하면 다음과 같다.

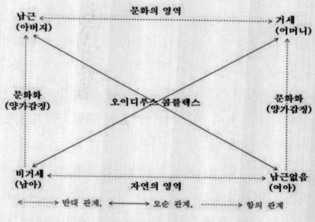

표 3-7. 가족관계의 기호학적 사각형

표 3-7의 도식을 통해서보면 애착 관계와 갈등 관계, 또한 양가감정과 동일시의 관계가 한 눈에 드러난다. 이 도식을 활용하면 영화에서 유사가족 관계를 확인하는 데에 큰 도움을 얻을 수가 있다. 가족 호칭이 등장하지 않는 사례라고 하더라도 레비스트로스가 주장했던 대로 타자에 대한 주체의 '태도'를 바탕으로 기호학적 사각형의 각각의 자리에 등장인물들을 배치시키면 유사가족 관계가 드러날 수 있다는 것이다. 그러나 잊지 말아야 할 것은 그 모든 관계가 주체의 무의식적 환상을 통해 구성되는 관계라는 것이다. 그렇다면 정신분석학에서 무의식적 환상이란 어떤 의미를 가지고 있는 것일까. 또한 '무의식적'이

란 수사가 억압된 것을 지시하듯, 그 자체로는 표상될 수 없는 것이기에 본 연구에서 활용하려는 전이된 관계에서 '전이'란 어떤 의미를 가지고 있는 것인가를 간략하게라도 짚어보아야 할 것이다.

2) 환상과 전이

프로이트는 신경증 환자를 통해 인간이 유년기에 가지게 되는 환상들을 종합적으로 검토하게 되는데,[83] 그는 이것을 "원초적 환상"[84]이라고 불렀다.[85] 그렇다면 아이가 어떻게 이러한 환상을 가지게 되었는가의 문제가 제기될 수 있다. 프로이트에 따르면 "원초적 환상은 계통 발생적인 역사의 유산"으로, "개인의 체험이 지나치게 성숙하지 못한 상태에 놓여 있을 때, 개인은 원초적 환상들을 통해서 자신만의 체험을 넘어 태고 시대의 체험에 도달" 한다는 것이다.[86] 한 가지 예로 프로이트가 말한 '거세 위협'을 들 수가 있는데, 그는 이것에 대해 "태고 시대에는 한때 현실 그 자체"였던 것을 "상상을 하는 아이는 단지 개인적으로 모르고 있는 진실을 역사 이전의 사실로 채워 넣을 뿐"이라는 것이다.[87]

그가 말한 "역사 이전의 사실"이라는 표현에서 연상되는 것은 '신

---

83 Sigmund Freud, 임홍빈, 홍혜경 역, 『정신분석 강의』, 열린책들, 2012, p.497.

84 위의 책, p.500.

85 라플랑슈와 퐁탈리스에 따르면 원초적 환상이라고도 불리는 "원환상은 각 개인이 실제로 체험한 장면을 증거로 내세울 수는 없지만, 일반적으로 모든 인간 존재에게서 만나게 되는 것이다." (Jean Laplanche & Jean-Bertrand Pontalis, 임진수 역, 『정신분석 사전』, 열린책들, 2009, p.292.)

86 Sigmund Freud, 위의 책, p.500.

87 위의 책, p.501.

화'이다. 신화에서는 그것이 진짜 일어난 일이냐 아니냐는 중요하지 않으며, 중요한 것은 그것이 무언가를 설명하려고 하고 있다는 것이다. 다시 말해 지식화가 불가능한 부분을 채워 넣는 것이 바로 '신화'이다. 맹정현에 따르면 환상이야말로 지식의 간극을 채우기 위해 사용되는 "개인적 신화"라는 것이다.[88] 따라서 프로이트의 주장이 의미하는 바는 '원초적'이라고 해서 환상이 선험적이거나 전승되었다는 것은 아니며, 각각의 주체들이 태어나 이해 불가능한 것과 만나게 되면서 그것을 해결하기 위해 생겨났다는 것이다. 불가능한 지식은 세 가지 원(초적)환상에서 추론해볼 수 있다.

프로이트는 1908년에 「어린아이의 성 이론에 관하여」라는 논문을 발표하였다. 그는 이 논문에서 아이들은 궁금한 것이 많은데, 특히 성에 대해서 알지 못하는 것을 환상을 통해 나름의 이론으로 보충하게 된다고 주장하였다.[89] 항문을 통한 탄생 이론, 성행위에 대한 가학적 이론, 남근의 보편성에 대한 이론 등 이것은 원환상과 밀접한 관계를 가진다. 다시 말해 만약 환상이 작동하지 않는다면 아이의 불가능한 지식은 그대로 남아 설명하지 못하는 세상이 되어버릴 것이며, 여기에서 말하는 불가능한 지식이란 대부분 성(性)에 관련된 것들임을 알 수 있다. 그리고 아이가 성장하는 동안 성(충동)과 연관된 표상들은 억압되어 무의식 속으로 사라지며, 따라서 그것은 표상할 수 없는 것이 되어버린다.

프로이트에 의하면 문명이란 성(충동)과 같은 "본능 억제에 그 바탕

---

88 맹정현, 『리비돌로지: 라캉 정신분석의 쟁점들』, 문학과지성사, 2009, p.350.
89 Sigmund Freud, 김정일 역, 『성욕에 관한 세 편의 에세이』, 열린책들, 2010, pp.170—174.

을 두고" 있기에,[90] 아이는 문명사회에서 주체로 살아가기 위해 성(性)에 관한 것들을 모두 포기하고 억압할 수밖에 없다. 따라서 유아기의 환상은 "원초적 억압"에 의해 억압될 수밖에 없으며, 이것을 바탕으로 무의식이 구성된다.[91] 원초적 타자라고 할 수 있는 어머니, 아버지와의 갈등을 유형화해보면 매우 전형적으로 나타난다는 사실을 알 수 있는데, 그것은 오이디푸스 콤플렉스의 경우에서처럼 아이가 부모와의 갈등 속에서 차지하게 되는 환상의 포지션이 가진 전형성 때문이다. 다시 말해 (억압된) 무의식적 환상은 주체 자체의 문제 때문에 중요한 것이 아니라 주체가 다양한 관계 앞에서 취하게 되는 포지션, 즉 대상과의 관계 때문에 중요하다는 것이다.

주체는 무의식적 동일시를 통해서 자신의 정체성을 형성한다.[92] 그러나 주체가 무의식적인 환상 속에서 동일시하고 있는 대상이 나 자신이 될 수는 없다. 즉 진술될 수 있는 '나'와 진술될 수 없는 '나'가 있다는 것인데, 진술될 수 있는 '나'는 타자를 자신으로 오인한 결과이다. "나는 여자다"라는 진술을 예로 들어본다면, 주체는 거울에 자신의 모습을 비추어보며 이미지의 차원에서 다른 여성과 동일한 점을 발견하고 스스로를 여자로 믿는 것이다. 그러나 이러한 정체성은 오인된 것이기에 주체를 소외시킨다. 호주 영화 〈타임 패러독스 Predestination, 2014〉의 주인공은 오인된 정체성의 좋은 예이다. 제인은 자신의 육체를 거울에 비추어보며 스스로를 여성이라고 확신했지만, 검사 결과 밝혀진 사실은 그의 생물학적 성이 남성이라는 것이다. 이렇듯 이미지는

---

90 Sigmund Freud, 김석희 역, 『문명 속의 불만』, 열린책들, 2012, p.15.

91 Sigmund Freud, 윤희기, 박찬부 역, 『정신분석학의 근본 개념』, 열린책들, 2012, p.140.

92 Darian Leader, 이수명 역, 『라캉』, 김영사, 2005, p.50.

주체의 진짜 정체성을 반영하지 못한다.

한편 진술될 수 없는 주체는 소외된 주체이다. 이 경우, 동일시의 대상은 표상될 수 있을지라도 주체는 표상되지 않는다. 즉 주체를 가리키는 다양한 표상들이 존재하지만 그것은 진정한 주체라고 말할 수 없는 것들이다. 진술될 수 있는 나란 언술의 수준에서의 나에 불과하다. 따라서 정신분석에서는 '나'라고 말하는 인물들이 어떤 대상과 동일시를 하고 있는지를 파악하는 것이 중요하며, 특히 무의식적 환상 속에서 '나'의 포지션을 확인하는 것이 필수적이다. 그렇다면 '나'라는 언술을 발화시키고 있는 주체로서의 나는 무엇일까. 즉 진술할 수는 없지만 존재하고 있는 나, 주체는 어떻게 규정될 수 있는가.

프로이트는 무의식적 욕망을 상연하는 무대를 가리키기 위해 '환상'이라는 용어를 사용했다.[93] 다시 말해 정신분석에서 환상을 검토하는 것이 중요한 이유는 그것을 우회하여야만 주체가 가진 욕망에 접근할 수가 있기 때문이다. 따라서 환상을 다루는 것은 욕망을 다루는 것이다. 진술할 수 없는, 즉 표상되지 않는 차원의 주체와 만나기 위해서는 먼저 표상의 차원을 모두 걷어내야만 한다. 그렇게 되면 대상과의 관계 속에서 포지션으로만 존재하는 욕망하는 '나'가 나오게 되는데, 그것을 담고 있는 것이 환상이다.

이러한 의미에서 라캉은 프로이트의 원초적 환상을 '근본적인 환상'이라고도 불렀다. 그는 근본적인 환상을 '공리'로 취급한다. 공리는 근본적이기 때문에 다른 명제들을 검증할 수 있는 준거가 되지만 정작 자신은 증명할 수가 없는 명제이다. 근본적인 환상은 주체의 존재를 지지해주지만, 그 환상의 이면에는 해석 가능한 다른 의미가 존재하지

---

93 Dylan Evans, 김종주 외 역, 『라캉 정신분석 사전』, 인간사랑, 2004, p.436.

않기에 공리적이다. 정리하자면, 진술될 수 없는 주체란 바로 '욕망하는 주체'이며, 이러한 욕망을 담고 있는 환상이야말로 주체의 존재를 지탱해주는 최후의 지지선이다. 또한 이것은 대상과의 관계를 규정지어주어 미래의 모든 관계에 영향을 미치게 된다. 다시 말해 환상의 수준에서 작동하는 무의식적 욕망이 주체의 존재를 결정하는 근본적인 요소이며, 그러한 욕망이 환상을 경유하여 현재 관계의 차원에서 재현되는 것이 바로 전이이다.

프로이트가 '전이'를 처음 언급한 것은 아주 초기인 『히스테리 연구』부터이다. 당시에 그는 이것을 "잘못된 연결"이라고 부르며 정신분석에 있어서 일종의 "장애물"로 취급하였지만,[94] 현대 정신분석에서 전이의 개념은 치료를 위해 매우 핵심적인 개념이다. 라플랑슈와 퐁탈리스는 "전이는 정신분석에서 무의식적인 욕망이 어떤 형태의 대상관계 ─특히 분석적 관계─의 틀에서, 어떤 대상에 대해 현실화되는 과정을 가리킨다. 거기서 문제가 되는 것은, 현실적으로 확연히 체험되는 유아기적 원형의 반복이다"[95]라고 밝혔다. 정신분석에서는 주체의 무의식에 억압되어있는 욕망과 만나기 위해 전이를 이용한다. 다시 말해 분석가는 치료를 위해 환자의 유아기 시절, 부모와의 관계 속에서 자리 잡은 무의식적 환상과 욕망을 검토해야만 하는데, 그것은 표상되지 않는 것이기에 전이가 필요한 것이다.

환자의 무의식적 환상과 욕망이 '현재'에 드러나게 하기 위해서는 반드시 분석가와의 '관계' 속에서 전이가 일어나야 한다. 정신이란 것

---

94 Josef Breuer & Sigmund Freud, 김미리혜 역, 『히스테리 연구』, 열린책들, 2012, pp.390─391.

95 Jean Laplanche & Jean─Bertrand Pontalis, 임진수 역, 『정신분석 사전』, 열린책들, 2009, p.397.

은 갈등이 없는 평온한 공간이 아니기에, 결국은 치료를 위해 분석가가 환자의 갈등 속에 자리를 잡을 수밖에 없다는 것이다. 다시 말해 분석이 진행되는 동안 분석가는 환자의 가장 중요한 대상이 되어야 하며 환자가 유년기에서 비롯된 어떤 문제들을 현재의 분석가를 대상으로 꺼내놓도록 해야만 한다. 정신분석 치료에서 전이의 개념을 일반적으로 확장시켜 본다면, 이것이 시사하는 바는 주체의 다양한 가족 콤플렉스가 현재의 관계를 통해 반복되며 드러난다는 것이다.

따라서 본 연구에서 환상, 전이의 개념이 분석에 핵심적인 역할을 할 수 있을 것으로 기대한다. 영화에 재현되고 있는 현재의 관계 속 갈등을 등장인물이 가진 가족 콤플렉스가 '욕망'이라는 동기를 통해 '전이'되어 나타나는 것으로 보게 될 것이다. 원초적 관계인 가족과 관련된 콤플렉스는 인물의 억압된 환상 속에 존재하기에, 전이를 다루는 방법으로서 무의식 속에 존재하는 환상을 검토하게 될 것이다. 또한 "무의식은 언어와 같이 구조화되어 있다"[96]라는 라캉의 주장이 암시하듯 무의식은 은유와 환유의 법칙을 따르기에, 은유와 환유를 통해 드러난 표상을 경유함으로써 무의식적 환상 속에 존재하는 표상되지 않는 것들에 접근할 수 있을 것이다. 이러한 과정을 통해 영화 속 인물들이 가진 욕망과 가족 환상을 이해하는 것은 전이 상황으로 전제된 현재의 갈등을 심층적, 구조적으로 이해할 수 있는 길을 제시할 것이다.

---

96 Sean Homer, 김서영 역, 『라캉 읽기』, 은행나무, 2012, p.66.

제4장 /

유사 어머니와 이자적 관계의 갈등 구조

1. 젖가슴으로 표상된 어머니, 〈피에타〉

영화 〈피에타〉는 김기덕 감독의 2012년 작품으로, 베니스 영화제에서 황금사자상을 수상했다. 그럼에도 불구하고 영화가 작위적이라는 비난은 피하기가 힘들었다. 정한석은 강도와 미선이라는 두 인물을 모자 관계로 엮기 위한 장치의 "기계적 나열"들을 지적하며 영화의 작위적 성격에 대해 이야기했다.[1] 그러나 역설적이게도 그러한 작위적인 표상들이 본 연구에서는 유의미한 것들이 된다. 실제로는 모자 관계가 아닌 두 인물을 유사 모자로 관계 짓는 과정에서 작동하는 장치들이 표상의 형태로 명백하게 모습을 드러내기 때문이다. 영화는 유사 어머니 미선과 그녀의 계략에 포획된 강도를 중심으로 철저하게 이자적 관

---

1 정한석, 《씨네 21》, http://www.cine21.com/news/view/mag_id/71619, 2012.11.08.

계에서 갈등을 구성해나간다. 이러한 이자적 갈등 관계를 바라보는 데에 특화된 정신분석학적인 시각은 대상관계이론에서 찾아볼 수 있다.

대상관계이론을 정립한 멜라니 클라인(Melanie Klein)은 충동, 특히 죽음 충동을 그 이론의 중심에 두었으며, 외적인 대상보다는 주체의 환상에 의해 재구성되는 내적 대상에 집중하였다. 최영민에 의하면 내적 대상이란 주체에 의해 경험되고 묘사되는 외부 대상의 이미지, 생각, 환상, 감정, 기억 등을 말한다.[2] 클라인은 프로이트의 개념인 오이디푸스 시기의 이전 단계에 집중함으로써 아직 어머니와의 완전한 분리가 일어나지 않은 아이의 무의식적 환상들을 이론화하는 데에 큰 기여를 하였다. 그녀는 환자, 특히 정신병자들에게서 관찰되는 심리적인 현상들이 유아기의 환상들과 연관되어 있으며, 그러한 현상들을 다양한 기제들로 설명하였다. 그레고리 해밀턴(N. Gregory Hamilton)은 "특히 분열은 투사와 내사와 함께 대상관계이론의 주요한 정신기제를 이룬다"[3]고 정의했다.

프로이트학파에서 다루는 대표적이고 기본적인 방어 기제가 '억압'이라면 대상관계이론에서는 '분열'이다. 유아는 자신이 느끼는 배고픔 등의 불편함을 무의식적인 환상을 통하여 경험하는데, 이러한 환상 속에서 아이는 자신 안에 파괴적인 공격성을 가진 나쁜 대상이 존재한다고 믿는 것이다. 다시 말해서 아이에게 죽음 본능이란 곧 내부에서 자신을 공격하는 타자화된 대상이다. 최영민에 따르면 "클라인 이론에서 죽음 본능의 파괴성은 처음부터 편집-분열자리나 투사적 동일시

---

2 최영민, 『쉽게 쓴 정신분석 이론: 대상관계이론을 중심으로』, 학지사, 2011, p.250.
3 N. Gregory Hamilton, 김진숙, 김창대, 이지연 역, 『대상관계 이론과 실제: 자기와 타자』, 학지사, 2013, p.113.

로 처리된다. 즉, 나쁜 것과 좋은 것은 철저히 분리시켜 나쁜 것은 밖으로 투사하고 좋은 것은 보유하려고 한다"[4]는 주장인데 이것은 대상과의 관계 속에서만 이루어질 수 있는 것으로 클라인은 이 점을 강조하기 위해 '포지션(자리)'이라는 단어를 사용했다. 아이는 자신 안의 공격적인 충동들을 어머니의 젖가슴에 투사하여 나쁜 젖가슴이라는 무의식적 환상을 만들어낸다. 그리고 다시 자신을 지키기 위해 그것을 파괴하려고 시도한다. 클라인은 이것을 편집-분열자리라고 불렀는데, 이러한 기제는 퇴행한 성인 환자에게서 흔히 발견할 수 있는 양상이다.

〈피에타〉에서 주인공 강도는 편집-분열자리로 퇴행한 성인의 전형적인 인물로 등장한다. 주체의 모든 대상관계의 바탕에는 유아기 시절에 가졌던 환상이 깔려있다. 강도는 현실에서는 정상적인 대인 관계를 맺지 못하기에 환상으로 방어하고자 한다. 강도가 영화에 처음 등장하는 장면이 몽정을 하는 장면이라는 것은 이러한 사실을 시사한다. 그는 환상 속의 어떤 대상을 통해서만 성적 충동의 만족을 얻는다. 심지어 강도는 고리대금업자의 하수인으로서 수금을 하러 간 곳에서 여성의 알몸을 눈앞에 두고도 충동을 전혀 느끼지 않는다. 불행했던 유아시절을 드러내기라도 하듯 강도에게 세상에 존재하는 젖가슴은 모두 나쁜 젖가슴일 뿐이다. 이렇게 강도는 자신의 공격성을 젖가슴을 대신한 부분 대상[5]에 투사하여 모든 것을 파괴하려 한다.

---

4 최영민, 위의 책, p.270.

5 최영민에 따르면, "생후 첫 4-5개월 동안 아이의 자아는 부분 대상과 주로 관계를 맺다가 점차 전체 대상과의 관계를 늘려간다. 부분 대상관계에서 전체 대상관계로 옮겨 가는 것은 곧 한 자리에서 다른 자리로 옮겨가는 것을 의미한다." (최영민, 위의 책, p.229.)

돈을 갚지 못한 한 남자의 손을 자르고, 또 다른 남자의 다리를 부러트리고, 살아있는 닭을 갈기갈기 찢는다. 그리고 자신을 향해 쓰레기라고 부르는 이들을 향하여 "니들이 쓰레기지"라고 확신에 차서 말한다. 강도의 공격성이 대상에 투사되었다는 것을 명확하게 보여주는 장면이다. 정상적인 유아기를 보냈다면 그의 환상 속에 나쁜 젖가슴만이 존재하지는 않았을 것이다. 유아는 나쁜 대상들로부터 지켜줄 아군을 만들기 위해 따뜻함이나 배부름과 같은 자신 안의 좋은 것도 외부로 투사하여 '좋은 젖가슴'을 만들어낸다. 강도의 대사를 통해 드러나는, 태어나자마자 어머니에게 버려졌다는 사실이 알려주는 것처럼 유아시절 어머니의 따뜻함을 경험하지 못한 강도에게는 세상에 좋은 젖가슴이란 존재하지 않는 것이다. 돈을 구할 때까지 시간을 조금만 더 주면 자신의 몸까지도 허락하겠다는 여자의 드러난 젖가슴도 강도에게는 자신을 공격하는 나쁜 젖가슴이며, 돈을 갚지 않는 손은 나쁜 손, 달아나는 다리는 나쁜 다리, 살아있음으로 인해 자신을 배고프게 하는 닭은 나쁜 닭일 뿐이다. 그리고 이 모든 표상들은 자신을 버린 어머니의 대리 표상이다.

그런 강도 앞에 자신이 어머니라고 주장하는 한 여성, 미선이 나타난다. 영화의 갈등은 여기에서부터 시작된다. 물론 미선이 나타나기 전에도 강도에게는 자신의 공격성이 투사된 외적대상들과의 갈등이 있었다. 이런 종류의 외적 갈등은 강도가 그 대상을 파괴하는 것으로 쉽게 해결된다. 그러나 강도의 환상을 송두리째 흔들어놓는 미선의 등장으로 시작된 갈등은 해결되기가 쉽지 않다. 무의식적인 수준에서의 환상이 위협받는다는 것은 그의 포지션이 달라짐으로 인해 그가 타자들과 맺는 관계의 설정이 완전히 바뀔 수 있다는 것을 의미하기 때문이다.

영화의 초반부에서 드러나는 미선과 강도의 관계는 어머니와 아들이라는 이자적 관계에서의 갈등으로 보이기 때문에, 대상관계의 관점으로 모든 갈등이 설명될 수 있을 것이라는 기대를 가지게 한다. 그러나 조금만 영화를 더 지켜보면 미선이 사실은 강도의 진짜 어머니가 아니라는 사실이 드러나게 되고, 비로소 영화 전체를 관통하는 진짜 갈등 관계가 드러나게 된다. 강도는 미선을 자신의 어머니라고 믿지만 실제로는 아니다. 이 말의 의미는 곧 미선이 강도의 환상 속에서만 어머니라는 것이다. 현실 속의 미선은 오히려 죽은 아들의 복수를 꿈꾸는 처벌하는 법으로서의 존재, 즉 아버지의 은유에 가깝다. 따라서 이들의 유사가족 관계는 기호학적 사각형을 통하여 다음과 같이 도식화될 수 있다.

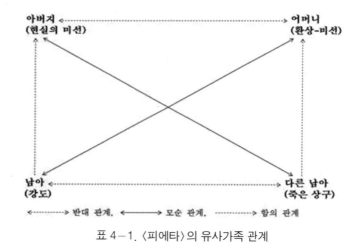

표 4-1. 〈피에타〉의 유사가족 관계

영화 러닝 타임의 2/3정도가 지난 시점에서 반전을 통해 드러나는 이야기는 이런 것이다. 고리대금업자의 돈을 대신 수금하러 다니는 해결사 강도는 보험금으로 빌린 돈을 갚도록 하기 위해 채무자들을 위협하고, 상해를 가한다. 그는 이런 일에서 아무런 죄책감도 느끼지 못한다. 단지 자신을 버린 어머니와 세상에 대한 분노만을 느낄 뿐이다. 강도에게 희생된 피해자 중 한 명인 상구의 어머니, 미선은 강도의 어머니를 자처하며 그의 앞에 나타난다. 미선은 강도가 자신을 진짜 어머니라고 믿는 순간, 자살로 그의 어머니를 상실케 함으로써 가족을 잃은 괴로움을 강도도 느끼게 하려는 것이다. 그리고 결국 미선의 복수는 성공한다.

이러한 서사 구조에서 중요한 것은 미선이 강도의 진짜 어머니가 아니라는 사실이 드러나는 반전 효과이기 때문에 사실이 드러나기 전까지는 관객들도 미선이 강도의 진짜 어머니라고 믿어야만 한다. 따라서 강도가 미선이 자신의 진짜 어머니라고 믿어가는 과정은 곧 관객들이 믿어가는 과정과 같다. 영화는 두 쌍의 모자가 등장하는 장면에서 두 명의 아들과 그들을 바라보는 두 명의 어머니의 시선을 병치시킴으로서 강도를 바라보는 어머니로서의 미선의 시선과 관객의 감정적 동일시를 유도한다.

그림 4-1. 두 어머니 시선의 동일시 1

이러한 동일시는 반전이 드러난 뒤에도 그대로 이어지는데, 똑같이 강도를 바라보는 미선의 시선임에도 앞에서는 다른 어머니의 따뜻한 시선과 동일시가 되는 데에 비해, 반전이 드러난 이후에는 타자의 화난 시선과 동일시가 이루어진다. 이러한 동일시를 통해 영화는 언어의 결여를 봉합하며 관객들과 감정적으로 융합된다.

그림 4-2. 두 어머니 시선의 동일시 2

반복되는 동일시의 시도를 통해 알 수 있는 사실은 영화가 가장 집중하고 있는 부분인 강도가 미선을 어머니라고 믿어가는 과정과 그로 인해 달라지는 주체의 포지션이라는 것이다. 다시 말해 영화는 미선의 달라지는 시선과 관객들의 감정적인 동일시를 유도하기 때문에 이러한 극적 효과를 극대화하기 위해서 반전이 드러나기 전까지는 관객도 강도가 미선을 어머니라고 믿어가는 과정과 동일시해야 한다는 전제가 생긴다. 이런 과정을 통해 강도가 대상과 맺는 포지션의 변화에 관객들도 몰입할 수 있게 된다. 강도의 포지션에 변화가 일어나는 시기를 크게 나누면 오이디푸스 단계 이전에서 어머니와 아들의 이자적 관계의 시기와 아버지가 등장한 후 오이디푸스 단계를 거치게 되면서 삼각관계로 발전하는 시기라고 볼 수 있다.

강도가 미선을 만나기 전에는 아버지의 은유가 존재했다. 강도가 환상을 통해 성적 만족을 얻고 있다는 사실은 그가 아버지의 은유가 작동하는 상징계로 이미 진입해있음을 보여주고, 또한 강도는 그 상징계 안에서 남근[6]의 기표로서 작동하는 돈을 끊임없이 추구하고 있다. 이렇게 돈이라는 기표를 통해 강도가 상징계에 종속되어 있음을 보여주는 또 하나의 증거는 그에게 수금을 하라고 시킨 이가 아버지의 법으로 작동하고 있다는 것이다. 미선이 나타나고, 영화가 만들어놓은 장치들을 따라 강도는 그녀를 어머니라고 믿어가기 시작한다. 존재하지 않던 어머니의 포지션에 미선이 들어오면서 강도는 퇴행하기 시작한다.

강도는 술에 취해 미선에게 전화를 건다. 그림 4-3처럼 통화를 하는 강도와 미선의 쇼트는 각각 나누어져 있어서 미선이 강도의 집 문 바로 앞에 있음에도 두 사람은 아주 먼 곳에서 통화를 하는 것처럼 단절되어 있다. 이 쇼트들을 통해서 관객들은 두 사람이 어떤 위치에 있는지 알 수가 없으며, 두 사람의 통화 내용에서 모든 정보를 얻을 수밖에 없다. 따라서 두 사람은 단지 전화기를 통해 흐르는 언어로만 만날 수 있을 뿐이다. 전형적인 상징계에서 타자와의 만남이다. 이후, 강도가 두 사람 사이에 존재하던 단절의 상징인 문을 열고 누군가를 바라본다. 그리고 강도 시선에 미선의 역쇼트가 봉합되며 두 사람의 만남이 이루어진다.

---

6 본 연구에서 '남근'은 생물학적인 기관을 지칭하는 것이 아니라 '팔루스(phallus)'로서의 상징을 의미한다.

그림 4-3. 언어의 만남과 이미지의 만남 쇼트/역쇼트

두 사람은 서로를 이미지처럼 바라볼 뿐 더 이상 말하지 않는다. 이 씬은 미선이 비로소 자신의 어머니라고 믿기 시작하는 강도가 상징계에서 상상계로 퇴행하고 있음을 보여준다. 이러한 퇴행 속에서 이제 강도에게는 더 이상 아버지의 은유가 작동하지 않는다. 이 지점부터 강도가 오이디푸스 단계 이전으로 퇴행하는 증거는 다양하게 나타난다. 강도는 자신의 살점을 잘라서 미선에게 내밀며 말한다. "엄마라면 이걸 먹어." 강도는 미선과 자신의 신체가 하나라는 환상에 빠지기 시작하는 것이다. 심지어 미선을 범하려고 하며 말한다. "내가 여기서 나왔단 말이지? 그럼 다시 들어가도 돼?" 탄생 이전으로까지의 극단적인 퇴행을 시도하던 강도는 결국 완전히 오이디푸스 단계 이전으로 고착된다. 이제 미선은 강도에게 원초적인 대상, 어머니이다.

전 오이디푸스 단계에 모든 논의를 집중시키고 있는 대상관계이론에서 어머니는 아이가 투사한 공격성을 완화하여 아이가 견딜 수 있을 만한 형태로 되돌려주는 존재이다.[7] 미선이 진짜 어머니라고 믿은 순간부터, 또는 오이디푸스의 이전 단계로 완전히 퇴행한 시점부터 강도의 공격성은 미선에 의하여 완화된다. 미선과의 관계 속에서 강도는 처음으로 자신의 칼을 접으며 더 이상 대상을 조각내지도 않는다. 돈을 갚기 위해 자신의 손을 잘라달라는 남자 앞에서 강도는 그냥 돌아서버린다. 강도는 어느새 조각내었던 부분 대상을 하나로 통합하고 있다. 제이 그린버그(Jay R. Greenberg)와 스테판 밋첼(Stephen R. Mitchell)은 "편집 분열적 자리에서, 사랑과 증오는 서로 분리되어 있다. 우울적 자리에서, 사랑은 증오와 하나로 연합된다"[8]고 주장한다. 이것은 곧 나쁜 젖가슴과 좋은 젖가슴으로 분리되었던 대상이 전체 대상으로 통합되는 것을 의미한다. 아이는 점차 파괴하는 환상의 대상으로 삼았던 나쁜 젖가슴이 자신에게 따뜻함과 배부름을 주었던 좋은 젖가슴과 다르지 않다는 것을 알게 되고, 그것이 모두 어머니의 젖가슴이라는 사실을 깨닫는다. 강도는 이전까지 다트판에 붙여놓았던 얼굴이 가려진, 젖가슴만이 두드러지게 드러난 여자의 그림을 떼어내고 미선의 얼굴 사진을 붙인다. 강도의 환상 속에서 단지 나쁜 젖가슴으로만 표상되었던 어머니가 미선이라는 존재로 통합된 것이다.

---

7 최영민, 위의 책, p.339.

8 Jay R. Greenberg & Stephen R. Mitchell, 이재훈 역, 『정신분석학적 대상관계이론』, 한국심리치료연구소, 1999, p.236.

그림 4-4. 나쁜 젖가슴과 통합된 어머니 이미지 비교

　부분 대상에 불과했던 젖가슴이 어머니라는 전체대상으로 통합된다는 것은 아이가 비로소 세상을 통합해서 인지할 수 있는 능력을 얻는다는 것을 의미한다. 줄리아 크리스테바(Julia Kristeva)에 따르면 이렇게 "심리적으로 이득을 얻기 위해서는 비용을 지불해야 한다."[9] 즉, 자신이 파괴하는 환상을 가졌던 대상이 결국 사랑하는 어머니라는 사실을 알게 되면서 죄책감을 느끼게 되고 그로 인해 우울불안을 겪게 되는 것이다. 강도는 자신이 신체의 일부를 조각냄으로써 불구로 만들었던 사람들 앞에서, 또 자신 때문에 자살하는 아저씨 앞에서, 죄책감을 느끼기 시작한다. 이런 종류의 죄책감은 (우울)불안의 형태로 일어난다.

　아들과 어머니라는 이자 관계로 고착화된 강도가 미선과의 관계에서 느끼는 불안은 라캉의 관점에서 보면 어머니의 욕망 앞에서 아이가 느끼는 불안이라고도 볼 수 있다. 그것이 파괴하려고 했던 어머니에 대한 불안이든, 알 수 없는 어머니의 욕망 앞에서 느끼는 불안이든, 이것들은 모두 역설적이게도 자신에게 삶의 근원을 제공해준 어머니에 대해 아이가 느끼는 불안이다. 맹정현에 의하면 "아이가 태어나자마

────────────────

9 Julia Kristeva, 박선영 역, 『정신병, 모친살해, 그리고 창조성: 멜라니 클라인』, 아난케, 2006, p.151.

자 어머니는 아이에게 무엇인가를 명령하고 요구하기 시작한다. 하지만 요구가 말로 이루어지는 이상, 요구 뒤에는 항상 이해 불가능한 잔여물이 남게 마련이다."[10] 아이는 이러한 어머니의 결여를 통해 그녀가 무언가를 욕망하고 있다고 느끼고 자신이 그녀의 욕망의 대상, 즉 남근이 되는 상상을 한다.

무언가가 되고자 꿈꾸는 것은 동시에 그것이 되지 못할 것 같은 불안을 불러일으키기 마련이다. 아이는 어머니의 남근이 되는 것에 실패한다면 그녀가 자신을 떠날 것이라고 믿으며 불안해하는 것이다. 만약 아이를 어머니에게서 분리시켜줄 아버지의 이름, 즉 부성 은유가 작동하지 않는다면 아이는 주체가 되지 못한 채 영원히 어머니의 대상으로 남게 될 것이다. 강도는 아버지의 이름이 작동하는 상징계에서 오히려 오이디푸스 단계 이전으로 스스로 퇴행하였기에 그에게 새로운 부성 은유가 나타가기는 어려워 보인다. 심지어 미선의 욕망은 강도의 환상을 방해하고, 그의 자위행위를 도움으로써 그가 욕망하는 주체로 다시 태어나는 것을 막는다. 어머니의 욕망 앞에서 강도는 "불안해"라고 말한다.

이 시점에서 미선의 정체가 드러난다. 아직도 미선이 어머니라고 굳게 믿는 강도와 미선이 그의 어머니가 아니라는 사실을 알게 된 관객 사이에서는 간극이 생겨난다. 강도와는 달리 관객들은 더 이상 미선의 시선을 따뜻한 어머니의 것이라고 생각하지 않는다. 관객에게 미선은 이제 처벌하는 법으로서의 타자, 즉 아버지로 등장한다. 이제 강도는 상상계 안의 아이요, 관객은 상징계의 시선이다. 이렇게 미선은 그녀를 어머니로 생각하는 강도의 상상 속 미선과 아버지의 이름을 대

---

10 맹정현, 『리비돌로지: 라캉 정신분석의 쟁점들』, 문학과지성사, 2009, p.356.

리하는 현실에서의 미선으로 분리되고 비로소 기호학적 사각형(표 4 －1)의 아버지 자리가 채워진다.

사실을 알지 못하는 강도는 여전히 어머니의 남근이 되기를 원하며 잠자리에서 그녀에게 안긴다. 그러나 이미 아버지의 이름을 대신하고 있는 미선은 "니 방으로 가서 자!"라고 꾸짖으며 그를 상상 속의 어머니로부터 떼어놓으려고 한다. 강도도 이제는 아버지의 존재를 느끼기 시작하지만 그것은 상상적 아버지일 뿐으로, 부성 은유에 의해 어머니로부터 분리되지 못하고 오히려 상상적 아버지인 고리대금업자에게 찾아가 어머니를 돌려달라고 말한다. 이 지점에서 강도에게 그가 상상적 아버지인 이유는 그가 전지전능함을 이용하여 어머니를 돌려줄 수 있을 것이라고 기대하기 때문이다. 그러나 현실은 고리대금업자도 돈이라는 상징계적인 기표에 종속되어 있는 거세된 존재일 뿐이다.

상징계에서 아버지의 자리와 상상계에서 어머니의 자리를 모두 점유한 미선은 강도의 손에 죽은 진짜 아들 상구의 복수를 실행에 옮기기 위해 갑자기 사라진다. 미선은 마치 강도에 의해 상해를 입은 피해자들이 복수를 위해 자신을 납치한 것처럼 꾸민다. 복수를 위해 자신을 복수의 피해자로 꾸미는 것이다. 이것은 역시 분열된 미선의 우화이기도하다. 복수를 하는 것은 법으로서의 아버지인 미선이요, 복수를 당하는 것은 강도의 환상 속에 존재하는 어머니이다. 강도는 사라진 어머니를 찾기 위해 자신이 조각내었던 대상들을 찾아다닌다. 그러면서 강도는 그들을 조각난 부분 대상으로서가 아닌, 통합된 전체대상으로서 대하고 죄책감을 느끼기 시작한다.

한편 미선은 자신 스스로를 내던지기 위해 선 공사장 건물 위에서 이렇게 말한다. "내가 죽으면 (강도가) 미쳐서 살아가겠지." 이것이 미선의 복수 계획이었다. 미선은 강도의 환상 속 어머니로서의 자신과 아버지의 법으로 상징화된 자신을 동시에 죽임으로써 강도의 폐제를 겨냥했던 것이다. 다시 말해 그녀는 강도를 정신병자로 만드는 것으로 복수를 완결 지으려고 한다. 브루스 핑크(Bruce Fink)는 "폐제는 어떤 특정요소를 상징계(언어)로부터 완전히 추방하는 것이다"라고 하였고 라캉은 그 요소를 '아버지의 이름'이라고 불렀다.[11] 부성 은유가 작동하지 않는 상태는 정신병의 진단에서 가장 핵심적인 요소이다.

그냥 아버지가 아니라 '아버지의 이름'이라고 칭하는 데에서도 알 수 있듯이 이것은 프로이트가 오이디푸스 콤플렉스를 설명할 때 언급했던 실제 아버지를 이야기하는 것이 아니다. 이것은 상징적인 아버지기에, 가족 안에서 존재하는 인격적 아버지여야만 할 필요가 없는 것이다. 따라서 가족 안에서 아버지의 존재가 부재하더라도 아버지의 권위를 수행할 수 있는 상징적 기능이 존재하면 된다. 상징적인 아버지는 마치 미선이 강도의 살점을 삼키듯 어머니의 욕망이 아이를 삼키는 것을 막아준다. 다시 말해 아버지의 이름은 은유로서 권위, 법, 금지 등의 단어로 대체될 수 있다.

정신병자의 경우에는 이러한 부성 은유가 작동하지 않는다. 어머니와의 완전한 분리가 일어나지 않고, 아버지를 모델로 한 자아 이상이 형성되지 않기 때문에 우리가 지금 살아가고 있는 언어의 세계인 상징계에 진입하지 못하게 된다. 그 결과 사회에서 소외되며, 우리가 흔히 말하는 '사람으로서의 구실'을 하지 못하는 것이다. 정신병의 가장 대표적인 증상은 대상을 향했던 공격성이 다시 자신에게로 되돌아와 공격하는 '박해망상'이다. 강도는 타자들에 대한 공격성을 배우 컸기에,

---

11 Bruce Fink, 맹정현 역, 『라캉과 정신의학』, 민음사, 2012, p.139.

폐제가 되어 정신병자로 전락하면 이러한 박해방상이 더욱 크게 나타날 것이다. 그런 면에서 미선의 복수극은 고도로 지능적이다. 타자의 공격성은 어떤 식으로든 물리칠 수 있지만 자신의 공격성으로 인한 박해는 자신을 제거하지 않는 한 회피가 불가능한 것이기 때문에 결국 강도에게는 끔찍한 박해를 받아들이거나 자신 스스로를 죽여야 하는 선택만이 남는 것이다.

아이러니한 것은 이러한 복수를 계획한 미선의 환상 속에서도 강도를 벌하려는 법으로서의 아버지와 강도에게 연민을 느끼는 어머니로 분열되고 있다는 것이다. 미선은 '투사적 동일시'를 통해 강도가 자신을 진짜 어머니로 믿게 하며 복수의 기반을 닦았지만 이러한 동일시는 투사와 내사를 서로 반복하는 의존적 관계이기 때문에 미선도 강도의 환상을 자신에게 내사하여 어느덧 그의 어머니로서의 자아가 생긴 것이다. 이 영화의 서사에서 강도에게는 큰 내적 갈등이 존재하지 않는다. 강도는 미선의 계획에 따라 철저하게 퇴행했으며 결국 그 퇴행에서 벗어나지 못한 채 정신병자의 고통을 겪을 것이다. 정신병자는 망상 속에서 괴로워할 뿐 갈등에 시달리지는 않는다. 아버지의 이름이 폐제된 정신병자는 무의식이 존재하지 않으며, 따라서 욕망의 회로가 작동하지 않기 때문이다. 인간이 내적 갈등을 겪는 것은 무의식적 욕망 때문이다. 욕망이 현실적인 요구나 다른 욕망과 충돌할 때 갈등이 생겨나는 것이다. 그러나 미선은 다르다. 미선은 영화의 처음부터 끝까지 갈등하는 주체이다. 이 영화의 서사를 행동자 모델로 분석하면 다음과 같이 미선의 복수극으로 도식화될 수 있다.

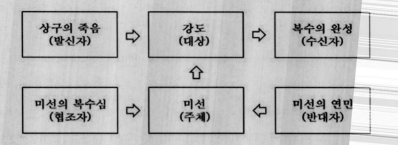

표 4−2. 〈피에타〉의 행동자 모델

　미선은 단지 아들을 지켜주지 못했다는 사실에 괴로워하는 배우 정상적인 인간이다. 차가운 냉혈인간이었다면 아들의 시신을 앞에 놓고 울지 않았을 것이다. 지극히 인간적인 이유에서 복수를 결심했고, 극단적인 방법을 준비하면서도 많은 갈등을 겪었을 것이다. 그리고 복수가 시작되었고, 미선은 강도에 대한 복수심과 연민 사이에서 끊임없이 갈등한다.

　어머니와 아들이라는 유사가족 관계를 통해 얻을 수 있는 통찰은 어떤 관계는 너무나 서로에게 의존해 있기에 서로를 파괴할 가능성이 있다는 것이다. 그것이 상상계적인 관계든 상징계적인 관계든 지나치게 유착된 관계일수록 그것을 분리시켜줄 어떤 것이 필요하다. 한국의 문화에서 어머니는 지나치게 아이를 자신에게 부착시키려고 하는 경향이 있다. 따라서 한국적 서사에서는 어머니에 대한 애착이라는 소재가 많이 나타나며, 이 영화의 유사 모자 관계는 그러한 사실을 상기시키는 대표적인 표상이다. 어머니의 따뜻함을 그리워했던 강도는 스스로 오이디푸스 이전 단계로 퇴행하여 상상 속에서 어머니를 만나게 된다. 그리고 그 어머니에게 모든 리비도를 투자하며 부착된다. 따라서 강도는 어머니와의 분리불안을 느낄지언정 심각한 내적 갈등은 겪지 않는 것이다.

상징계에 머물고 있던 미선은 복수를 욕망한다. 복수는 미선이 아들이라는 상징적 남근을 상실한 자리에 대신 들어선 기표이다. 그 기표를 향한 욕망의 연쇄작용은 계속해서 이어졌고, 그에 따라 미선은 자신을 괴롭히는 내적 갈등에서 벗어나지 못했다. 자신을 죽이는 것으로 복수가 완성되었지만 이것이 욕망의 끝은 아니다. 미선의 죽음은 죽음을 통해 실재에 닿고자 했던 안티고네의 죽음과는 다르다. 다시 말해 미선은 죽음을 통해 상징계를 극복하지 못했다. 즉 오히려 죽음이 '복수'라는 기표에 갇히고 마는 결과를 낳은 것이다. 이렇게 복수의 속성은 그 자체로 상징적이며 환상 그 자체이다.

실재에 존재하는 대상 a의 주위를 끊임없이 맴도는 충동으로부터 방어하기 위해 주체는 환상이라는 방어기제를 만들어낸다. 환상은 무대를 구성하여 표상화되지 않는 대상 a 위에 어떤 기표가 영사되도록 만들고 주체는 그것을 욕망한다. 같은 극장이라도 상영되는 영화가 언제든지 달라질 수 있는 것처럼 영사되는 기표의 속성은 환유적이다. 따라서 복수라는 기표도 언제든지 다른 기표로 교체될 수 있다. 라캉은 안티고네의 죽음에서 욕망의 윤리를 발견한다. 안티고네는 금지를 초월한 죽음으로서 욕망을 승화시켰다.

딜런 에반스(Dylan Evans)에 의하면 승화에 대한 라캉의 공식은 "대상을 물(物)의 존엄으로 끌어올리는 것"[12]이다. 이것은 이상화와는 구분되는 것이다. 여기에서 물(物, Das Ding)이란 실재적인 것으로서, 결국 욕망의 승화란 상징계의 한계를 넘어서려는 시도이다. 김용수는

---

12 Dylan Evans, 김종주 외 역, 『라캉 정신분석 사전』, 인간사랑, 2004, p.208.

이것을 승화를 통해 일상의 구체적인 대상이 불가능한 대상의 ㅈ⋯⋯
얻게 됨으로써 충동이 만족을 얻게 된다는 의미라고 설명한다.[13] ⋯⋯
는 상징계 안에 존재하는 것이기에 대타자의 욕망이며 타자의 ⋯⋯
만들어놓은 환상이다. 미선이 복수라는 기표에 종속되는 대신 ⋯⋯
죽은 아들인 상구의 자리에 놓는 적극적인 행위를 통해 복수를 ⋯⋯
다면 미선의 욕망은 상징계의 한계를 넘어서는 승화를 경험했을 ⋯⋯
다. 죽은 미선을 사이에 두고 좌우로 진짜 아들 상구와 환상 속⋯⋯
강도가 나란히 배치된 장면은 이 서사에 등장하는 모든 갈등이 ⋯⋯
선택으로 인해 승화될 가능성이 있었음을 암시한다.

2. 모녀간 양가감정과 모친살해의 은유, 〈차이나타운〉

영화 〈차이나타운〉은 2015년에 개봉한 한준희 감독의 ㅈ⋯⋯
갱스터 느와르 장르로서는 드물게 조직의 보스와 조직원인 ⋯⋯
모두 여성이다. 마우희라는 중년여성은 차이나타운에서 마⋯⋯
라는 대부업체를 운영하고 있다. 그녀는 부모에게 버려진 아⋯⋯
려다가 키우며 조직원으로 활용한다. 마가(마씨 가족)라는 ⋯⋯
시하는 것처럼 아이들은 우희를 '엄마'라고 부르고, 조직은 ⋯⋯
관계를 형성하고 있다. 주인공 일영 역시 태어나자마자 지하 ⋯⋯
에 버려져서 거지들의 손에 의해 자라다가 우희에게 팔려온 ⋯⋯
이다. 돈을 빌린 사람들이 돈과 이자를 갚지 못하면 조직원 ⋯⋯
죽이고 각막이나 간, 신장과 같은 이식용 신체부위를 잘라⋯⋯

13 김용수, 『자크 라캉』, 살림, 2013, p.51.

을 회수한다. 우희는 돈을 받아오지 못하는 쓸모없는 조직원들은 가차
없이 버리기도 한다.

황진미는 우희와 일영의 공격적인 성격을 근거로 그들을 '유사남
성'으로 규정하며 이 영화를 "오이디푸스적인 관계, 즉 '살부를 통한
권력의 승계'를 여성들의 관계에 적용시킨 희귀한 판본"이라고 주장한
다.[14] 틀리지 않은 통찰이다. 그러나 그러한 시각에서만 바라본다면 우
희와 일영 사이에 존재하는 미묘한 양가감정과 그로 인한 갈등을 이해
하는 데에 어려움을 겪게 된다. 이것이 우희와 일영을 타자들과의 관
계에서는 유사남성으로 바라볼 수 있으나, 두 사람 사이의 관계에만은
반드시 유사 모녀 관계를 적용시켜야하는 이유인 것이다.

영화의 스토리는 단순하다. 일영이 돈을 받으러 갔다가 만난 한 소
년, 석현에게 사랑을 느낀다. 그 때문에 일영이 변해가는 것을 알게 된
우희는 석현을 죽이고 일영마저 죽이려고 한다. 구사일생으로 목숨을
구한 일영은 우희를 찾아가서 죽인다. 그러나 영화의 단순한 스토리
를 단순하지 않게 만드는 요인이 '모친살해'에 대한 메타포이다. 줄리
아 크리스테바(Julia Kristeva)는 클라인이 영감을 준 모친살해의 은유
야말로 인간이 창조적인 주체로 태어나는 데에 가장 중요한 과정이라
고 강조했다. 그러면서도 크리스테바는 "프로이트 이론이 어머니에게
부여하는 보잘 것 없는 위치는 클라인을 포함해 프로이트의 후계자들
로 하여금 반대 입장을 고무"하게 했지만, 동시에 "프로이트가 거부한
어머니를 지나치게 강조함으로써 아버지를 잊어버리는 위험에 빠지고

---

14 황진미, ≪씨네 21≫, http://www.cine21.com/news/view/mag_id/81116,
  2015.09.01.

있다"라고 클라인을 지적하기도 했다.[15]

프로이트의 정신분석학을 대상관계이론으로 발전시킨 멜라니
인은 그녀의 관심사를 유아의 전오이디푸스 시기에 집중함으로
머니라는 대상과 아이의 이자 관계에 대한 풍부한 이론을 만들어
프로이트는 아버지의 등장이 아이가 어머니와 분리되는 데에
인 역할을 하는 사건으로 보았으며 그러한 과정의 관찰을 통해 오
푸스 콤플렉스나 거세 콤플렉스 같은 개념들을 만들어냈다. 클
이러한 시기 이전을 다루었으니 당연히 아버지라는 두 번째 대
는 어머니라는 원초적인 대상과 아아의 관계에 대한 이해가 깊을
에 없을 것이다.

그러나 클라인의 개념들에 아버지가 부재하는 것은 아니다
발달 단계의 아주 초기 적부터 아버지는 환상 속에서 남근으로
의 젖가슴에 결합되어 있다. 유아가 가진 부모의 결합된 이미지
라인의 이론에서 초기 오이디푸스 콤플렉스라는 개념을 만들어
근거가 된다. 한나 시걸(Hanna Segal)에 따르면 아이는 어머니
체 안에 젖, 음식, 가치 있고 신비로운 대변, 아기, 그리고 성교
어머니와 결합되는 아버지의 페니스 등이 있다고 상상한다.[16]
니의 젖가슴에 집착하는 아이의 초기 환상 속에서는 젖가슴에
지의 남근이 포함되어 있는 것이다.

아이의 젖가슴에 대한 행위는 구순적 형태로 나타난다. 그리
는 "구순적 충동은 생식기적 충동과 결합됨으로써 환상의 역동

---

15 Julia Kristeva, 박선영 역, 『정신병, 모친살해, 그리고 창조성: 멜라니 클
   난케, 2006, p.214.
16 Hanna Segal, 이재훈 역, 『멜라니 클라인』, 한국심리치료연구소, 1999,

로 하여금 구순적 행위로서의 성행위를 욕망하도록 만든다"[17]라고 지적했다. 즉 어머니의 젖가슴을 빠는 행위는 단순히 젖을 먹고 배불리기 위한 행위가 아니라 환상 속에서 젖가슴 안에 있는 남근을 빠는 행위와 동일시된다는 것이다. 이러한 시각에서 아이에게 구순적 행위는 매우 중요한 의미를 가진다. 아이에게 구순적 행위는 자신 안에 있는 낯선 느낌, 즉 배고픔을 제거하기 위한 적극적인 노력이며, 아버지의 남근을 가지고 있는 어머니의 젖가슴을 시기하는 환상의 표출이다.

일영이 처음 등장하는 장면은 아이인 그녀가 햄버거를 먹고 있는 장면이다. 앞 쇼트의 햄버거는 이어지는 쇼트에서 일영의 구순적 행위로 봉합된다. 이것은 매우 상징적인 몽타주로, 구순적 행위보다 앞선 것은 빠는 대상이다. 다시 말해 일영에게 젖가슴은 예전에는 있었지만 지금은 없는 것으로, 햄버거는 상실된 젖가슴의 대체물일 뿐이다.

그림 4-5. 햄버거를 먹고 있는 일영의 몽타주

일영은 우희에게 입양되어 마가홍업의 식구가 된다. 일영이 우희에게 처음 하는 말이 "배고파요."이다. 어머니는 아이의 배고픔을 채워주는 존재다. 그렇기에 어머니는 아이에게 전지전능한 존재일 수 있는 것이다. 그녀의 전능성은 젖가슴을 통해 이루어진다. 일영에게 젖가슴

---

17 Julia Kristeva, 위의 책, p.220.

의 대체물이었던 햄버거는 다시 우희가 제공하는 자장면으로 □
다. 이 지점에서 우희는 일영의 배를 채워주는 존재인 어머니가 □□□
영화의 주된 갈등이 시작된다. 우희도 사람들에게 일영을 가리□□
아이야"라고 말하며 모녀 관계를 공표한다. 그녀가 어머니가 되□□□
는 것은 일영에게 전능성을 행사하는 존재가 되었음을 의미한다. □□ □
는 어머니로서의 전능성을 "쓸모없어지면 너도 죽일 거야."라는 □
일영에게 표현한다.

결과적으로 그녀는 일영을 죽일 기회가 많았음에도 죽이지 않□
그러나 우희의 말은 일영이라는 아이의 환상 속에서 큰 의미를 □□
것이다. 어머니는 아이의 생명을 지켜주는 존재이기도 하지만 □
생명을 위협하는 존재이기도하다. 아이에게 죽음충동이란 표상□
떤 것이 아니다. 그것은 체감된 것으로서 자신 안에 존재하는 배□
추움, 아픔과 같은 것들이다. 아이들은 자신에게 존재하는 낯선 □
들을 어머니에게 투사한다. 따라서 아이는 배를 채워주지 않는 □
를 자신의 생명을 위협하는 존재로 인식할 수밖에 없다. 우희가 □
을 먹여서 키우고 있기에 역으로 그녀는 일영의 생명을 위협할 □
는 존재라는 것이다.

그러나 어머니가 '우울적 자리'에서 하나의 대상으로 통합되□
까지 아이는 죽음충동을 부분 대상인 젖가슴에 투사할 수밖에 □
따라서 일영은 환상 속에서 우희가 자신의 생명을 위협할 어떤 □
가슴)을 가지고 있다고 추측할 수밖에 없다. 아이에게 구순적 □
성적 행위이기도 하지만 공격적인 행위이기도 하다. 성적 행위가 □□
빠는 행위로 나타난다면 공격적인 행위는 물어뜯는 행위로 나타□□□
우희가 일영에게 자신이 그녀를 데리고 있는 이유를 "너는 자□□ □

거든. 자랄 생각도 없고."라고 설명하듯 일영은 구순기에 고착되어 있
는 존재이다. 그녀는 언제나 담배를 빨고, 자신을 해치는 사람에게 유
리병을 물도록 시키기도 한다. 그녀에게 담배는 명백하게 젖가슴의 대
체물이고, 가끔은 자신의 구순적 공격성(물어뜯기)을 타자에게 투사
하기도 하는 것이다. 구순기적인 일영에게 우희는 아직 통합된 대상이
아닌 것은 당연하다. 그녀는 일영에게 부분 대상, 즉 젖가슴이다.

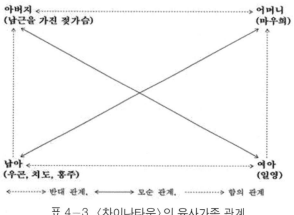

표 4-3. 〈차이나타운〉의 유사가족 관계

이러한 관계는 기호학적 사각형으로 도식화된 유사가족 관계의 핵
심을 이루고, 또한 이것은 영화를 관통하는 갈등구조를 이해하는 데에
토대가 된다. 표 4-3에서 아버지는 독립된 아버지가 아니다. 아버지
의 자리에 존재하는 것은 결합된 부모의 이미지로서, 어머니의 젖가슴
속에 존재하는 남근으로서의 아버지이다. 따라서 영화에서 표면적으
로는 아버지가 부재하는 유사가족으로 보이지만, 일영이 우울 자리에
이르러 젖가슴을 우희에게 통합하기 전까지 그녀의 환상 속에서 남근

을 가진 젖가슴은 아버지로서 작동한다.

클라인이 결합되어있는 부모를 상정하며 초기 오이디푸스 콤플렉
스의 존재를 주장했던 것처럼, 남근을 포함한 젖가슴은 아이에게 아버
지의 역할을 충분히 수행할 수 있다.[18] 최영민에 따르면 "결합된 대
상은 서로 결합되어 있고 유아는 배제되어 있기 때문에 전체 대상은
매우 무서운 공격성으로 가득 차게 된다"[19]는 것이다. 이러한 공격성은
유아로 하여금 젖가슴을 적대적으로 느끼게 만든다. 특히 여자아이는
생식기적 충동을 대리한 구순적 욕망을 통해서 어머니로부터 아버지
의 남근을 빼앗는 환상을 가지기 때문에 크리스테바가 지적하듯이 그
는 어머니의 보복을 두려워하게 된다.[20] 따라서 젖가슴이 포함한 남근
은 여아인 일영과 어머니인 우희 사이의 갈등을 추동하는 근본 원인으
로 작용하게 되는 것이다.

갈등이 표면화되는 것은 일영이 석현을 만나면서부터이다. 프로이
트는 딸과 어머니 사이의 관계는 딸이 이후에 만나게 될 남자와의 관
계에 영향을 미친다고 주장했다.[21] 그런데 이 사례에서는 역으로 석현
이 우희와 일영의 관계에 영향을 미치게 된다. 일영은 석현에게 빌려
준 돈의 이자를 받으러 갔지만 그녀가 받은 것은 돈이 아니라 음식이
었다. 석현이 만들어준 음식은 구순기에 고착된 일영에게는 특별한 의미
가 있는 것이다. 석현의 직업이 요리사인 것은 그가 일영에게 어머니

---

18 최영민, 『쉽게 쓴 정신분석 이론: 대상관계이론을 중심으로』, 학지사,
pp.295—296.
19 위의 책, p.296.
20 Julia Kristeva, 위의 책, p.227.
21 Sigmund Freud, 김정일 역, 『성욕에 관한 세 편의 에세이』, 열린책들, 20
—345.

제4장 _ 유사 어머니와 이자적 관계의 갈등 구

음식으로 배를 채워주는 좋은 젖가슴으로서 작동할 수 있는 토대가 된다. 이것을 암시하는 것은 요리를 하고 있는 석현의 모습이 드러난 시점 쇼트에서 그것을 바라보는 일영이 역쇼트로 봉합되는 몽타주이다.

그림 4-6. 요리하는 석현을 바라보는 일영 쇼트/역쇼트

요리를 하는 석현의 모습보다 그것을 바라보는 일영의 쇼트를 더 오랫동안 롱테이크를 통해 보여주는 이유는 현실의 대상보다 일영의 환상 속에 존재하는 내적 대상이 더 중요하기 때문이다. 그러나 좋은 젖가슴의 환상은 무의식에 존재하는 것이기 때문에 일영은 자신이 왜 석현에게 끌리는지 알지 못한다. 그럼에도 일영의 무의식적 환상은 그녀를 석현의 품에서 잠까지 들도록 이끄는 포근함으로 체화된 환상이다. 그린버그와 밋첼은 "아동은 자신의 몸속에 좋고 나쁜 물질과 대상들이 살고 있다고 상상한다. 우선 아동들은 '좋은' 물질들과 대상들을 받아들여, 그것들의 도움으로 자기 몸 안에 있는 '나쁜' 물질들과 대상들을 마비시키려고 한다"[22]고 했다. 즉 좋은 대상은 주체와 연합하여 나쁜 대상을 물리쳐줄 좋은 자기를 드러나게 해준다는 뜻이다.

일영은 좋은 대상인 석현을 통해 처음으로 자신 안의 좋은 자기를 발견한다. 일영의 좋은 자기는 어느 덧 외부로 드러나기 시작한다. 예

---

22 Jay R. Greenberg & Stephen R. Mitchell, 이재훈 역, 『정신분석학적 대상관계이론』, 한국심리치료연구소, 1999, p.206.

뻔 옷을 입고, 석현을 위해 비행기 표를 산다. 그것은 우희가

자신을 나쁜 대상으로, 누군가를 좋은 대상으로 분열시키고 있□

실을 직감하는 근거가 된다. 우희는 그 누군가가 석현이란 사□

게 된다. 우희는 굳이 일영이 보는 앞에서 석현을 죽인다. 일□

상 속에서 일어난 좋은 대상과 나쁜 대상의 분열을 다시 자신□

통합시키기 위한 우희의 시도이다. 일영의 관점에서는 그러한 □

어머니의 젖가슴 안에 있던 "꿰뚫기 기관으로서의 남근"[23]이 공□

드러낸 것으로 느껴진다. 남근으로서의 칼은 우희의 손에 쥐□

다. 이 드러남은 일영이 처음으로 남근을 품었던 젖가슴이 이□

우희의 것이었다는 사실을 깨닫게 되는 계기가 된다.

그림 4-7. 일영의 시선과 우희의 얼굴 쇼트/역쇼트

그러한 사실을 암시하듯 그림 4-7에서 같이 처진의 부에 □

있음에도 일영의 시선이 봉합되는 역쇼□ □□ 같이 아니라 같□ □

는 우희의 얼굴이다. 이 지점에서 일영은 □□□□□ 남□□으로서□

는 부분 대상보다는 통합된 대상으로서의 우희의 얼굴에 경도□

는 것이다. 클라인이 주장한 것처럼, 대상이 분열되어 있는 편□

열 자리에서 대상들이 통합되는 우울 자리로의 이행은 아이가 □

23 Julia Kristeva, 위의 책, p.233.

제4장 _ 유사 어머니와 이접적 관계의 갈등 구□

인 주체로서 어른이 되는 데에 필수적인 과정이다.[24]

일영이 비로소 우울 자리로 들어섰기에, 우희는 일영에게서 성장하지 않으려는 고착적인 태도가 사라진 것을 알게 된다. 성장하고 있는 일영은 곧 어머니로부터의 분리를 시도할 것이다. 이러한 상황에서 어머니로서 우희가 할 수 있는 선택은 두 가지 뿐이다. 우희가 석현을 살려두게 되면 일영은 그를 따라 프랑스로 달아날 것이다. 석현을 죽이게 되면 일영의 성장을 막을 수 없고 그에 따라 우희와 일영의 분리 또한 막을 수 없을 것이다. 어떤 선택을 해도 일영이 자신과 분리될 수밖에 없는 딜레마에 처한 것을 우희는 잘 알고 있는 것 같다. 결국 우희는 석현을 죽임으로써 일영의 성장을 추동하는 쪽을 선택한다.

홍준기가 지적하듯 멜라니 클라인이 초기 오이디푸스 콤플렉스의 개념을 통해 오이디푸스의 시기를 앞당겼다는 점만 제외하면 프로이트의 오이디푸스 콤플렉스의 이론과 클라인의 이론은 서로 배척하지 않는다. 그렇기에 라캉도 클라인의 이론에 대해 많은 부분에서 공감을 나타낸다.[25] 특히 어머니와의 분리로 인한 주체의 탄생 등의 이론은 프로이트와 멜라니 클라인을 거쳐 라캉이 매우 정교하게 다듬은 부분이다. 따라서 이 지점에서 라캉의 시각도 살펴보는 것이 의미가 있다.

클라인과 라캉은 공통적으로 프로이트가 실패한 지점에서 시작한다. 프로이트는 아이와 부모 간에 발생할 수 있는 문제에 관해 오이디푸스 콤플렉스와 남근 선망의 개념 등으로 설명을 시도하여 많은 부분

---

24 한나 시걸에 따르면, "1940년에 쓴 논문에서 클라인은 우울적 자리가 지닌 창조적인 측면을 강조했다. 우울불안이 절정에 도달한 상태에서 유아가 어떻게 자신의 사랑과 좋은 내적 상태를 재창조하는 능력과 기술을 활성화시키며, 점차로 전능감을 포기하면서 외적 대상들을 복구하려고 노력하는가에 대해서 서술했다." (Hanna Segal, 위의 책, p.93.)

25 홍준기, 『오이디푸스 콤플렉스, 남자의 성, 여자의 성』, 아난케, 2013, pp.229-231.

들을 해결하였다. 그러나 역설적이게도 이것 때문에 해결되지 ○
제들이 만들어진다. 바로 거세 콤플렉○○ ○○○○○ ○○ ○○
렉스는 프로이트의 성과이기도 하지만 한계로도 남는다. 거세 ○
스를 남아와 여아 모두에게 적용을 하면서 이론적으로 설명이 ○
는 부분들이 드러난 것인데, 그 대표적○ 예가 아버지와 아들 ○
서 발생할 수 있는 갈등과 어머니와 딸 사이에서 발생할 수 있○
은 양상이 완전히 다르다는 것이다. 어머니와 딸의 관계에○
콤플렉스로는 해결될 수 없는 문제들이 있다.

　아버지와 아들 간에는 갈등도 있지만 아들에게는 강아 이상○
의 아버지에 대한 동일시의 욕구가 개○○○ ○○○○○○ ○○○○○
가지는 아들의 갈등 요소는 대부분 무의식의 수준에 머물고 ○
갈등이 표면화되는 상황에서도 동일시의 욕구 때문에 내부분 ○
된다. 이것은 아버지와 딸의 관계에서도 크게 다르지 않다. 그○
머니와 딸의 관계만은 다르다. 둘 사이에는 증오, 원망 같은 것○
수 있지만 과도한 애착이나 집착도 있을 수 있다. 딸이 어머니○
남근을 받지 못했다는 사실 때문에 느끼는 원망은 거세 콤플렉○
명이 가능하지만, 애착이나 집착은 어디에서 오는 것일까?

　클라인도 이 문제를 해결하려고 노력하였다. 아버 앞에서 ○
듯 그녀는 결합된 부모의 이미지를 통해 이것을 설명하고자 ○
리스테바는 "비록 딸이 어머니로부터 분리되어 행위 주체가 ○
지를 욕망할 수 있을 지라도 아버지에 대한 딸의 사랑은 그럼○
머니와의 최초의─그리고 영원히 갈등을 지닌─ 유대에 기초한○
지적했다. 다시 말해 딸이 아버지의 남○○ ○○○ ○○○○ ○○

---

26 Julia Kristeva, 위의 책, p.231.

할 수 있게 된 것은 어머니의 젖가슴이라는 매개체가 있었기 때문이다. 젖가슴은 여아에게나 남아 모두에게 최초의 대상이며 또한 집착의 대상이다. 그러나 여아의 경우 남근을 가진 젖가슴에 대한 시기심에서 비롯된 파괴적 환상은 죄책감으로 이어지고, 결국 이것은 딸이 어머니에 대해 가지는 양가감정의 근원이 된다.

클라인의 설명은 아들과 딸 모두에게 최초의 애착 대상은 어머니였다는 프로이트의 설명과도 일치하는 부분이 있기 때문에 설득력이 있다.[27] 그러나 그녀의 이러한 설명이 프로이트가 실패한 것들을 모두 해결하지는 못한다. 클라인은 젖가슴이라는 부분 대상에 대한 충동에서 비롯된 무의식적인 환상과 어머니에 대한 집착을 의식 수준에서 일어나는 사랑의 감정과 혼동하는 결과에 이르기 때문이다.[28] 따라서 클라인의 설명은 프로이트의 개념인 성충동의 대상을 전환하는 기제로서의 오이디푸스 콤플렉스를 여아에게 적용하는 데에는 실패할 수밖에 없다. 따라서 오이디푸스 단계를 통해 어떻게 여아가 어머니와의 분리를 이루어내고 주체가 되는지 또한 설명하기가 어렵다. 라캉은 이 지점에서 논의를 시작한다.

라캉은 오이디푸스 콤플렉스가 남아뿐만 아니라 여아에게 미치는 작용까지 포괄적으로 설명이 가능한 통합적 개념을 정립하기 위해 아

---

27 Sigmund Freud, 임홍빈, 홍혜경 역, 『새로운 정신분석 강의』, 열린책들, 2012, p.160.
28 아이는 우울적 자리에서 젖가슴이라는 부분 대상을 어머니라는 대상으로 통합할 수 있게 되기는 하지만 이 단계에서는 오히려 사랑이나 집착이 아니라 자신이 파괴하려고 했던 젖가슴이 어머니의 것이었다는 사실을 알게 되면서 죄책감을 느끼게 된다. 이 단계를 거치면서 아이가 가지게 되는 사랑과 감사의 감정은 무의식적 수준이 아닌 의식의 수준에서 일어나는 것이다.(R. D. Hinshelwood, 이재훈 역, 『임상적 클라인-이론과 실제』, 한국심리치료연구소, 2006, pp.120-140.)

이가 어머니에게 애착을 가지는 오이디푸스 .... 범
위를 확장한다. 라캉은 오이디푸스 시기 ....
이의 상상적 관계와 그것을 극복하는 .... 매개물로서 ....
작용에 대한 개념을 정립하였다. 남근은 자신이 포기한 대상.....
것으로 대체할 수 있도록 해주는 매개 작용을 하며 이러한 과....
해 주체가 욕망의 경제 안으로 들어오도록 만드는 장치이다.[29]
로서 남근의 작용을 가능하게 해주는 것이 바로 오이디푸스 콤....
라는 것이다. 맹정현에 의하면 라캉은 주체를 언어의 질서 속....
입시켜주는 장치로서의 오이디푸스 콤....................
이름이라는 상징적 개념으로 대체함으....................
스적 시도의 결과를 낳는다.[30]

이 지점에서 라캉의 상징계적 개념들에 대한 이해가 중요한....
크리스테바가 클라인의 이론을 설명하.....................
부성 은유와 아버지의 이름과 같이 상징적인 수준에서 식별되....
는 개념이기 때문이다. 어머니의 욕망은 ....
방해하며, 그것은 곧 아기가 타자를 욕망할 수 없도록 만든...
라캉의 관점에서 아이를 향한 어머니의 욕망은 상징, 즉 언어를....
서 드러난다. 술에 취해 정신을 잃은 ....
길게 이어진다. 일영은 석현을 욕망하..................
도를 방해하는 것은 어머니의 전화, 즉 어머니의 언어이다. 일....
머니가 무엇을 욕망하는가를 알지 못해 불안해한다. 불안해하....
일영뿐만이 아니다. 일영과 동류(同流)의 관계에 있는 형제들도

---

29 임진수, 『남근의 의미작용』, 파워북, 2011, pp.227-244.
30 맹정현, 『리비돌로지: 라캉 정신분석의 쟁점들』, 문학과지성사, 2009, pp.350

가지이다.

우희의 손에서 함께 자란 일영의 유사 형제 우곤과 치도가 우희에게 공통적으로 물어보는 질문은 "왜 이렇게까지 하시는 건데요?", 즉 "대체 원하는 것이 뭔데요?"이다. 그러면서 치도는 "알 것도 같고. 모를 것도 같고."라고 덧붙인다. 일영이 자신을 미치도록 불안하게 만드는 어머니의 욕망에서 벗어나는 길은 주체로 독립하는 방법뿐이다. 일영은 삼촌의 어묵을 먹는 것을 마지막으로 스스로 구순적 욕망을 포기한다. 그것은 어묵을 먹고 있으면서도 "오뎅 맛있었어요."라고 과거형으로 말하는 일영의 대사에서 드러난다. 일영을 어머니로부터 분리시켜줄 아버지가 존재하지 않기에, 그녀는 스스로 어머니와의 분리를 시도해야만 한다. 그 시도가 바로 모친살해이다. 그 전에 그녀에게 반드시 필요한 것은 살해할 대상을 하나로 통합하는 과정인 우울 자리로 들어서는 일이다.

그림 4-8. 식탁에 둘러앉은 가족의 전, 후 미장센 비교

갈등의 정점에 선 일영은 문득 기억을 떠올린다. 그것은 우희와 함께 식탁에서 밥을 먹는 기억이다. 어머니 우희와 함께 밥을 먹는 장면은 영화에 처음으로 등장하는 장면이다. 이전에도 가족이 식탁에 모여 앉아있는 장면은 있었지만 밥을 먹는 장면은 아니었다. 그림 4-8의

두 장면은 똑같이 가족이 식탁에 둘러○○ ○○ ○○ ○○ ○○ ○○
만 부분 조명을 통해 인물의 부분만 ○○ ○○ ○○ ○○ ○○
으로 전체가 드러나는 뒷 쇼트의 차이○ ○○ ○○ ○○ ○○
다. 다시 말해 밥을 주는 우희를 기억○○ ○○ ○○ ○○ ○○
는 좋은 젖가슴과 자신을 공격하는 나○ ○○ ○○ ○○ ○○에
시키며 우울적 자리로 들어서는 일영○ ○○ ○○ ○○ ○○
영에 대한 메타포는 계속 이어진다. 청○ ○○ ○○ ○○ ○○
간힌 일영은 환상 속에서 어린 자신을 ○○한다. 일영이 우울
통과하며 주체로 탄생하는 과정은 그○○ ○○ ○○ ○○ ○○
죽이는 일과 다르지 않다. 이제 어머니○○ ○○ ○○ ○○
끝났다.

마우희 (발신자)	⇨	모친살해 (대상)	⇨	주체로 재○ (수신자)
		⇧		
석현 (협조자)	⇨	일영 (주체)	⇦	형재들 (반대자)

표 4-4. 〈차이나타운〉의 행동자 모델

유사가족 간의 주된 갈등어 이끄는 서사 구조는 표 4-4와 ○
영은 갈등을 마무리 짓기 위해 우희를 찾아간다. 그녀를 살해○
해서이다. 크리스테바는 "모친살해가 없다면 내적 대상이 형○
없고 환상이 구성되지 않으며, 회복도 불가능하고 자기의 내심○

제4장 _ 유사 어머니의 이격적 관계의 갈등 구○

일어날 때 수반되는 적대성을 극복할 수 없다"[31]고 말한다. 그녀가 말하는 모친살해는 어머니와의 상징적 분리에 대한 은유적인 표현이다. 아이가 젖을 떼는 행위를 통해 어머니의 젖가슴과 분리될 때 어머니를 상징적으로 상실하게 되는데, 아이의 환상 수준에서는 분리나 상실이 곧 죽음이나 다름 없다. 특히 우울적 자리에서는 상실된 젖가슴이 어머니에게로 통합되며 모친살해의 상징성이 더욱 강화된다.

크리스테바의 주장은 모친살해의 은유가 아이를 주체로 탄생시키는 데에 있어서 매우 중요한 작용을 한다는 것을 의미한다. 올바른 내적 대상이 형성된다는 것은 인지된 외적 대상이 주체 안에서 정상적으로 표상화되는 것을 의미하며, 따라서 환상의 구성이란 곧 외적 대상이 대상에 대한 표상으로 재구성되는 '회복의 환상'을 말한다. 자신이 파괴했던 어머니는 이러한 표상을 통해 주체 안에 내사되어 대상의 원형으로 자리를 잡는다. 정리하자면, 어머니와의 분리를 상징하는 모친살해를 통해 새로 태어난 주체는 비로소 상징의 경유를 통한 정상적인 사고가 가능해지며, 환상과 구분되는 외적 현실을 인식하게 된다는 것이다.

일영은 결국 유사 어머니인 우희를 칼로 찔러 죽인다. 죽어가면서 우희는 일영에게 "다 컸네"라고 말한다. 우희가 마지막으로 일영에게 남긴 것은 입양서류이다. 입양서류는 상징계에서만 통용될 수 있는 어머니의 징표로, 이것은 곧 어머니가 표상의 차원으로 존재하게 되는 지점을 암시한다. 그러나 우희가 이제 상징적인 어머니로 남기 위해서는 반드시 일영의 성공적인 애도작업을 기원해야만 한다. 오토 컨버그 (Otto Kernberg)에 따르면 아이가 "우울적 자리의 정상적인 발달과제

---

31 Julia Kristeva, 위의 책, p.238.

를 성취하지 못하고 실패할 경우, 병리□□□ □□□ □□□□□ □
고 했다. 애도는 대상의 상실로 인해 느□□□ □□ □□□□□□. □□
에게 애도 작업은 상실된 대상에게 투자했던 리비도를 현실적□
에 따라 점차적으로 회수하는 과정을 의미한다."

리비도는 매우 끈끈하고 부착을 잘 □□□ □□□□□ □□□□□
에 어떤 대상에 부착되었던 리비도를 떼어내는 것은 매우 힘든 □
다. 그래서 전략적인 작업이 필요한 것□다. □□ 전략 중의 하나
실된 대상을 잊으려고 애쓰는 것이 아니라 오히려 기억하고 파□
것이다. 그렇게 하면 그 대상에 리비도가 투자되면서 조금씩 □
가 그 대상으로부터 일탈하게 된다. 즉, 그 대상에 투자되는 리□
양을 미리 앞질러서 고갈시켜버리는 것이다. 고통스러운 애도□
의미는 주체의 내부에 외부에서 상실□ □□□ □□□ □□ □
즉 상징화할 수 있도록 해준다는 것이다□

일영은 우희가 그랬듯 제사 의식을 □□□ □□□ □□□□□□
도한다. 이러한 작업을 통해 일영의 상□□□ □□□ □□□□ □
녀는 상징계 안에서 주체로 자리를 잡을 □ □□□ □□□□. □□□□
영은 이제 다시 조직의 보스인 '엄마'가 된다. 영화에는 모친살해□
상시키는 장면이 등장하지만 유아기적 □□□□□ □□□□ □□□
불러일으킬 수 □□□ □□□□ □□□□□□□ □ □□□ □□□□□ □
어머니와 딸 간□ □□□ □□□□ □□□ □□□

32 Otto F. Kernberg □□□□□ □□□□□ □□□□□□□□
33 Sigmund Freud, □□□□ □□□□□□ □□□□□
    p.246.
34 맹정현, 『멜랑□□□□ □□□□□□□□
35 Julia Kristeva, □□□ □, p.157.

의 장면은 상징적인 의미를 가진 것으로 보아야 한다. 그것은 딸 일영이 어머니 우희와 분리됨으로써 주체로 재탄생하는 과정을 상징하는 것이다.

3. 유사 모녀 갈등에서 주체의 포지션, 〈도희야〉

영화 〈도희야〉는 정주리 감독의 2014년 작품으로 소수자들을 다룬 영화이다. 도희는 의붓아버지인 용하로부터 늘 폭행을 당하는 소녀이지만, 마을 사람들은 아무도 그녀에게 도움의 손길을 내밀지 않는다. 파출소장인 영남은 성소수자라는 이유로 여수의 외딴 마을로 전근을 오게 된 여경이다. 소수자로서 둘의 만남은 이 영화의 주된 서사를 형성하며 이들을 중심으로 다양한 갈등이 생겨난다.

정주리 감독은 한 기자에게 자신의 연출의도를 주인과 고양이의 이야기를 통해 설명했다.[36] 쥐를 잡아 주인의 신발 안에 넣는 고양이의 이야기이다. 고양이는 주인에 대한 호의로 벌인 일이지만, 주인에게는 그것이 절대 호의로 느껴질 리가 없다. 누구나 자신의 위치에 따라 소통하는 방식이 다를 수 있다. 따라서 소통은 언제나 어긋나게 되어있고, 그로 인한 갈등은 피할 수 없는 것이다. 감독의 설명처럼 본 영화의 갈등구조를 이해하는 데에는 각각의 인물이 가진 입장, 즉 주체의 포지션이 중요할 수밖에 없다. 주체의 포지션이란 현실에서 인물이 처한 객관적인 위치를 의미하는 것이 아니라 어떤 상황에서 근본적인 환

---

36 김지미, ≪씨네 21≫, http://www.cine21.com/news/view/mag_id/76997, 2014.05.29.

상을 통해 구성

도희의 친엄

께 살 수밖에 없

하면서도 용하

남은 우연히 같

노희에게는 영님

순 사람이었을

희에게는 영님이

버린 것이다. 어

남의 삶으로 삶

서 그녀들 친엄으

기 어머이름다고

사가는 존재로

영남도 도희처럼 선택권이 주어져있지 않은 소수자이다. 영남은 동성애자란 이유만으로 그녀의 선택과는 아무런 상관없이 일방적으로 전출을 강요당해야만 했다. 우울증을 앓고 있는 그녀는 술의 힘을 빌려야만 겨우 잠들 수 있다. 각자의 상처를 가진 두 소수자가 서로를 보듬을 수 있으면 좋은 일이겠지만 두 사람의 동거는 왠지 불안해보이기만 한다. 특히 아버지가 부재한 상황에서 어머니와 딸의 관계를 형성한 두 사람은 어머니와 딸이 겪어야만 하는 문제를 고스란히 떠안을 수밖에 없는 상황으로 보인다. 문제는 바로 이것이다. '두 사람이 서로에게 원하는 것은 무엇인가?' 이것은 두 사람 사이에 존재하는 갈등의 근원이 무엇인가를 파악하는 데에 가장 중요한 물음이 될 것이다.

어머니와 딸과의 관계를 이해하기 위해서는 먼저 여성성에 대한 이해가 필요하다. 이것은 프로이트의 시기부터 정신분석학에서 가장 난해한 문제였다. 이러한 난해함은 오이디푸스 콤플렉스와 거세 콤플렉스의 개념에서 비롯된 것이나 마찬가지이다. 개념들의 중심에는 '남근'이 자리를 잡고 있다. 앞에서 살펴본 것처럼 라캉의 탈오이디푸스적 기획에서 남근은 결여의 상징적 기표로서 팔루스를 의미하는데, 홍준기는 "프로이트 이론에서 남근을 팔루스로 번역한 후 프로이트의 텍스트를 다시 읽으면 매우 흥미로운 내용이 많이 드러난다"[37]고 했다. 이렇게 프로이트의 독법에 탈오이디푸스적인 시각을 도입하는 것은 프로이트가 끝내 명쾌하게 답을 제시하지 못했던 여성성의 문제에서 해결의 실마리가 생겨나게 한다.

오이디푸스 콤플렉스는 프로이트가 이성 부모에 대해 성적으로 욕망하며, 이로 인해 경쟁자로서의 동성 부모를 적대시하는 유아의 성향

---

37 홍준기, 『오이디푸스 콤플렉스, 남자의 성, 여자의 성』, 아난케, 2013, p.127.

못한 어머니에게 실망을 하게 되는 것이다. 앙드레에 따르면 이렇듯 여자아이의 오이디푸스 안에 내재해 있는 어려움은 여자아이가 사랑 대상으로서는 포기해야만 하는 바로 그 요소와의 동일시를 통해서만 어머니를 보존할 수 있다는 사실에 기인한다.[40] 이것이 딸이 어머니에게 가진 양가감정의 근원이다. 딸은 어머니를 원망하면서도 그녀와 동일시하기에, "여자 아이의 경우 아버지는 결코 완전히 어머니를 대체하지 못하며,"[41] 따라서 어머니는 딸의 인간관계의 근저에 영원한 원형으로 남게 된다.

이것을 라캉의 탈오이디푸스적 시각에서 다시 바라보는 것을 시도한다면 여성성이 보다 명확하게 드러날 수 있다. 라캉에게 남근은 해부학적 기관이 아닌 결여의 상징이다. 남아와 여아 모두에게 첫 대상은 어머니로서, 이들은 어머니의 욕망을 통해 결여를 인식하게 되고 자신이 그녀의 결여를 채워줄 수 있을 것이라고 믿는다. 즉 어머니에게 결여된 것은 남근으로서, 자신이 그녀의 남근이 되고자하는 것이다. 그러나 어머니가 바라보는 것은 자신이 아니라 아버지이다. 아이는 자신이 어머니의 남근이 될 수 없다는 사실을 알게 되고, 자신이 어머니에게 줄 수 없는 어떤 것을 아버지가 가지고 있을 것이라고 확신한다. 그것이 남근이다. 아이에게 이제 선택은 아버지의 남근을 가지는 것이다.

라캉에게 남근은 하나의 기표로서, 이것은 아이가 상징계, 즉 언어의 세계로 진입하는 데에 필요한 최초의 기표이다. 라캉은 프로이트의 개념들을 은유로 바라봄으로써 프로이트가 해결하지 못한 문제들

---

40 위의 책, pp.296-297.
41 위의 책, p.292.

이러한 사실을 이해하는 것은 이 영화에서의 (갈등)관계를 이해하는 데에 필수적인 과정이다. 영남이 여성동성애자로서 은정과 맺고 있는 관계와 유사 어머니로서 도희와 맺게 되는 관계가 다르다는 것은 곧 영남의 존재 자체가 두 관계에서 다르다는 것을 의미한다. 즉 주체의 포지션이 달라지는 것이다. 영화의 전반부에서 영남이 상상계에 고착된 주체였다면, 도희와 관계를 맺은 후반부에서 영남은 상징계에 진입한 주체가 된다. 지금부터 이 변화의 과정을 살펴보고자 한다.

영남은 동성 애인인 은정에 대한 상실감을 이기지 못해 우울증에 시달린다. 그녀는 술로 우울증을 간신히 견디고 있다. 프로이트의 저술 「애도와 멜랑콜리」를 참고하자면, 그녀를 괴롭히고 있는 증상은 '멜랑콜리'이다.[43] 애도와 멜랑콜리 모두 대상의 상실이 원인이기에 고통스러운 것은 같지만, 프로이트에 따르면 멜랑콜리가 애도와 결정적으로 다른 한 가지 특성은 "자애심(自愛心)의 추락"이다.[44] 이와 같은 자애심의 추락으로 발생된 열등의식(주로 도덕적인 열등의식)의 망상은 불면증과 단식으로 이어지고, 심리학적으로 아주 특이한 심리상태, 즉 모든 살아있는 것을 생명에 귀속시키려는 본능적 욕구마저도 억누르려는 지경에까지 이르게 된다.[45]

영남이 술을 마시는 직접적인 이유는 불면증 때문이다. 파출소에서 퇴근한 영남은 밥도 먹지 않고 잠을 자기 위해 소주를 글라스에 따라서 들이켠다. 영남이 가진 도덕적인 열등의식은 동성애자라고 비난받

---

43 국내에 번역된 프로이트 전집에서 「애도와 멜랑콜리」는 「슬픔과 우울증」이라는 제목으로 번역되어 있다. (Sigmund Freud, 윤희기, 박찬부 역, 『정신분석학의 근본 개념』, 열린책들, 2012, p239.)

44 위의 책, p.245.

45 위의 책. p.248.

홍준기에 따르면 "여성 동성애에서는 대타자의 상징적 차원이 완화되고 상상적 차원이 더욱 강해진다"고 한다. 누구의 금지도 없이 어머니에 대한 애착을 유지할 수 있는 시기는 아이가 상상계에 머물러 있을 때뿐이라는 것을 상기해본다면 이것은 당연한 사실일 것이다. 따라서 영남이 현재 겪고 있는 멜랑콜리는 그녀가 경찰이라는 법의 금지를 통해 은정을 상실하기 전까지는 상상계적 포지션에 머물러 있었다는 추측을 할 수 있는 근거가 된다. 은정이 다시 나타났을 때 영남은 금지를 받아들이려고 하지만 결국은 다시 그녀와 키스를 한다. 이것은 영남이 법을 받아들이는 척 가장했을 뿐, 법으로 인해 주체의 포지션을 바꾼 것은 아니며, 다른 여성들과의 관계에서 그녀의 포지션은 아직도 상상계에 머물러 있음을 보여주는 것이다.

영남에 비하여 도희는 상징계에 이미 진입한 아이이다. 그녀가 상징계적 주체라는 사실을 명확하게 알 수 있는 근거는 그녀의 환상이 작동하고 있다는 것이다. 영남의 환상을 엿볼 수 있는 장면이 전혀 등장하지 않는 것과는 대조적으로 도희는 술에 취한 채 자신의 환상을 드러낸다. 주체는 환상 속에서 타자를 만들어내고, 그것을 통해 욕망할 수 있게 된다. 도희는 영남과 연락이 닿지 않자 두려워한다. 상징계 속의 인간은 타자의 인정을 통해서만 주체의 자리를 지켜갈 수 있다. 도희는 유일하게 자신을 인정해주는 한 사람인 영남이 사라지면 그녀의 주체로서의 자리 또한 사라지게 될 것이라는 불안을 느낀다. 그녀는 이러한 불안을 환상으로 방어한다.

영남이 집으로 돌아왔을 때 도희는 영남의 경찰 제복을 입고 자신에게 매질을 하고 있다. 도희는 자신의 머리를 벽에 부딪치며 "맞아야

분일 뿐이다. 여기에서 라캉은 그 너머의 것을 겨냥한다.[50] 라캉은 이 것을 일종의 집합 논리로 바라보려고 시도한다. 이에 따른 하나의 명제는 다음과 같다. '모든 남자는 거세의 법칙에 종속된다.' 그러나 이 집합 논리가 만들어지기 위해서는 경계를 그어줄 수 있는 예외가 있어야 한다. 따라서 두 번째 명제는 '거세의 법칙에 종속되지 않는 어떤 남자가 있다.'가 된다. 이 예외가 바로 모든 여성을 소유하던 아버지이다.

프로이트는 먹는 것이 금지되어 있는 동물을 죽여서 함께 나누어 먹고, 다시 그것의 상실을 애도하는 원시부족의 관습이 아이가 아버지에 대해 가지는 콤플렉스와 흡사하다는 것을 발견하였다. 이것은 "오늘날의 어린 아이들에게서 자주 나타나는 아버지 콤플렉스의 특징이자, 성인의 삶을 통해서도 지속적으로 나타나는 감정의 양가적 태도"이다.[51] 아들들은 아버지를 죽여서 잡아먹고, 아버지가 독점하고 있던 여자들을 나누어 가진다. 동시에 그들은 아버지를 죽인 죄의식을 공유하며 단합하고 그를 토템의 형태로 숭배한다. 라캉의 성별 구분 공식에서 남성은 보편과 예외로 분열되어 있다. 즉 남자가 보편성, 전체성에 도달하는 것은 보편이 예외를 포함하고 있기 때문이다.[52]

반면, 여성은 거세의 법칙이 적용되지 않는 예외가 존재하지 않기에 오히려 남성과 달리 보편성의 논리를 따르지 않는다. 홍준기는 "여자는 개별적 주체든 집합적으로든 통일성, 보편성 혹은 총체성을 보장하는 논리를 갖고 있지 않으며, 따라서 비보편성, 비총체성의 논리에

---

50 라캉은 토템과 타부에 프레게의 명제의 논리학과 칼 슈미트의 정치의 신학을 붙여서 '성별화(sexuation)의 공식'을 기획하였다.
51 Sigmund Freud, 이윤기 역, 『종교의 기원』, 열린책들, 2013, p.214.
52 홍준기, 『오이디푸스 콤플렉스, 남자의 성, 여자의 성』, 아난케, 2013, p.268.

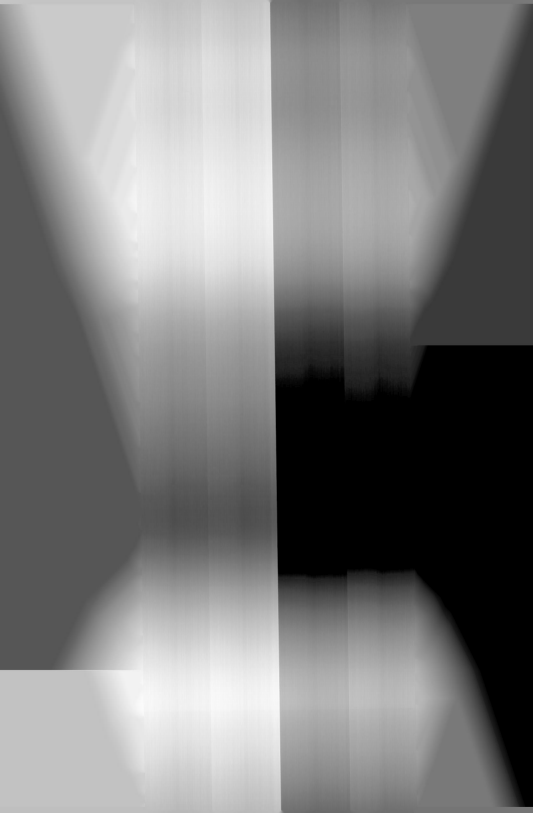

오버 더 숄더 쇼트는 등장인물이 거울을 통해 자신의 모습을 비추어보는 쇼트를 연상하게끔 한다. 인물이 거울을 보는 쇼트에서는 인물의 등이 카메라 앞에 걸리고, 인물의 전면은 거울에 비추어진 이미지를 통하여 드러난다. 인물의 뒷모습은 인물의 앞모습이 거울 이미지라는 사실을 확인해주는 장치이다. 마찬가지로 오버 더 숄더 쇼트에서의 구성에서도 등장인물의 뒷모습은 앞의 인물과의 관계를 나타내는 데에 중요한 요소이다. 따라서 두 사람의 대화에서 오버 더 숄더로 구성된 쇼트와 역쇼트의 조합은 서로가 서로에게 거울 이미지가 되고 있다는 것을 관객들에게 암시할 수 있다. 관객이 이러한 쇼트를 통해 영남과 동일시하며 느끼게 되는 사실은 두 사람의 관계가 거울적인 관계, 즉 상상계적 관계를 유지하고 있다는 것이다. 그러나 도희는 영남을 거울적인 관계로 대하지 않는다.

그림 4-10. 도희와 영남의 목욕 씬 쇼트/역쇼트들

도희와 영남이 함께 욕조 안에서 목욕을 하는 장면에서 도희는 영

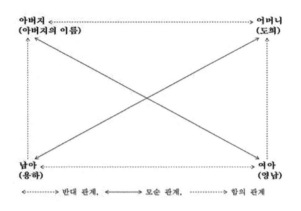

표 4-6. 〈도희야〉의 수정된 유사가족 관계

정신분석학에서 가족 관계의 모든 갈등은 아이를 중심으로 구성되는 것이다. 정신분석학의 관점에서 정상적인 성인이란 유아 시절에 부모와의 사이에서 겪었던 갈등을 통해 그의 무의식과 욕망을 구성하고, 다시 이를 통해 다양한 자극으로부터 자신을 방어할 수 있는 인간을 의미한다. 도희는 맞는 존재일지라도 심각한 내적 갈등을 가지고 있지 않다. 그녀가 회피하고 싶은 것(구타)과 그녀가 욕망하는 것(사랑받기)의 경계는 확실하며, 앞으로 변할 성질의 것도 아니다. 그러나 영남은 도희를 구타로부터 지켜주고 있는 존재이긴 하지만 정작 자신이 심한 내적 갈등(멜랑콜리)을 겪고 있다. 그녀는 영화 전체를 통해 퇴행 상태로 남을 것인지, 상징계적 주체로 되돌아갈 것인지를 선택해야만 하는 기로에 서서 갈등을 한다. 따라서 영화의 주된 갈등은 영남을 주체로 하여 구조화되며, 영화의 주된 서사 또한 영남을 중심으로 읽혀야 한다.

욕망할 수 있다는 것은 아버지의 이름에 의해 성공적으로 거세가

한다. 무엇을 원하는지 알 수 없는 타자는 주체에게 언제나 위협이 되는 괴물 같은 존재일 수밖에 없다. 물론 권의경은 그런 뜻으로 말을 한 것이 아니겠지만, 영남은 그의 말을 들으며 깨닫는 바가 있는 듯 급히 차에서 내려 다시 도희에게로 돌아간다. 영남은 바닷가에 홀로 서 있는 도희에게 다가가 "나하고 갈래?"라고 묻는다.

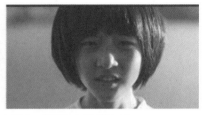

그림 4-11. 결말부의 영남과 도희 시점의 쇼트/역쇼트

그림 4-11처럼 이 지점에서 둘을 보여주는 쇼트와 역쇼트는 더 이상 오버 더 숄더 쇼트가 아니다. 두 쇼트를 봉합하고 있는 방식은 두 사람이 각각 분리된 서로의 시점 쇼트이다. 영남은 아직도 도희의 욕망 앞에서 불안해하고 있을 것이다. 그러나 더 이상은 상상계에 머무르지 않고 상징계에서 주체가 되기로 결심한 영남은 괴물 같은 타자의 욕망 앞에 홀로 설 수 있어야만 한다. 쇼트와 역쇼트로 봉합된 두 사람의 시점 쇼트는 그들이 이제는 거울 이미지를 통한 상상적 오인 관계가 아니라 각각 독립된 상징계적 주체로서 관계를 맺고 있음을 의미한다. 이것은 도희가 변화했기 때문에 설정된 새로운 관계가 아니다. 도희로 인해 영남에게서 일어난 내적 변화에서 기인한 관계이다. 따라서 영남이라는 주체의 갈등을 중심으로 한 영화의 서사 구조를 행동자 모델로 도식화하면 다음과 같다.

는 소통에 있어서 심각한 문제를 야기할 수밖에 없으니 갈등은 필연적인 것이다. 주인과 고양이의 우화처럼 말이다.

4. 남근을 가진 어머니의 환상, 〈돈의 맛〉

영화 〈돈의 맛〉은 임상수 감독의 2012년 작품으로, 그의 전작인 리메이크작 〈하녀(2010)〉의 모티브를 이어서 만든 작품이다. 차우진은 이 영화를 가진 자들에 대한 "절망적인 패배감을 초현실적인 판타지로 승화"시킨 작품이라고 평가한다.[54] 그러나 그가 언급한 판타지, 즉 환상에 대한 관점으로 조금 더 면밀하게 이 영화를 바라본다면 이것은 가진 자들에 대한 영화가 아닌, 그들이 환상 속에서 가졌다고 믿는 것, 돈 자체에 대한 영화라는 것을 알 수 있다. 왜냐하면 영화에 등장하는 인물들의 모든 포지션이 '돈'이라는 기표에 의해 정해지기 때문이다. 따라서 돈 기표는 영화에서 인물들보다 더욱 지배적인 위치를 점유하고 있다.

영화는 표면적으로는 엄청난 재력을 가진 노회장의 딸 백금옥을 중심으로 남편인 윤회장, 아들 윤철, 딸 윤나미가 이루고 있는 가족의 이야기가 주된 서사인 것처럼 보인다. 그러나 갈등 구조를 중심으로 서사를 분석해보면 가족 간의 갈등은 영화의 주된 모티브를 이루지 못한다는 사실이 드러난다. 영화 〈하녀〉에서 서사를 끌고나가는 주체가 가족 구성원이 아닌 하녀 '은이'였던 것처럼 이 영화에서도 서사의 주

---

54 차우진, ≪씨네 21≫, http://www.cine21.com/news/view/mag_id/70403, 2012.07.13.

만족을 대체하는 남근은 주이상스를 제공하지만 기의가 부재하는 기표이기 때문에 환유라는 연쇄작용을 통해서만 주체가 욕망의 회로를 유지할 수 있게 한다. 영화에서 돈은 남근의 환유적인 기표로서 절대적인 권력을 가진 것은 그것을 소유했다고 믿는 윤회장도, 백금옥 여사도 아닌, 돈이라는 기표 그 자체이다.

돈은 주체의 존재를 지지해줄만한 아무런 실재적 가치도 지니고 있지 않은 '숫자가 기입된 종이'에 불과하다. 주체는 환상 속에서 그들이 욕망하는 대상에 돈이라는 표상을 입힘으로써 그것에 절대적인 권력을 부여한다. 그러나 주체는 실체가 없는 환상의 대상에 권력을 부여함으로써 그것과 동일시하고 있는 자신의 존재를 무화시킬 위기에 빠트리게 된다. 영작이 돈이라는 권력으로서의 기표를 거부한다는 사실은 아직 그가 상징의 세계(금옥의 가족)에 진입하지 않았음을 의미한다. 아직까지 그는 금옥의 가족에게 타자일 뿐이다.

그랬던 영작이 욕망의 회로를 가동시키고 가족 내에서 포지션을 차지하게 되는 계기는 바로 금옥과의 성관계이다. 윤회장의 외도가 영화의 주된 갈등은 아니지만 그의 외도는 영작을 중심으로 한 주된 갈등을 촉발시키는 기폭제가 된다. 남편의 외도를 목격한 금옥은 영작을 압박하여 강제로 성관계를 맺는다. 영작은 그 일로 사직을 하려고 하지만 금옥은 허락하지 않는다. 금옥은 오히려 영작을 자신의 곁에 묶어두기 위해 그에게 권력을 부여한다. 냉혈한인 노회장의 딸 금옥과 관계를 맺은 영작이 달아나지 않는 한 안전을 유지하는 길은 그녀의 소유로 남아있는 것이다. 생존을 위해 금옥의 품 안으로 들어서는 대신, 영작은 그녀의 욕망의 대상으로 남아있어야만 한다. 그런 영작은 금옥의 욕망 앞에서 두려워하며 "강하다. 진짜 강해."라고 중얼거린

상상적으로 봉합하지만, 이후에도 여전히 어머니와 결합되어 있는 상태이다. 오이디푸스 콤플렉스의 첫 번째 단계는 바로 이 단계로서 아이는 어머니의 욕망의 대상이 됨으로써 자신이 그녀의 가장 중요한 존재임을 확인받고자 한다. 이것은 아이의 생존을 위해 필수적인 선택이다. 어머니는 젖을 제공해주는 존재이기 때문에 아이는 어떻게든 그녀가 자신을 포기하지 못하도록 노력해야만 한다. 금옥과 영작의 관계가 정확하게 이러한 모자 관계와 일치한다.

클라인의 개념인 '투사적 동일시'는 라캉의 관점에서 아이가 이러한 목적을 이루기 위한 노력의 대표적인 예로 볼 수 있다. 헤밀튼에 따르면 투사적 동일시에서는 자기의 어떤 측면이 먼저 대상에 투사된다. 그런 다음 개인은 대상 안에서 투사된 자기의 측면을 통제하려고 시도한다는 것이다.[57] 최영민은 "이때 투사자는 적어도 어떤 면에서 자기 표상과 대상 표상 사이의 경계가 매우 모호한 심리적 수준에서 기능하고 있다"[58]는 주장을 펼친다. 또한 낸시 맥윌리엄스(Nancy McWilliams)도 투사적 동일시에서는 동시에 투사와 내사라고 부르는 과정들이 출현한다고 역설하고 있다.[59] 따라서 이러한 과정에서는 두 사람의 감정적 경계가 모호해진다. 다시 말해 아이가 자신 안의 불쾌한 것들을 어머니에게 투사시키고 그녀가 자신과 비슷한 감정을 느끼도록 만드는 행위는 자신이 어머니와 분리되지 않았음을 상상적으로

---

57 N. Gregory Hamilton, 김진숙, 김창대, 이지연 역, 『대상관계 이론과 실제: 자기와 타자』, 학지사, 2013, p.129.

58 최영민, 『쉽게 쓴 정신분석 이론: 대상관계이론을 중심으로』, 학지사, 2011, p.342.

59 Nancy McWilliams, 정남운, 이기련 역, 『정신분석적 진단: 성격구조의 이해』, 학지사, 2012, p.158.

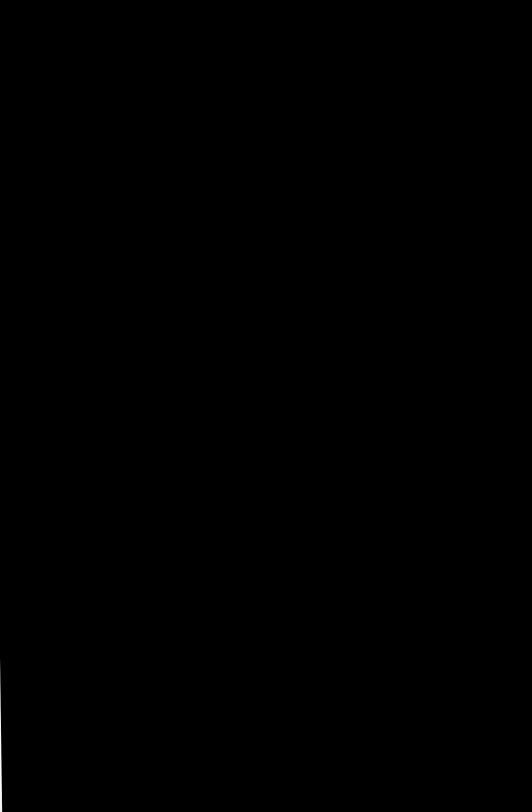

있다는 것이고, 이러한 사실에 전제되어야할 것은 아이가 어머니의 욕망의 대상이 될 수 없음을 이미 어느 정도 감지하고 있다는 것이다. 만약 그러한 감지가 없었다면 아이는 어머니와의 분리를 고려조차 하지 않았을 것이다. 따라서 이 단계에서도 이미 어머니의 욕망의 대상인 아버지의 존재가 남근을 통해 암시되어 있다.

어머니와 분리되지 않으려는 아이의 처절한 시도는 물론 생존을 위한 어쩔 수 없는 선택이겠지만, 만약 아이가 이 단계에만 머물러 있게 된다면 독립된 주체로서 살아갈 수 없을 것이므로, 생존을 위한 두 번째 선택이 아이에게 주어져야만 한다. 이 선택의 계기가 되는 것이 바로 아버지의 출현이다. 조엘 도르(Joel Dor)는 "오이디푸스 콤플렉스의 강력한 시기는 그(아이)가 그때까지 어머니의 욕망 대상이라고 가정했던 것과 관련해 어머니의 욕망의 의미를 아이에게 전달한다"[60]고 했다.

이것이 오이디푸스 콤플렉스의 두 번째 단계이다. 이것은 아이가 어머니의 욕망이 아버지의 법에 종속되어있다는 사실을 깨닫는 것으로, 어머니는 남근을 가지고 있지 않으며, 자신 또한 그녀의 남근이 될 수 없음 인정하는 단계이다. 프로이트의 개념인 '거세'가 은유적으로 작동하는 지점인 것이다. 도르에 따르면 "아버지가 법을 만드는 사람이라는 것을 인정하는 어머니와 관련해 아버지가 도입하는 중재는, 아이로 하여금 아버지를 한 장소, 즉 아버지가 팔루스의 보관인으로만 등장할 수 있는 한 장소로 아버지를 승격시키도록 해준다"[61]는 것이다. 다시 말해 아버지는 아이를 어머니로부터 분리시켜주는 기능을 하는

---

60 Joel Dor, 홍준기, 강응섭 역, 『라캉 세미나, 에크리 독해1』, 아난케, 2009, p.131.
61 위의 책, p.139.

있는 기표에 집착을 한다. 그것이 바로 돈이다. 영작은 금옥과 유사 모자 관계를 이룬 다음부터, 첫 장면에서와는 달리 금고에서 돈다발을 주머니에 마구 꽂아 넣는다. 나미가 영작에게 "주영작씨, 좀 변하셨어요."라고 말하는데, 그녀도 영작의 이러한 변화를 느꼈기 때문일 것이다.

영작이 돈다발에 집착하는 이유가 금옥에게서 느끼는 공포 때문이라는 사실은 명확하지만, 두 가지의 설명이 가능하다. 하나는 영작이 자신과 아버지의 기표(남근 기표)인 돈과 동일시함으로써 어머니와의 분리를 시도한다는 것이다. 그림 4-13에서처럼 영작의 신체를 비추고 있던 거울을 치우면 그 뒤에 쌓여있는 돈이 모습을 드러낸다. 영작이 돈과 동일시하려고 한다는 설명의 관점에서는 이와 같은 미장센이 의도하는 바가 의미심장할 수밖에 없다.

그림 4-13. 거울 뒤에 가려졌던 돈이 드러나는 미장센

다른 하나는 영작이 유사 어머니인 금옥에게 느끼는 공포에 대한 방어로 아버지를 대신할 수 있는 기표를 어머니와 자신 사이에 끼워 넣으려고 한다는 것이다. 핑크에 따르면 공포증은 아버지의 금지나 이름이 제대로 작동하지 않아 다른 것을 가지고 엄마의 욕망을 중화시켜

잃기 전의 상황을 살펴봐야만 한다. 맹정현에 따르면 어떠한 대상이 나에게 중요한 의미를 갖게 되는 것은 내가 그 대상에게 남근적 가치를 부여하기 때문이라고 한다.[66] 다시 말해 주체가 욕망하는 대상은 상징계에서 결여된 것이기에, 그것은 표상될 수 있는 것이 아니다. 주체는 환상 속에서 그것을 표상하기 위해 대리 표상으로서 남근이라는 기표를 이용한다. 따라서 남근이란 주체가 소중히 생각하는 것의 대명사 정도로 이해할 수 있다.

맹정현은 "그러니 남근이라는 단어가 표현할 수 있는 경우들은 무궁무진하다. 어떤 대상이 남근적인 가치를 갖게 되는 방식은 환상의 형태에 따라, 환상의 구조에 따라 다양하다"[67]고 말한다. 에바를 만나기 전 윤회장은 남근적 가치를 돈에 부여했다. 그가 금옥과 결혼하고, 모욕적인 결혼생활을 버텼던 이유가 돈 때문이었다는 사실에서도 알수 있듯이 그의 인생에서 돈은 그의 전부였다. 그러나 윤회장의 남근 위치에 있던 돈을 에바가 대체하게 된 순간이 있었고, 이전까지 윤회장에게 돈이 그의 전부였던 것처럼 에바가 그의 전부가 된 것이다. 즉 에바는 윤회장의 모든 것이다. 그녀를 잃는 것은 자신을 잃는 것과 똑같기에 그가 자살을 택한 것은 당연한 일이다.

한편 윤철은 도착증자의 포지션을 취한다. 라캉에 따르면 도착증자는 어머니가 욕망한다고 추측되는 상상적인 대상과 자신을 동일시한다는 것이다.[68] 이 설명은 아이가 어머니와 분리되기 전 어머니의 남근

---

66 맹정현, 『멜랑꼴리의 검은 마술: 애도와 멜랑꼴리의 정신분석』, 책담, 2015, p.180.

67 위의 책, p.181.

68 Jacques Lacan, *Ecrits*, trans. Bruce Fink, New York: W. W. Norton & Company, Inc., 2006, p.463.

자인 에바와 같은 자리에 있었기 때문에 그녀의 상실은 곧 자기 자신의 상실이었던 것이다. 윤철은 대상 a가 타자인 금옥에 의해 소유된 대상, 즉 돈이라고 확신한다. 그리고 돈의 자리에 자신을 가져다 놓음으로써 그는 타자가 원하는 것을 자신이 완벽하게 만족시키고 있다고 믿는다. 그는 돈을 얻기 위해 다양한 범죄를 서슴없이 저지르면서도 그것이 과연 자신이 진짜 원하는 것인가를 절대 의심하지 않는다. 왜냐하면 돈이 바로 자기 자신이기 때문이다. 윤철이 윤회장의 포지션과 다른 점은 윤회장은 주체로서 대상인 돈을 삼킴으로써 그것과 하나가 되었다면, 윤철에게는 금옥(타자)이 욕망하는 대상인 돈이 그냥 그 자신이다.

이러한 비교에서 주의할 점은 그들이 실제 인물이 아니기에, 주체의 포지션을 가늠해보는 시도를 진단과 같은 행위로 보아서는 안 된다는 것이다. 단지 그들이 어떠한 포지션에 더 가까우냐를 판단해봄으로써 인물들이 가진 행동의 각각 다른 동기를 이해하는 데에 도움을 얻고자하는 것이다. 이 세 가지 범주에서 알 수 있는 보다 중요한 사실은 주체의 포지션을 결정하는 것은 타자와의 관계라는 것이다. 좀 더 근본적으로 말하자면, 모든 관계의 원형은 어머니와의 관계라고도 할 수 있다. 즉 아이가 어머니와 맺은 최초의 관계를 어떻게 청산하느냐에 따라 주체가 가진 정신의 건전성이 정해진다.

영화에서는 세 남자들이 금옥과 각기 다른 포지션에서 관계를 맺고 있으며, 그것으로 인해 인물들의 운명이 정해진다. 이 지점에서 주목해야할 점은 금옥에게 유일하게 종속되지 않는 한 인물이 존재하는데, 그것이 바로 딸인 나미라는 것이다. 어머니의 소유욕이 지나치게 강하고 아버지의 권위가 약화된 상태에서 영작이 금옥과의 갈등을 해소할

어렵다는 사실을 지적한 것이다. 사례를 금옥과 나미 사이의 관계로 국한시킨다고 해도, 프로이트의 설명은 어딘가 부족해 보인다. 금옥은 남근을 대신할 수 있는 돈이라는 기표를 나미에게 풍부하게 제공하고 있는 어머니이다. 상식적이라면 어머니로서 모든 것을 부족함 없이 주는 금옥을 나미가 원망하는 것은 이해가 되지 않는 것이 당연하다. 이러한 사실만 보아도 어머니와 딸 사이에는 프로이트가 설명하지 못한 무언가가 더 있다고 볼 수밖에 없다. 따라서 프로이트에게서 이해되지 못한 부분은 클라인과 라캉의 설명을 참조하여 보충할 필요가 있다.

클라인에게 어머니는 아이의 환상 속에서 아버지와 결합한 존재이며, "대상(젖가슴) 속에 남근이 존재한다는 사실"[74]을 정신적 모델의 출발점으로 삼았는데, 그녀에 따르면 여아는 어머니에게서 아버지의 남근을 빼앗기를 욕망한다는 것이다.[75] 다시 말해서 여자아이가 어머니에게 느끼는 감정은 프로이트의 주장처럼 원망이 아닌, '시기심'[76]이라는 것이다. 이런 시각으로 본다면 금옥과 나미의 갈등이 비로소 이해가 된다. 나미는 아버지에게 애착하는 모습을 자주 보여주는데, 그러한 아버지를 소유한 것은 어머니이다. 다시 말해 금옥은 '남근을 소유한 어머니'이다. 금옥은 윤사장을 돈으로 묶어두고 자신에게 완벽하게 종속시키려고 한다. 이것은 금옥이 남자들을 소유하는 방식이다. 윤사장은 "그만 괴롭히고 놔줘 이제"라고 그녀에게 부탁한다. 영작은 금옥의 소유욕 때문에 답답해하며 그녀를 떠나면 "숨을 좀 쉴 수 있을 것 같아요"라고 말한다. 윤철은 그녀가 욕망하는 대상의 자리에 자신

---

74 위의 책, p.236.

75 위의 책, p.226.

76 클라인은 후반기에 아이의 시기심에 의한 갈등과 그것의 해소를 중심으로 그녀의 논문 「시기심과 감사」를 집필했다.

특징을 지적하고 있다. 그는 "여자는 각각 개별자로서 존재하며 팔루스의 작용에 종속되지 않는 다른 어떤 부분을 자기 속에 가지고 있다. 따라서 여자만이 지배적, 팔루스적 질서를 넘어설 수 있다"고 주장한다.[77] 따라서 나미는 돈이라는 기표에 종속되지 않을 수 있기에, 그 기표를 지배하고 있는 금옥으로부터 자유로울 수 있는 것이다. 이러한 나미는 영작이 갈등을 해소하는 데에 가장 중요한 조력자가 된다.

영작에게 필요한 것은 금옥이 자신을 옭아매는 도구로 이용하고 있는 돈이라는 기표를 넘어서는 것이다. 다시 말해 영작의 환상 속에서 남근을 대신하고 있는 돈이라는 기표, 그리고 그것을 소유한 금옥을 넘어서야만 그는 다른 것을 욕망할 수 있다. 영작처럼 특정 기표에 종속되어 있는 주체가 신경증을 극복할 수 있는 방법은 환상을 횡단하는 것이다. 핑크에 따르면 환상을 넘어서면서 주체는 그의 존재의 원인 (타자의 욕망: 대상 a)을 주체화하며 욕망의 변증법적인 운동을 성취한다는 것이다.[78] 영작이 환상을 횡단하는 방법은 자유로운 욕망을 통해 돈이라는 기표가 다른 기표로 환유될 수 있도록 허락하는 것이다.

나미는 영작을 유혹함으로써 그로 하여금 돈이라는 기표가 아닌 타자로서의 인간을, 그리고 그 너머의 것을 욕망할 수 있도록 인도한다. 영작은 나미의 도움으로 돈에 대한 집착을 벗어나 자신의 윤리적인 신념에 따라 에바의 시신을 필리핀에 사는 아이들에게 가지고 간다. 이것은 안티고네의 경우를 떠올리게 한다. 오이디푸스의 딸인 안티고네는 왕인 크레온의 금지에도 불구하고 오빠의 시신을 묻어주고자 하는 욕망을 죽음 앞에서도 포기하지 않는다. 그녀는 끝까지 욕망을 포기하

---

77 홍준기, 『오이디푸스 콤플렉스, 남자의 성, 여자의 성』, 아난케, 2013, p.272.
78 Bruce Fink, 위의 책, p.336.

자유로워진다. 영작이 돈을 포기하면서 얻게 된 것은 '자유'이다. 그의 대사처럼 '숨을 쉴 수 있는 자유', 살아있을 수 있는 자유, 즉 욕망할 수 있는 자유이다.

만들고 싶은 감독의 욕망은 원작의 서사 구조를 버리고 처음부터 차례차례 이야기를 펼치게 한다. 그러나 허지웅은 소설과 영화의 차이를 아쉬워하면서도 "둘은 어디까지나 다른 영역에서 다른 맥락으로서 거론되고 평가받아야만 한다"[1]고 지적했다. 더욱이 본 연구의 목적에 부합하기 위하여서는 소설이라는 원작을 배제하고 영화만을 가지고 논할 필요성이 있다. 작가와 감독이 가지는 욕망이 다르기 때문이며 그에 따라 수용하는 독자와 관객의 욕망도 달라지기 때문이다.

소설 『은교』가 적힌 원고지 자체가 하나의 기표라면 소설의 내용은 그것이 지시하고 있는 기의이다. 영화에서 소설의 내용이 밝혀지지 않는 것처럼 기표의 이면에 존재하는 어떤 의미 보다 기표 자체가 어떻게 주체를 드러내고 있는지가 더 중요한 것이 상징계의 특징이다. 다시 말해 기표의 이면에는 아무런 기의도 존재하지 않을 수 있다는 것이다. 그런 의미에서 라캉은 '텅 빈 말'과 '꽉 찬 말'을 구분하기도 한다.[2] 김석은 "꽉 찬 말은 언술 행위의 주체를 드러내는 말이고, 텅 빈 말은 자아가 드러나면서 욕망의 주체가 소외되는 말이다. 텅 빈 말에서 주체는 자신의 욕망을 마치 타인의 욕망을 말하는 것처럼 공허하게 이야기한다"[3]고 설명하고 있다. 따라서 영화의 분석에서 다루어야 하는 것은 인물들이 소설 『은교』를 중심으로 구성하고 있는 언어 차원의 관계가 아니라 그 소설을 통해 드러나고 있는 언어에 의해 결여된 지점, 즉 인물들이 가진 욕망의 관계이다.

---

1 허지웅, 네이버 영화, http://movie.naver.com/movie/bi/mi/point.nhn?code=88295.

2 Jacques Lacan, *Ecrits*, trans. Bruce Fink, New York: W. W. Norton & Company, Inc., 2006, p.211.

3 김석, 『에크리: 라캉으로 이끄는 마법의 문자들』, 살림, 2009, p.176.

동은 언제나 부분 충동이며 충동의 대상 또한 부분만을 겨냥한다. 주체가 충동을 자신에게 속하는 것으로 만들 수 있는 것은 환상과 욕망의 기제가 작동하기 때문이다. 그러나 충동의 대상인 대상 a는 환상 속에서만 존재할 수 있기에, 욕망은 충동과는 달리, 대상 a를 실재의 차원에서 겨냥할 수 없다. 따라서 본 영화의 갈등을 만들어내고 있는 무의식의 구조를 주체의 수준에서 구성해내기 위해서는 그들이 영화 속에서 자신의 것으로 만들려고 끊임없이 노력하는 환상과 욕망을 다루어야만 한다.

이적요는 시인이다. 시는 언어 중에서 가장 상상적인 것과의 균열이 적은 언어이다. 언어로 표상되기 어려운 감정, 느낌, 욕망 등의 이미지를 시라는 언어를 통해서는 어느 정도 표상할 수가 있다. 다시 말해 시인은 글을 통해 자신의 욕망에 가장 근접할 수 있는 존재이다. 이 영화에서 갈등의 중심이 되는 텍스트의 장르는 소설임에도 이적요가 시인으로 등장하는 데에는 그러한 의미가 담겨있을 것이다. 이적요에게는 서지우라는 젊은 제자가 있다. 서지우는 시를 쓰지 못한다. 서지우가 글을 쓰는 행위는 자신의 욕망에 접근하려는 시도가 아니며 따라서 그는 자신의 욕망을 알지 못한다. 대신 서지우에게는 자신이 되고자 하는 이상적인 모델이 존재하는데, 그것이 바로 이적요이다. 이적요는 서지우에게 자아 이상, 즉 아버지로서의 포지션을 점유하고 있다. 실제로 서지우는 이적요를 '아버지와 같은 분'이라고 칭한다.

이 둘 사이에 은교라는 여고생이 나타난다. 이적요는 은교를 욕망한다. 그리고 그것을 글로 써낸다. 서지우는 그 글을 훔쳐서 읽고 원고가 자신의 것이라고 착각하는 상황에까지 이른다. 다시 말해 서지우는 은교를 욕망하는 이적요의 욕망이 자신의 욕망이라고 착각하게 되는

고자 하며, 그것은 선망하는 어머니를 내 것으로 만드는 가장 합리적인 방법이다. 따라서 본 영화에서 갈등이 극대화되는 지점은 두 사람 사이에 어머니의 그림자가 드리우면서부터이다. 이적요와 서지우의 유사 부자 관계에서 은교가 등장하지 않았을 때에는 외적으로 어떠한 갈등도 발생되지 않았다. 이 지점에서 존재하는 유일한 갈등은 서지우 내면의 갈등으로, 자아 이상인 아버지의 자리에 올라서지 못하는 자책뿐이었다. 그리고 두 사람 사이에 은교가 등장한다. 은교로 인한 갈등은 두 가지 국면으로 나눌 수 있다.

첫 번째는 서지우와 은교 사이에서 일어나는 '형제 콤플렉스'로 인한 갈등이다. 이 국면에서는 아직 기호학적 사각형에서 어머니의 자리가 비어있으며 서지우는 은교가 단지 자신의 동류로서 아버지의 사랑을 나누어 가져야 하는 대상일 뿐이다. 따라서 이 지점에서 서지우는 은교에게 질투를 느끼고, 그것이 서지우와 은교 사이의 표출된 갈등으로 작용한다. 이러한 갈등을 은유적으로 보여주는 장면이 은교가 이적요에게 샌드위치를 만들어주는 장면이다. 서지우는 은교에게 이적요가 빵을 먹지 않는다고 말한다. 그러나 이적요는 은교가 만들어준 샌드위치를 먹으며 "이건 빵이 아니라 샌드위치다"라고 말한다. 이것은 같아도 같지 않은 형제간의 전형적인 갈등을 보여주는 은유이다. 형제는 동류이기에 가족 관계에서 같은 위치를 점유하게 되며, 이러한 사실은 선택을 전제로 하게 된다.

형제는 얼굴도, 성별도, 나이도 다르다. 심지어 쌍둥이일지라도 둘은 같은 개체가 아니다. 그러나 부모의 사랑을 독차지하고 싶어 하는 마음에서 본다면 나와 똑같은 포지션에서 경쟁하고 있는 '다른 나', 즉 동류일 뿐이다. 상점에 진열되어 있는 물건으로 이야기하자면 같은 품

의는 "신체 기관 내에서 발생하여 정신에 도달하는 자극의 심리적 대표자"[6]이다. 충동의 운명은 충동의 만족을 가로막는 장애물의 방해 속에서도 그 모습을 바꾸어가며 어떤 식으로든 만족을 이루어내는 것이다. 완전히 반대 방향으로 전환하거나 자기 자신으로 회귀할 수도 있고, 억압하거나 승화를 시킬 수도 있다.

라캉의 개념 중에서 충동과 욕망은 반드시 구분되어야 하는 개념인데 욕망은 상징계에서 끊임없이 대상 a를 추구하지만 환상 속에서만 포착될 뿐, 영원히 닿을 수 없기에 만족될 수 없는 결핍으로 남는 반면, 충동은 대상 a의 주위를 돌며 어떤 식으로든 만족을 이루어낸다. 그러나 대상 a가 충동의 확정된 대상은 아니기에 다시 만족을 얻기 위해 끊임없이 회귀한다. 즉 충동은 반복운동을 하는 것만으로도 만족을 얻을 수가 있다는 것이다. '충동의 역설'이란 이렇게 확정된 대상이 없음에도 만족을 얻을 수 있는 충동의 특성을 의미하는 것이다. 대상 a의 원형은 어머니의 젖가슴이라고 할 수 있는데, 이것이 상실된 이후에는 영원히 표상이 불가능한 대상으로 남게 된다.

라캉은 『세미나 11』에서 충동이 어떻게 작동하는가와 더불어 그것이 주체의 수준에서 어떻게 욕망이 되는가에 대하여 설명하려고 했다. 아이는 타자의 언어를 배우면서 자신에 대한 표상화가 이루어지는데, 언어에는 근본적으로 결여가 존재하기 때문에 주체에게서 표상될 수 없는 부분이 생겨나게 된다. 이 표상될 수 없는 부분이 바로 충동이다. 그리고 충동의 대상은 주체도 가지지 못하고 대타자의 담론에도 속해 있지 않은 어떤 것으로, 이것이 바로 대상 a이다. 주체는 표상될 수 없

---

6 Sigmund Freud, 윤희기, 박찬부 역, 『정신분석학의 근본 개념』, 열린책들, 2012, p.107.

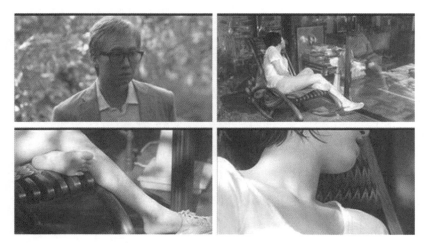

그림 5-1. 이적요의 시선과 은교의 신체 쇼트/역쇼트

영화 전체를 통해 이적요의 시선과 동일시된 카메라의 시선은 자주 은교의 신체 부위들을 겨냥한다. 이적요의 시선은 은교의 신체를 발, 목, 허리, 팔 등으로 잘라낸다. 물론 이것은 이적요의 환상이 작동하기 이전에 일어나는 일이다. 그러나 서지우의 시선과 봉합된 역쇼트들에 서는 은교의 파편화된 신체가 나타나지 않는다. 따라서 은교에게 충동 을 느끼고 있는 것은 이적요뿐이라는 것을 알 수 있다.

그림 5-2는 역시 이적요의 시점 쇼트로 보이는 은교의 부분화된 신체이다. 이러한 시점 쇼트들이 반복해서 등장하는 이유는 이적요의 시점에 동일시된 관객들이 그의 시관 충동을 공유하기를 바라는 감독 의 의도 때문일 것이다.

이적요의 환상 속에서 그의 시선과 봉합되는 역쇼트에 드러나는 것은 더 이상 은교의 신체 부위가 아니라 은교라는 통합된 타자이다. 타자가 존재하기에 이적요라는 주체는 환상 속에서 비로소 그 타자를 욕망할 수 있게 된다.

그림 5−4. 환상 속 이적요와 시점 속 은교 쇼트/역쇼트

보통 충동의 만족에는 행위가 따르지만 환상은 지적인 활동임에도 불구하고 충동을 만족시키기 때문에 매우 특이한 부분이다. 이 말은 곧 충동의 목적과 대상이 환상의 내용물에 반영되어 있다는 의미가 된다. 다시 말해 환상의 경우에는 재현된 표상의 수준에서 충동이 만족이 된다는 것이다. 이렇게 환상은 충동이 만족할 수 있는 통로를 열어놓지만 이 과정에서 얻어진 주이상스는 초자아에 의해 금지된 것이다. 금지는 주체에게 무의식적 욕망을 만들어낸다. 즉 욕망은 주체의 작용으로 환상 속에서 충동의 만족이 주체에게 통합될 수 있는 길을 터준다는 것이다. 주체가 욕망의 회로 속에 자신을 넣지 않으면 그는 충동이 분열시킨 신체를 환상 속에서 다시 꿰매어 자신에게 통합시키지 못하게 된다. 따라서 욕망은 자신을 주체로서 지탱하도록 해주는 동시에 충동의 대상도 타자에게 귀속시키게 된다. 결국 욕망과 환상의 궁극적

"니가 선생님을 위험에 빠트리고 있잖아"라고 말한다. 충동의 수준에서는 존재하지 않았던 타자가 어느 샌가 환상의 수준에서는 존재한다. 그러나 그 타자는 무엇을 욕망하는지 알 수 없는 타자이다. 욕망은 아직 다 말해지지 않은 것으로부터 나오는 것이기 때문이다. 욕망하는 주체는 타자의 욕망을 욕망한다. 그러나 타자의 욕망을 알 수 있는 길이 없기에 욕망하는 주체는 말 그대로 위험에 빠진 주체이다. 물론 서지우가 이러한 내용을 대사에 반영한 것은 아니다. 사실 그는 은교로 인해 이적요와의 사이에서 일어나고 있는 균열을 위험이라 생각하며 자신의 불안을 이적요에게 투사한 것이다. 그러나 이 지점에서 그것이 누구의 위험인지는 중요하지 않다. 한 가지 명확한 것은 두 사람의 관계에 위험이 발생했다는 것이다. 이 영화의 서사에서 갈등의 주체가 서지우이기에 그의 입으로 이러한 대사가 말해질 수밖에 없는 것이다.

서지우는 이적요와의 관계를 회복하기 위해서라도 그의 환상을 알아내야만 한다. 이것은 정신분석가가 정신분석을 통해 겨냥하는 지점과도 일치한다. 이적요가 욕망하는 주체로 다시 태어나게 된 배후에는 충동이 존재했다. 환자의 욕망을 알아내기 위해서는 충동을 분석해야만 한다. 존재하지만 확신할 수 없는 것, 다시 말해 그것이 아니면 설명되지 않기 때문에 존재한다고 상정하게 되는 것이 충동이다. 따라서 충동을 분석하기 위해서는 결국 환상을 조사할 수밖에 없는 것이다. 정신분석이란 결국 환상을 분석하는 것이다. 프로이트는 증상의 배후에는 근본적인 환상이 존재한다고 믿었다. 더 나아가 클라인은 환상과 충동을 동일시했다. 안나 프로이트는 충동에 접근하는 방식으로 환상 속의 방어기제를 택했다. 라캉은 환상을 경유하지 않고서는 실재적인 것에 도달할 수가 없다고까지 주장한다. 중요한 것은 정신분석에서는

다. 서지우는 이적요가 자신의 원고를 대신 써주었다는 사실을 세상에 알릴까봐 불안한 것이겠지만 이 행위는 그의 사회적인 명성을 빼앗는 것으로서 상징적으로 거세하는 행위와 다르지 않다. 서지우는 이제 선택을 해야만 한다. 아버지의 법을 받아들이고 어머니를 포기하거나, 아버지를 죽이고 어머니를 가지거나.

이러한 분석에는 이해되지 않는 부분이 생길 수 있다. 이적요를 아버지로 생각하는 서지우는 그를 자아 이상으로 삼았다. 아버지와의 동일시는 어머니를 포기하는 대신 얻어진 오이디푸스 콤플렉스의 산물로, 그렇다면 서지우는 이미 오이디푸스 단계를 통과한 주체라는 전제가 생긴다. 그러나 지금은 다시 거세 과정이 이루어지기 전으로 되돌아가 이야기하고 있는 것이다. 이것은 바로 서지우의 퇴행 때문이다. 라플랑슈와 퐁탈리스에 따르면 진행이나 발달 방향을 포함하고 있는 심리 과정에서, 퇴행은 이미 도달한 지점에서 역방향으로 그 이전에 위치한 지점으로 회귀하는 것을 가리킨다고 한다.[9] 서지우는 이적요와의 갈등 상황에서 오이디푸스 이전 단계로 퇴행한 것이다. 서지우는 이제 어떤 선택을 하던지 유사 아버지인 이적요와의 관계도, 유사 어머니인 환상 속의 은교와의 관계도 모두 불확실해질 수밖에 없는 딜레마에 직면한다.

서지우는 부모로부터 떨어져 나와 홀로 서야하는 상황이다. 이적요의 금지로 인해 환상 속의 은교를 욕망할 수 없게 된 서지우에게 욕망할 수 있는 대상이 하나 더 남아있다. 그것은 바로 현실 속의 은교이다. 서지우는 현실의 은교에게 키스하며 "외로워서 그런다"라고 고백한다. 타자 없이 살 수 있는 인간은 없다. 다시 말해 인간은 최초의 타

---

9 위의 책, p.479.

이른다. 세 사람이 마지막으로 함께 하는 씬에서 분열된 각각의 포지션을 상징하듯 구축 쇼트 외에는 대화중인 세 사람을 각각의 프레임 안에 단독 쇼트로 가두어 담는다. 다른 장면에서처럼 오버 더 숄더 쇼트나 투 쇼트는 전혀 등장하지 않는다. 그림 5-5는 세 사람이 한 자리에 앉아있지만 각각 자신만의 포지션을 점유하며 분열된 주체들의 관계를 보여준다.

그림 5-5. 세 사람의 포지션과 분열된 단독 쇼트들

소설이 서지우의 욕망이라고 알고 있는 현실 속의 은교는 그의 대상이 되기를 기꺼이 허락한다. 현실의 은교는 이적요의 금지로 인해 환상 속의 은교를 욕망할 수 없게 된 서지우가 다시 욕망할 수 있게 조력하고, 그는 결국 현실의 은교와의 성행위를 통해 환상 속의 은교를 범한다. 그러나 이러한 충동의 만족은 혹독한 대가를 치러야만 한다. 주체는 충동의 만족을 통해 주이상스를 획득하지만 초자아는 그만큼의 죄의식을 주체에게 안긴다. 주이상스의 끝은 죽음뿐으로, 서지우는

화에서 갈등의 핵심은 권위적인 아버지와 욕망하고자 하는 아들이 충돌하는 전형적인 양상이다.

2. 폭력 조직으로 표상된 유사가족, 〈신세계〉

영화 〈신세계〉는 2013년에 개봉한 박훈정 감독의 작품이다. 정한석은 "누아르라고 불리는 장르가 한국에서 유독 각광받았던 때가 있었다. 하지만 한때 유행처럼 번졌던 한국적 누아르의 제작이 시들해진 건 이미 좀 된 일이다. 조폭영화가 전성기를 지나면서 곧이어 한국적 누아르도 함께 유행 밖으로 밀려난 것이다. 그런 점에서라면 〈신세계〉는 좀 특이한 구석이 있다"[10]고 지적했다. 그러나 오히려 유행에 편승하지 않은 장르의 선택이 장점으로 작용한 것인지, 영화는 크게 흥행하였다. 이러한 사실에서 추측할 수 있는 것은 누아르, 보다 정확하게 말하자면 폭력 조직에 대한 영화가 지금은 잠시 주춤할지라도 그것에 대한 관객들의 잠재적인 수요는 꾸준히 있어 왔다는 것이다. 그렇다면 이 장르가 한국인의 콤플렉스를 건드리는 무엇인가가 있다고 가정할 수밖에 없으며 따라서 의미 있는 연구 대상이 된다.

흔히 조폭영화를 '갱스터 무비'라고도 부르지만 영화에 재현된 한국의 폭력 조직은 서양의 갱스터와는 다르다. 그들은 '회사'라는 합법적이고 사회화된 구성체의 가면을 쓰고 있음에도 내부적으로는 '형님'을 중심으로 이루어지는 철저한 유사가족의 형태를 띠는 것이다. 그러

---

10 정한석, ≪씨네 21≫, http://www.cine21.com/news/view/mag_id/72644, 2013.02.20.

계이다. 조직원들의 욕망은 남근의 자리를 점유하고 있는 '석동출'의 법 안에서 환상의 형태로 제어되고 있다.

그림 5-6. 죽는 남자와 폐기물 수거통의 몽타주

'조직'이라는 환상은 너무도 견고하여 실재가 침입할 틈을 보이지 않는다. 이러한 환상의 견고함은 영화 초반부터 드러난다. 그림 5-6 처럼 영화가 시작되자마자 조직원들에게 희생당한 어떤 남자가 나오고 이어서 조직원들이 폐기물 수거통을 바다에 버리는 장면이 등장한다. 영화에서 남자의 시체를 통 안에 넣는 장면이나 그러한 사실을 지시하는 대사는 나오지 않는다. 그러나 관객들은 그 통 안에 남자의 시체가 들어있을 것이라는 사실을 의심하지 않는다. 관객들은 남자의 죽음과 바닷물에 빠지는 수거통 사이의 빈 공간을 환상으로 채우고 있는 것이다. 통 안에 든 내용물이 무엇인지를 알 수 없는 한 통은 텅 빈 것이나 마찬가지로, 말 그대로 '텅 빈 기표'이다. 조직원들도 관객과 마찬가지이다. 석동출이라는 남근은 텅 비어있는 기표일 뿐이지만 그 안을 채우고 있는 환상의 내용물에 대해서 절대 의심하지 않는다. 이것이 바로 골드문이 환상을 통해 존재하는 방식이다.

이자성은 유일하게 그것이 환상이라는 사실을 알고 있는 조직원이다. 이자성은 그를 '브라더'라고 부르며 아끼는 정청이 선물한 시계를

은 해결해야 할 증상과의 동일시를 통해 이루어진다.[14] 따라서 이자성은 환상을 수행하기 위해 경찰이 아닌 조직원들에게 동일시를 할 수밖에 없다. 낚시터에서 그런 이자성을 보며 강과장은 "깡패새끼 다 됐네"라고 말한다. 이자성은 자신의 임무를 충실히 수행하고 있는 것이다.

갈등의 시작은 갑자기 석동출이 죽으면서부터이다. 남근의 자리가 비어버린 것이다. 다시 말해 욕망의 대상이었던 기표가 사라지면서 조직원들에게서 환상의 견고함이 흔들리기 시작한다. 남근 기표의 결여는 실재의 침투를 의미한다. 남근이 있던 자리가 비어버리고 드러나는 결여를 통해 대상 a가 드러나는 것이다. 경찰이라는 또 다른 조직은 골드문의 입장에서는 실재이다. 왜냐하면 골드문이 유일하게 자신의 질서 안으로 포섭할 수 없는 조직이 바로 경찰이기 때문이다. 골드문은 사회의 어떤 구성원도 돈으로 포섭할 수 있다. 그러나 경찰만은 다르다. 부패한 경찰의 예를 들 수도 있겠지만 법의 질서 속에서 부패한 경찰은 이미 경찰이 아니기 때문이다. 같은 사회 속에 존재하고 있지만 경찰은 골드문에게서 결여된 것을 가지고 있다. 경찰은 골드문에게 어떤 '불가능성'을 만들어내는 존재이다. 따라서 경찰과 골드문이 공유할 수 있는 지점에는 실재인 대상a만이 존재할 수 있다. 이것을 도식화하면 다음과 같다.

---

14 Slavoj Zizek, 위의 책, p.211.

보여주듯 이 갈등관계에서 강과장은 어머니의 자리에 위치한다. 신세계의 유사가족 관계를 기호학적 사각형으로 도식화하면 다음과 같다.

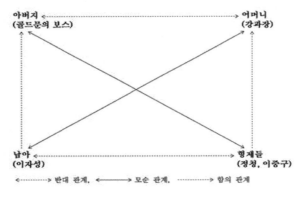

표 5-4. 〈신세계〉의 유사가족 관계

영화의 초반 줄거리는 이렇다. 골드문의 보스인 '형님' 석동출이 갑자기 사망하자 경찰은 보스 자리를 노리는 조직원들끼리 싸움을 붙여 조직의 힘을 약화시키고 자신들이 원하는 인물을 보스 자리에 앉힘으로서 조직을 컨트롤 하려고 한다. 이 작전을 맡은 강과장은 자신이 이미 예전에 조직에 잠입시켜 놓았던 비밀 신분의 경찰인 이자성을 활용하려고 마음먹는다. 메신저인 여경 신우를 통해 그런 강과장의 의도를 듣게 된 이자성은 괴로울 뿐이다. 그는 이제 목숨을 건 위험한 임무에서 물러나 평범한 경찰, 남편, 아버지로 살고 싶다. 그러나 강과장은 그것을 허락하지 않는다. 이제 이자성은 상상적 동일시와 상징적 동일시 사이에서 갈등해야만 한다. 이자성에게 상상적 동일시는 다시 경찰이 되는 것이고, 상징적 동일시는 골드문의 보스가 되는 것이다.

그러나 이자성이 경찰로 돌아가는 일은 쉽지 않아 보인다. 상상적

영역을 끊임없이 욕망해야만 한다. 그러나 대상 a는 표상될 수 없는 것이기 때문에 환상을 통해서만 욕망할 수 있다. 이자성이 신우에게 "나도 경찰이잖아. 너희들하고 같은 편!"이라고 말하는 부분에서 그의 무의식적 환상이 드러난다. 이젠 그에게 경찰 신분이 오히려 환상이 된 것이다.

이자성의 대상 a를 향한 만족될 수 없는 욕망은 반복강박의 형태로 계속된다. 이자성은 끊임없이 골드문을 벗어나 경찰로 돌아가려고 시도하지만 그것은 언제나 실패로 돌아간다. 그러나 이러한 시도는 역설적이게도 이자성을 골드문에 남아있게 해주는 위로(혹은 주이상스)를 만들어낸다. 이 지점에서 이자성이 강과장을 만나는 것은 오이디푸스 이전 단계로 퇴행하는 것이다. 그러나 이자성이 이러한 퇴행을 통해 깨닫게 되는 것은 어머니인 강과장의 욕망에 의해 삼켜질까봐 두려워하는 어린 아이로서 자신의 모습뿐이다. 이제 이자성은 두 개의 죽음 사이에 갇힐 위기에 처하게 된다. 그것은 상징적인 죽음과 실재의 죽음 사이에 존재하는 영역이다.

영화가 진행되면서 이자성이 다시 경찰이 될 가능성은 없음이 드러난다. 이러한 사실은 강과장으로 인해 확언된다. "이제 경찰 이자성의 자료는 이 세상 어디에도 존재하지 않아."라고 말하는 강과장은 이자성이 경찰임을 확인해주는 유일한 인물이었기에, 이자성은 그의 말이 더욱 절망스럽다. 그가 골드문에서마저 모든 지위를 포기하고 나오게 된다면 그것은 상징계에서 완전히 추방되는 의미, 즉 상징적인 죽음이 된다. 그러나 실재의 죽음은 아직 일어나지 않았기에 그 사이의 어떤 영역에 위치하게 되는 것이다.

지젝에 의하면 이 영역에는 "상징화될 수 없고 상징계로 통합될 수

시키며 어머니로서 자신이 수행하고 있는 초자아의 역할을 지켜내려고 한다. 이자성은 자신을 향한 강과장의 모성적 욕망 앞에서 괴로워한다. 이렇게 모성적 초자아는 아이를 자신의 낚시 바늘에 꿰어놓는다. 언제나 강과장과 이자성이 만나는 장소는 밖으로의 모든 통로가 폐쇄된 듯 보이는 어두운 실내 낚시터이고, 강과장은 항상 낚시 바늘을 드리운 채 지배하듯 앉아있으며 그를 향해 있는 이자성은 종속된 듯 고개를 숙이고 있다. 그림 5-7의 미장센이 암시하고 있는 것은 바로 두 사람의 관계이다.

그림 5-7. 강과장과 이자성의 관계를 암시하고 있는 미장센

이자성을 향한 강과장의 모성적 초자아가 극에 다다를 즈음에 이자성도 자신을 주체로 다시 태어나게 함으로써 이 관계를 종식시켜줄 아버지가 필요함을 느끼기 시작한다. 이 지점부터 영화 초반부에서 작동하던 균열을 봉합하는 도구로서의 환상은 더 이상 존재하지 않는다. 환상은 이자성으로 하여금 경찰과 골드문 사이의 표상되지 않는 영역을 봉합할 수 있도록 도왔다. 그러나 경찰 이자성의 자료가 세상 어디에

인 아버지, 현실적인 아버지이다.[19] 상상적인 아버지는 다시 이상적인 아버지와 독재자 같은 아버지로 나눌 수 있고, 상징적인 아버지는 자아 이상이며, 현실적인 아버지는 프로이트가 거의 언급하지 않은 아버지이다. 상상적인 아버지는 아이가 사회에 진출하는데 중요한 역할을 해주는 아버지이다. 따라서 '상상적'이라고 해서 그것이 진짜냐 거짓이냐의 문제가 아니고 현실적인 아버지와는 다른 의미의 아버지이다. 이상적인 아버지는 '나만의 아버지'가 되어야하기 때문에 현실적인 아버지와는 필연적인 간극이 있을 수밖에 없으며 그가 준 것보다는 주지 않은 것에 초점이 맞춰진다. 독재자와 같은 아버지는 거세 위협을 하는 아버지로서 거세 불안을 통하여 아이가 어머니를 포기하게 만드는 역할을 한다. 상상적인 아버지의 핵심이 아이가 만들어낸 아버지라면, 상징적인 아버지는 제3자, 즉 어머니의 입을 통해 존재하는 우리 모두의 아버지인 것이다.

아이는 어머니가 현존과 부재를 반복하듯 자신도 숨바꼭질을 시작하며 서서히 상징적인 질서에 접근하게 된다. 아이는 이때 어머니에게 결핍된 대상이 되려고 한다. 즉 아이는 어머니의 욕망의 대상이 되려고 노력하는 것이다. 아이가 어머니의 남근이 되고자 하는 것은 어머니의 결핍을 부인하는 상태라고 할 수 있다. 이때 아버지가 등장을 하게 되면 이러한 관계에 균열이 일어나게 된다. 현실적인 아버지는 아이의 상상 속에서 거세 위협을 하는 독재자와 같은 아버지가 된다. 이

---

19 필리프 쥘리앵은 이것을 좀 더 쉽게 이해하는 데에 도움을 준다. 그는 이름으로서의 아버지, 이상형으로서의 아버지, 한 여자의 남자로서의 아버지로 구분한다. 이름으로서의 아버지는 상징적인 아버지, 이상형(자아 이상과는 구분되는)으로서의 아버지는 상상적인 아버지이며, 한 여자의 남자로서의 아버지는 현실에서의 아버지이다. (Philippe Julien, 홍준기 역, 『노아의 외투』, 한길사, 2000, pp.69-94.

이다. 상상적 아버지와 동일시한 이자성은 자신이 경찰에서 골드문에 잠입시켜놓은 정보원이라는 사실을 밝혀야 한다. 이렇게 되면 이자성에 대한 아무런 데이터도 가지지 못한 경찰은 그의 존재를 부인할 것이고 골드문 조직원들의 손에 의해 죽임을 당하게 될 것이다. 그러나 결과적으로는 강과장이라는 어머니로부터 떨어져 나올 수 있다. 두 번째는 그가 실재의 아버지와 동일시하는 것이다. 이 방법을 택하게 되면 경찰과 조직에서 모두 손을 떼고 그냥 아내인 주경의 남편으로만 살아가게 된다. 그러나 그를 지칭하는 모든 신분이 사라지므로, 상징적으로 죽은 것이나 마찬가지가 된다. 세 번째는 상징적인 아버지와 동일시하는 것인데, 결국 이자성은 이것을 선택한다. 다시 말해 그는 골드문에서 상징적인 아버지였던 죽은 석동출 회장을 자아 이상으로 삼고, 그의 자리를 차지하기로 마음먹은 것이다.

이자성은 완료되지 않았던 오이디푸스 단계를 스스로 거침으로써 완벽한 거세를 꿈꾼다. 이렇게 되면 그는 상징계에서 만큼은 정상적인 인간으로 살아갈 수 있다. 그 어떤 죽음도 경험할 필요가 없다. 그러나 대가는 치러야만 한다. 상징계로 완전하게 진입을 하여 주체가 되는 대신, 자신이 꿈꾸던 것들을 억압해야만 한다. 즉 경찰의 이미지를 모두 지워야 하는 것이다. 마지막으로 이자성에게 선택의 확신을 심어주는 것은 죽어가던 형제, 정청이다. 정청은 아버지의 살해를 함께 공모했던 형제이다. 그는 죽어가며 자신이 차지할 뻔 했던 아버지의 자리가 이자성의 자리도 될 수 있음을 깨우쳐준다. 이자성은 아버지의 자리를 차지하기 위해 남은 형제인 이중구와 장수기를 죽인다.

준비는 모두 끝났다. 이제 이자성이 오이디푸스 콤플렉스 마지막 단계를 마무리 짓기 위해 해야 할 것은 어머니와의 분리이다. 이자성

오이디푸스 콤플렉스와 관련하여 라캉은 프로이트의 업적 중 하나가 "인간이 어머니에게 성적인 노리개로 묶인 채 남아있지 않아도 되는 것이 아버지의 이름 때문이라는 사실을 밝혀낸 것"이라고 지적한다.[20] 맹정현은 라캉에게는 이것이 아버지나 어머니와 같은 인격적 개념을 의미하는 것이 아니라 이러한 관계들이 구성하고 있는 구조라고 설명한다. 그에 따르면, 라캉의 첫 번째 (탈)오이디푸스적 시도에서 핵심적인 것은 어머니로 대변되는 '수수께끼 같은 욕망'과 아버지로 대변되는 '은유'의 기능 사이에서 이루어지는 '대체효과'다.[21]

부성 은유로 인해 열리는 상징계는 인간에게는 새로운 세계이다. 인간은 언어를 통해 자신 안에 존재하는 충동의 공격성을 완화할 수 있으며, 이것은 곧 인간이 문명화되는 과정이기도 하다. 영화 〈신세계〉는 문명이라는 신세계로 들어서는 인간을 다룬 우화이다. 이자성은 어머니의 욕망 앞에서 갈등하지만 결국은 아버지의 이름을 선택함으로써 성공적으로 상징계로 진입하게 된다.

이자성이 괴로워했던 근원적인 이유는 강과장이 무엇을 욕망하는지 알지 못해서이다. 이런 상황 속에서 강과장의 욕망이 만들어낸 어중간한 이자성의 위치는 표상되지 않는 실재의 영역에 놓일 위기에 처한다. 이자성은 경찰로 돌아가기 위해 이러한 실재를 위험하게 넘나들지만 마치 반복강박처럼 다시 골드문의 영역으로 회귀할 뿐이다. 이런 반복강박적인 증상으로 보면 이자성은 상징계 안에서 신경증자의 포지션을 가진 것으로 보이지만 아직 어머니와 분리가 제대로 이루어지

---

20 Jacques Lacan, *Ecrits*, trans. Bruce Fink, New York: W. W. Norton & Company, Inc., 2006, p.723.

21 맹정현, 『리비돌로지: 라캉 정신분석의 쟁점들』, 문학과지성사, 2009, p.358.

화이에게는 아버지가 다섯이다. 화이의 생부까지 포함하면 화이에게 아버지라고 불릴 수 있는 사람이 여섯이나 되는 것이다.

정신분석학적 관점에서 아버지는 아이의 메타심리학적 정신 구조를 형성하는 데에 가장 중요한 요소이다. 맹정현은 "정신분석의 목표는 아버지를 극복하는 것이지만, 이러한 극복은 단순히 욕망에 불과했던 아버지의 죽음을 실현하는 것이 아니라 그러한 욕망이 이미 죽어 있는 아버지에게 계속해서 생명력을 불어넣고 있다는 것을 깨닫는데 있다"[23]고 말한다. 이 말은 정신의학의 측면에서 본다면 현실에서 아버지의 존재보다 이미지나 상징으로서의 아버지가 주체의 정신 속에서 어떠한 자리를 차지하고 있느냐가 더 중요하다는 의미를 담고 있다. 이러한 논의는 프로이트의 오이디푸스적인 관점을 확장해야만 가능한 논의로서, 이것은 곧 라캉의 탈오이디푸스적 관점과도 연관된다.

그렇다면 본 영화에 등장하는 아버지들과 화이의 관계를 어떻게 바라보아야 하는가? 화이에게는 다양한 성격과 역할을 지닌 유사 아버지가 다섯이 존재하며, 유사 어머니도 존재한다. 또한 유사 아버지들은 모두 범죄자이다. 우두머리격인 석태, 범죄를 계획하는 진성, 아무 죄책감도 없이 사람을 죽이는 동범과 운전 전문가 기태, 총기 전문가 범수, 그들 밑에서 노예처럼 사는 여자 영주가 화이의 유사 부모이다. 아버지가 너무 다양한 유형으로 존재하다보니 자아 이상을 형성할 대상이 불확실하고, 유사 부모라고는 하지만 실제로도 아이를 기른 사람이 생부나 생모가 아니라 이들이라서, 이들이 아이의 정신 구조의 형성에 지대한 영향을 미쳤을 것이라는 점은 명확해 보인다. 영화 화이의 유사가족 관계를 기호학적 사각형으로 도식화하면 다음과 같다.

---

23 맹정현, 위의 책, p.354.

지란 실존이 아니고 상징 효과임을 가정하는 것은 당연한 일이다.

라캉은 이 상징을 '아버지의 이름'이라고 부르고, 상징 효과를 '부성 은유'로서 다루었는데, 핑크는 "아이에게 말을 할 때 엄마는 심판관이나 처벌가의 위치에 있는 아버지에게 호소한다. 하지만 이때 그녀가 호소하는 것은 이름으로서의 아버지, 다시 말해서 어떤 관념과 결부된 아버지라는 기표이다"[25]라고 설명했다. 예를 들자면 아버지가 부재하는 곳에서도 어머니는 자신과 떨어지지 않으려는 아이에게 "자꾸 그러면 아빠한테 일러서 혼내주라고 한다"와 같이 말을 하며 주의를 준다. 즉 아버지의 이름은 어머니의 말을 통해서 구축되는 아버지인 것이다. 따라서 이러한 아버지는 언어의 규칙을 따르게 된다. 신명아는 이것을 "라캉의 상징계 혹은 아버지의 법이 어머니 혹은 타자의 불가능한 욕망(그녀의 부재하는 팔루스)을 추구하지 않도록 제동을 거는 아버지의 이름이며 아버지 은유"라고 설명한다.[26] 정리하자면 어머니의 말을 통해서 아이에게 전해지는 아버지의 이름은 언어의 가장 중요한 작동 방식인 은유의 법칙을 따른다는 것이다.

필립 라쿠-라바르트(Philippe Lacoue-Labarthe)와 장-뤽 낭시(Jean-Luc Nancy)에 따르면 "은유는 교체의 수사법"이다.[27] 즉 은유란 하나의 표상이 다른 표상을 대리하는 언어적 특징이다. 은유의 법칙을 따르는 아버지의 이름은 어머니의 욕망을 대리하게 된다. 이것은 아이의 어머니에 대한 애착을 아버지가 금지한다는 프로이트의 오

---

25 Bruce Fink, 맹정현 역, 『라캉과 정신의학』, 민음사, 2012, p.142.

26 신명아, 「라깡과 버틀러: 라깡의 정신분석과 제3물결 페미니즘(포스트페미니즘)」, 『라캉의 재탄생』, 창비, 2009, p.583.

27 Philippe Lacoue-Labarthe & Jean-Luc Nancy, 김석 역, 『문자라는 증서-라캉을 읽는 한 가지 방법』, 문학과지성사, 2011, p.93.

라는 표상을 통해 자신의 정체성을 지탱하려고 한다. 살인을 하면서 죄책감을 느끼지 않으며, 상상계에 고착되어있는 징후들도 다양하게 보여준다. 핑크에 따르면 "정신병을 구조적인 관점에서 본다면, 30대에 〈정신병 발작〉을 일으켰다 하더라도 환자는 원래부터 정신병의 구조를 자기고 있었다"고 할 수 있다.[31] 이것은 주체가 한번 정신병적 구조를 가지게 되면 그 구조는 영원히 바꿀 수가 없다는 의미이며, 문제는 정신병이 언제 발병하느냐의 문제일 뿐이다. 핑크는 이것의 원인으로 "부권적 기능은 일반적으로 일정 연령이 되면 작동하지만, 그렇지 못한 경우에는 영원히 작동하지 않는다"[32]고 주장한다.

화이는 어릴 적 일어났던 유괴 상황 때문에 부권적 기능이 자리 잡지 못한 것으로 보인다. 유괴범들은 화이를 강제로 생부로부터 떼어놓았으며, 다섯 명이 공동으로 아이에 대한 권리를 나누어 가졌다. 그들은 범죄자로서 화이에게 법이나 죄의식과 같은 최소한의 상징적인 권위도 구축시키는 역할을 해주지 못했다. 즉 아버지의 이름이 제 역할을 하지 못한 것이다. 비트머는 실재의 아버지가 지나치게 자신에게 종속시키려고 하는 것 또한 정신병의 원인이 될 수 있다고 지적했다. [33]실재의 아버지가 아이를 자신에게 종속시키려고 하는 행위는 아이가 상징적인 아버지와 동일시하는 것을 실패하게 만들 수 있다. 동일시는 아이에게 부성적 권위가 자리 잡는 가장 중요한 과정이다.

다섯 아버지는 각각 자신들의 방식대로 화이를 강제 종속하고 있다. 석태는 본인이 정신병자로서 괴물이라는 환영을 보며 반사회적인

31 Bruce Fink, 위의 책, p.145.
32 위의 책, p.144.
33 Peter Widmer, 홍준기, 이승미 역, 『욕망의 전복』, 한울, 2009, p.167.

는 것을 알게 된다"[35]고 했다. 이것은 곧 아이가 이미지와 자신을 동일시함으로써 '나'라는 정체성을 형성하게 됨을 의미한다. 이러한 이미지는 거울을 통하여 비추어진 자신의 이미지일 수도 있지만 주변에 있는 사람의 이미지일 수도 있다. 이미지의 수준에서 일어나는 상상적 동일시는 아이의 자아 정체성을 형성하는 데에 중요한 과정이다. 1960년대에 라캉은 자신의 거울단계 이론을 일부 수정하는데, 핑크에 따르면 거울 이미지는 부모가 그것을 인정하고 승인하는 한에서만 중요성을 갖는다는 것이다.[36] 다시 말해 아이의 자아 정체성 형성에 기여하는 것은 그냥 상상적 이미지가 아니라 부모의 위치를 차지하는 이가 승인한 이미지인 것이다. 석태는 화이에게 승인하는 자이다.

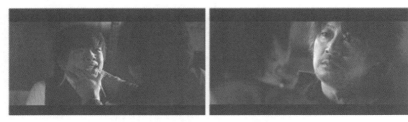

그림 5-9. 화이와 석태의 오버 더 숄더 쇼트/역쇼트 1

석태는 화이가 자신과 동일시하도록 강요한다. 영화에서는 그림 5-9처럼 화이가 석태의 강요 하에 그를 거울 이미지처럼 바라보는 몽타주 쇼트들이 자주 등장을 한다. 석태는 화이의 얼굴을 손으로 붙잡아 자신의 얼굴을 억지로 보게 만든다. 서로를 바라보는 두 사람의 쇼트들은 오버 더 숄더 쇼트인데 등장인물이 거울을 보는 장면에서 전형

35 Sean Homer, 김서영 역, 『라캉 읽기』, 은행나무, 2012, p.53.
36 Bruce Fink, 위의 책, p.155.

이다. 정신병자와의 상상적 동일시는 곧 정신병을 의미한다. 화이가 석태와의 동일시를 무너트리면 정신병은 잠시 치유되고 다시 잠재적 정신병자로 돌아갈 것이다. 따라서 이 비슷하면서 서로 다른 쇼트들은 잠재적 정신병자인 화이의 정신병이 발병하기 전 지점과 이미 발병한 정신병이 잠시 치유되는 지점을 보여주는 장치로 쓰인다.

화이가 어릴 적 아버지의 이름을 내재화하는 데 실패한 잠재적 정신병자라는 것은 이미 상징계에 대하여 상상계가 절대적 우위를 점유하고 있는 정신병자의 정신 구조를 지니고 있다는 의미이다. 그렇다고 해서 정신병자에게 상징이 작용하지 않는 것은 아니기에 발병은 지연될 수 있다. 핑크에 따르면 정신병자에게는 상징계가 상상계를 재구조화한 것이 아니라 단지 타인에 대한 모방을 통해서 상징계에 동화된 것일 뿐이다.[37] 이러한 모방을 화이에게서도 영화의 초반부터 발견할 수 있는데, 교복이 바로 그것이다. 교복은 학생이 어느 학교에 소속되어 있는지를 나타내는 상징적 의미로 입는 것이다. 그런데 화이는 학교를 다니지 않으면서도 언제나 교복을 입고 다닌다. 학교가 의미지어주지 못하는 교복은 그냥 '예쁜 옷'이라는 이미지로 남을 뿐이다. 화이는 이미지 수준에서의 모방을 통해 자신의 정체성을 지탱하고 있다.

모방의 과정에서 유경은 화이가 정체성을 지탱하게 하는 중요한 대상이다. 상상계에서 아이가 자아를 구축하기 위해 모방하기가 좋은 대상은 자신과 가장 비슷한 대상으로서의 '동류(同流)'일 것이다. 이러한 동류는 바로 형제들로서, 화이의 시점으로 슬로우 모션 속에 드러나는 유경의 모습은 친구들과 어울리고 있는 진짜 고등학생이다. 마치 18개월 정도의 아이가 거울 속 자신의 이미지를 보며 환희를 느끼는 것과

---

37 위의 책, p.157.

척도는 아니다. 핑크가 지적한 것처럼 진단의 척도는 '확실성'이다. 핑크는 "정신병자는 의심하지 않고 확신한다"[39]고 했다. 정신병이 발병하기 전에 보이는 괴물은 대부분 그림 5-11에서처럼 화이의 시점 쇼트를 통해 드러난다.

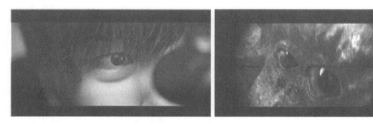

그림 5-11. 화이의 시선에 역쇼트로 봉합된 괴물

시점 쇼트를 주관적인 쇼트라고도 하는데, 흔히 주관성은 객관성과 이항대립 관계로 이해된다. 객관성은 주체에 의해 인지되는 요소 보다는 대상에 귀속되어 있는 자체의 성질을 의미하기 때문에 존재에 대해 확실성을 부여하게 되는 데에 반해 주관성은 대상보다는 주체에 귀속된 인지적 특성의 영향을 많이 받기 때문에 확실성이 부여된 성질이라 할 수 없다. 따라서 주관적 시점으로 드러나는 괴물은 화이가 이것에 대해 확실성을 부여하지 못함을 의미한다.

---

39 Bruce Fink, 위의 책, p.148.

킨다. 정상인이나 신경증자가 충동을 욕망의 회로 속에 넣어 이것을 표상의 수준에서 억압하고 통제한다면, 정신병자는 그러한 통제가 불가능하기 때문에 충동을 직접적인 행동으로 표출하면서도 무엇이 잘못되었는지를 이해하지 못한다. 즉 살인과 같은 범죄를 저지르더라도 죄책감을 느끼지 못한다는 것이다. 정신병이 발병한 후의 화이는 자신의 아버지들을 차례로 살해한다. 이것은 자신을 납치해 기른 것에 대한 보복이 아니다. 보복이라면 먼저 그들에게 용서를 구할 기회를 주어야 했을 것이다. 그러나 화이는 아버지들을 원망하는 말 대신에 총을 겨눈다. 공격성을 언어로 중화하는 법을 배우지 못한 화이가 아버지들을 살해하는 것은 충동의 표출일 뿐이다.

그러면서도 화이는 같은 유사 부모임에도 불구하고 영주에게만은 애착을 버리지 못하는데, 상상계에 고착되어 있기에 정신병자가 아버지의 이름을 배제하고 어머니와의 이자 관계로 회귀하는 것은 당연한 일일 것이다. 영화의 갈등은 다른 아버지들을 모두 죽인 화이와 혼자 살아남은 석태의 사이에서 극대화된다. 석태는 화이로 하여금 자신의 생부를 죽이게 하고 생모마저 죽였다. 화이는 자신이 생부를 죽였다는 사실을 크게 괴로워하지 않는다. 생부 또한 많은 죽은 아버지들 중의 하나일 뿐이다. 그러나 그는 생모의 죽음 앞에서는 오열하며 남은 엄마인 영주를 최선을 다해 지키려고 애쓴다.

어머니와 아이의 이자 관계는 상상계의 특징이며, 오이디푸스 콤플렉스와 거세 콤플렉스를 라캉식으로 수용한 부성 은유가 작동하지 않았기에 아버지의 자리가 드러나지 않는 것은 당연하다. 박선영은 "라캉은 1948년 「정신분석의 공격성」에서 '조각난 육체 이미지', '분열된 육체 이마고' 개념을 클라인의 '내적 대상', '부분 대상'에 대한 '태곳적

태도에 대한 과도한 환원론으로서의 오해를 종식시키기 위해서이다. 흔히 일반적으로 정신병자라고 하면 정신분열증을 의미한다. DSM-IV[43]의 준거에 의하면 일관성 없는 말과 기괴한 행동은 정신분열증의 대표적인 증상이다. 그러나 화이는 이러한 의미에서 정신병자의 행동을 보인 적이 없다. 따라서 본 연구에서의 시각은 화이를 일방적으로 정신병자로 매도하는 것처럼 보일 수 있는 여지를 만들어낸다. 그러나 이것은 DSM-IV를 진단의 도구로 쓰는 것에서 생길 수 있는 오해이다. 클라인의 대상관계에서 보다 중요한 정신병의 기준은 "환자가 대상세계에 있다고 믿는 생생한 환상을 가지고 있을 뿐만 아니라, 외부세계의 질서정연한 인간관계를 포기하더라도 그의 내면세계를 선호한다"는 것이다.[44]

　본 영화의 분석에서 화이를 정신병적 주체로 간주하고 갈등의 본질을 파헤쳐 나가는 것은 화이가 흔히 생각하는 정신병자처럼 이상한 말과 행동을 일삼기 때문이 아니라, 그가 빠져나오지 못하고 있는 내면세계가 이 영화의 갈등을 좌우하고 있기 때문이다. 이 지점에서 화이를 주체로 하여 도식화된 서사 구조를 살펴보는 것은 화이의 내면세계에 존재하고 있는 내적 대상들이 어떻게 정신병적으로 구조화되어 드러나는지를 이해하는 데에 도움이 된다. 표 5-7이 보여주듯 영화의 서사구조에서 화이가 원하는 바는 명확하지가 않다. 즉 발신자와 대상은 명확한 데에 반하여 수신자의 자리는 그것을 채울 수 있는 어떤 표상도 찾을 수가 없다. 따라서 플롯도 모호하다.

---

43 Diagnostic and Statistical Manual of Mental Disorders 4판

44 N. Gregory Hamilton, 김진숙, 김창대, 이지연 역,『대상관계 이론과 실제: 자기와 타자』, 학지사, 2013, p.186.

하며, 화이의 내적 대상은 분열되어 있다. 그를 키워준 다섯 아버지는 본 서사의 모든 갈등을 유발한 발신자이면서도 그를 키워주었기에 협조자이다. 동시에 화이가 살인 행위를 저지르는 대상이면서도 그것을 방해하는 방해자로 존재한다.

내적 대상의 분열은 클라인의 이론에서 정신병자의 가장 큰 특징이다. 힌셀우드(R. D. Hinshelwood)는 "클라인에게 그들의 정신은 전체성이 결여되어 있거나, 통합되고 일관성 있게 기능하지 못하는 것으로 보였다"[46]고 지적했다. 그녀는 이러한 정신병자들을 관찰하여 '분열 자리'의 개념을 만들어낸다. 이것은 아이가 자신 안의 충동을 좋은 것과 나쁜 것으로 분열시키고 어머니의 젖가슴에 투사하여 '좋은 젖가슴'과 '나쁜 젖가슴'을 만들어내는 특성을 성인 정신병자 안에서 발견한 결과이다.[47] 그러나 이렇게 분열된 내적 대상들은 모두 같은 어머니의 젖가슴일 뿐이다. 화이도 자신을 키워준 다섯 아버지와 자신을 유괴한 다섯 명의 범죄자로 내적 대상을 분열시킨다. 따라서 화이의 정신병적 정신 구조를 이해하지 못하면 영화의 갈등 구조를 파악하는 것이 어려워질 수밖에 없다. 다시 강조하자면 표 5-7의 수신자 자리가 비어있는 것에서 알 수 있듯이 화이가 목표하는 바는 모호하다. 복수도, 악의 응징도 아니라면 화이가 원한 것은 무엇일까?

이미 언급했듯 정신병자는 자신의 충동을 통제하지 못한다. 주체의 포지션이 어떤 것이든 간에 인간에게 충동은 근원적으로 응답할 수밖에 없는 부름이며, 충동이 원하는 것은 주이상스이다. 김석에 의하

---

46 R. D. Hinshelwood, 이재훈 역, 『임상적 클라인―이론과 실제』, 한국심리치료연구소, 2006, p.151.

47 최영민, 『쉽게 쓴 정신분석 이론: 대상관계이론을 중심으로』, 학지사, 2011, pp.302―303.

대한 독법을 은유적으로 표현했듯이,[49] 본 영화의 분석에 앞서 원작과 각색 작품과의 관계를 '도둑맞은 편지'가 주는 교훈을 통해 살펴보고 자 한다.

포의 '도둑맞은 편지'에서 여왕은 왕이 알아서는 안 되는 은밀한 편 지를 장관에 의해 자신이 보는 앞에서 도둑맞는다. 그 자리에는 왕이 함께 있었기 때문에 편지가 중요한 것이라는 사실이 드러날까 봐 장관 이 훔치는 것을 보면서도 어떻게 할 도리가 없었던 것이다. 여왕은 경 감에게 장관이 훔쳐간 자신의 편지를 다시 찾아달라고 부탁한다. 경감 은 장관의 집을 뒤지지만 편지를 찾지 못하고 명민한 탐정인 뒤팽에게 찾아줄 것을 의뢰한다. 뒤팽은 장관의 집에서 아무렇게나 놓여있는 편 지를 보며 그것이 드러나 있기 때문에 경감이 찾아내지 못했다는 사실 을 직감하고 장관에게서 편지를 다시 훔쳐낸다. 왕과 경감은 여왕과 장관이 가진 편지를 보면서도 그것이 중요한 내용을 담고 있다는 사실 을 알지 못한다. 한편 편지를 '잠시' 소유한 여왕과 장관은 그것이 자 신의 것이라고 확신한다. 그러나 그것을 다시 가져가는 것은 편지가 드러냄을 통해서만 의미를 가지게 된다는 사실을 알고 있는 장관과 뒤 팽이다. 소설에서 편지의 내용은 전혀 언급되지 않는다. 다시 말해 편 지의 내용은 전혀 중요한 것이 아니다. 중요한 것은 그 편지가 만들어 내는 인물들의 관계이다. 이것을 도식화하면 다음과 같다.

49 Jacques Lacan, *Ecrits*, trans. Bruce Fink, New York: W. W. Norton & Company, Inc., 2006, p.6.

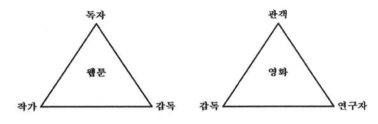

표 5-9. 원작과 각색 작품의 도식

모든 작가는 원작이 자신의 텍스트라고 굳게 믿을 것이다. 독자는
웹툰을 보면서도 그것에 담긴 주된 의미를 그대로 받아들일 뿐, 재해
석하려는 (적극적인) 시도를 하지 않는다. 그러나 감독은 웹툰에 담긴
의미가 중요하다는 사실을 직감하고 그것을 각색한다. 이 과정에는 감
독의 적극적인 해석이 개입되기 때문에 영화는 더 이상 작가의 것이
아니다. 원작이 영화화가 되었을 때 다시 감독은 그 영화가 자신의 텍
스트라고 믿는다. 관객들은 웹툰의 독자들과 마찬가지로 수동적인 포
지션을 취한다. 언제나 그렇듯이 영화가 원작에 비해 못 미친다는 평
가를 내놓을 뿐이다.[52] 그러나 연구자는 그 텍스트에 연구를 할 만한
가치가 있음을 발견하고 분석 논문을 작성한다. 연구자의 해석은 감독
의 견해와 전혀 다를 수 있기에, 이제 다시 영화는 감독의 소유 영역을
넘어선다.

리차드 팔머(Richard E. Palmer)에 따르면 작품을 해석하는 것은 실
존으로부터 벗어나 개념의 세계로 도피하는 과학적인 인식방식이 아
니라, 바로 이 세계 속에 있다고 하는 개인의 내밀한 체험을 설명해주

---

52 강병진은 이 영화를 "원작의 정서를 고려하지 않는 실패한 각색, 혹은 강우석 감
독의 장기가 발휘된 최고작."이라고 평했다. (강병진, ≪씨네 21≫, http://www.
cine21.com/news/view/mag_id/61568, 2010.07.15.)

그때부터 마을 사람들도 태도가 돌변하여 그에 대한 경계심을 감춘다. 더욱 알 수 없는 것은 슈퍼마켓을 운영하고 있는 영지의 태도이다. 해국이 우연히 목격하게 된 것은 마을의 남자들이 밤마다 번갈아가며 영지의 방에 드나드는 장면이다. 또한 아버지의 유산을 정리하다가 해국이 알게 된 사실은 아버지의 명의로 되어 있던 땅이 아무런 거래 없이 이장 앞으로 명의가 변경되어 있다는 것이다. 이렇게 해국에게 다가오는 위협이나 갈등은 존재하지만 주변 사람들이 아무도 그 정체를 드러내지 않기에 해국이 갈등을 빚는 대상이 누구인지가 모호하다는 것이다.

따라서 관객들은 영화의 갈등 구조에 집중하기 보다는 호기심을 해소하는 방향으로 서사를 따라가게 되는데, 이러한 서사의 특징 때문에 영화가 끝난 뒤에도 갈등 구조를 명확하게 머릿속에 그리는 데에 어려움을 겪게 된다. 다시 말해서 영화의 후반부로 갈수록 영화의 주된 갈등은 해국과 이장 사이의 갈등이라는 사실이 드러나긴 하지만 그 갈등의 동기가 무엇이며, 갈등의 해소 뒤에 보여지는 해국을 향한 영지의 의미심장한 미소는 무엇을 의미하는지 모호하기만 하다. 다른 영화에서 등장하는 유사가족 갈등 관계가 비교적 쉽게 분석해낼 수 있는 명확한 것이었다면 이 영화의 유사가족 관계는 모호한 요소를 가지고 있기에 기호학적 사각형으로는 도식화하기가 어렵다. 따라서 이 영화의 유사가족 관계를 분석하기 위해서는 다른 도식이 필요한데, 그것이 바로 라캉의 L 도식(L schema)이다.

예를 들어 우리가 타인에게 자신을 소개할 때 어떠한 방식으로 설명하는가를 생각해 볼 수 있다. 나는 직업이 무엇이며, 어디에 살고, 무엇을 좋아하는지 등을 이야기한다. 그러나 이것으로 주체를 설명하는 것은 불가능하다. 같은 직업을 가지고, 같은 동네에 살며, 좋아하는 음식이 같은 사람은 나 말고도 얼마든지 존재할 수 있다. 따라서 도식은 상상계와 상징계를 포괄하여 주체가 타자와 관계를 맺는 방식을 보여준다. 특히 이 영화의 유사가족 관계를 도식화함에 있어서 L 도식이 유용한 이유는 동일시로 이루어진 오인의 관계와 무의식적인 관계까지 포괄하여 도식화할 수 있기 때문이다. 실제로 라캉은 '세미나4: 대상관계'에서 이 도식을 이용하여 프로이트의 도라 사례 등 다양한 사례들을 분석해낸다.[56] 〈이끼〉의 유사가족 관계에는 L 도식을 표 5-11과 같이 적용해볼 수 있다. 이 도식에서는 해국이 주체의 자리에, 영지는 상징적 어머니로서 자아의 자리에, 이장은 상상적 아버지로서 타자의 자리에, 목형은 상징적 아버지로 대타자의 자리에 위치하게 된다.

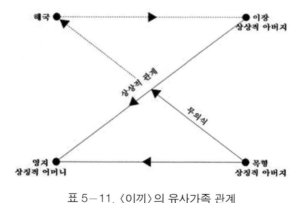

표 5-11. 〈이끼〉의 유사가족 관계

56 강응섭, 『자크 라캉의 세미나 읽기』, 세창미디어, 2015, pp.107-123.

보장은 없다. 아이가 상징적 거세를 받아들인다는 것은 달리 말하면 아버지의 상징적 차원을 인정한다는 것을 의미한다.[60]

아이는 자신이 어머니의 욕망의 대상이 되고자 한다. 그러나 어머니가 바라보는 것은 아이가 아닌 아버지이다. 그 아버지는 어머니가 가지지 못한 특권적인 기표를 가진 아버지로, 아이는 어머니의 욕망의 대상이 되는 것을 포기하는 대신 아버지가 가지고 있다고 추측되는 그것을 가지고자 한다. 이것은 아이가 아버지의 존재를 받아들이는 과정이다. 이 과정에서 어머니와 분리시켜주는, 기표에 의해 매개된 아버지를 상징적 아버지라고 한다. 어머니에게도 상상계, 상징계, 실재의 세 차원이 적용될 수 있는데, 이 중 상징적 어머니는 아이에게 상징적 아버지의 존재를 일깨워주는 어머니이다.

해국은 아버지와 20년 동안이나 의절을 하고 지냈기에 그는 아버지 목형이 어떤 생각을 하고 살았는지, 무엇을 위해 살았는지에 대해 전혀 들은 바가 없다. 해국은 심지어 아버지의 영정 앞에서 "인간으로서 예의를 지키러 왔을 뿐이다"라고 말한다. 목형은 죽음 이전에는 해국에게 실재적 아버지 이상의 어떤 의미도 부여받지 못했다. 지젝은 인간이 항상 두 번 죽는다고 강조하는데, 그것은 실제와 상징 사이의 차이이다. 그에 따르면 라캉은 두 죽음 사이의 이러한 차이를 실제(생물학적) 죽음과 그 죽음을 상징하는 것, 즉 장부정리, 상징적 운명의 완수(예를 들면 가톨릭에서의 임종 시 고해) 간의 차이로 간주했다.[61] 목형은 생물학적인 죽음을 맞았지만 아직 상징적 죽음이 남아있다. 이 두 번째 죽음을 맞기 전까지 목형은 해국에게 상징적인 의미로 남아

---

60 위의 책, p.134.
61 Slavoj Zizek, 이수련 역, 『이데올로기의 숭고한 대상』, 새물결, 2013, p.219.

않음으로써 오히려 권력을 획득한다. 그러나 결정적으로 영지가 해국에게 상징적 어머니로서 작동하게 되는 것은 이장이라는 상상적 아버지를 만들어내는 역할을 하기 때문이다. 이장은 노인일 뿐으로, 그가 마을에서 절대 권력을 가지고 있는 것이 언뜻 보면 이해가 잘 가지 않는다.

이장의 권력은 이 영화의 갈등 구조를 이해하는 데에 핵심적인 요소이다. 이장은 마을 남자들과 함께 목형을 죽이고 그의 권력을 빼앗았다. 이 과정은 프로이트의 「토템과 타부」에 나오는 아들들을 떠올리게 한다. 아들들은 모든 권력과 여자들을 소유하고 있던 아버지를 죽이고 함께 나누어 먹은 후, 그 아버지를 상징화하여 숭배한다. 이장은 목형을 죽임으로서 그를 상징적인 존재로 만들었다. 이장은 목형과 자신을 동일시하여 마을의 법이 되는데, 호머에 따르면 아들들에 의해 살해된 원초적 아버지와의 동일시는 주체가 법이라는 권위와 함께 법을 위반하고 훼손하려는 불법적 욕망과 일제히 동일시하는 애매모호한 과정이다. 그는 권위의 작인인 동시에 그가 다른 이들에게 공포한 법을 적극적으로 위배하는 법 밖의 인물이기도 하다.[62] 마을은 목형의 법을 통해 만들어졌다. 이장은 목형으로 하여금 스스로 그 법을 어기게 함으로써 그의 권위를 실추시키고 결국 죽음에까지 이르게 만들었다. 그리고 이장은 그가 가졌던 권위를 이어받고 법 위에 서 있는 전능한 존재가 되었다. 그렇다면 이장은 어떻게 권위를 잃은 목형이 아닌, 법으로서 작용하던 그의 모습과 동일시할 수 있었을까? 그것은 영지의 승인을 통해 가능할 수 있었던 것이다.

영지는 목형이 소유하고 있었던 여성으로, 다른 사람들의 환상 속

---

62 Sean Homer, 위의 책, p.112.

해하는 것은 이장과 영지의 이러한 관계이다. 이장은 이장대로, 영지는 영지대로 마을의 권력을 차지하기 위해 감추어야하는 것은 목형이 해국에게 남긴 상징적 메시지, 즉 권력에 집착하지 않는 태도이다. 목형은 권력을 가지려하지 않았다. 그가 범죄자들에게 언제나 강조했던 것은 권력에 의한 교화가 아닌 스스로의 깨달음이었다. 그러나 이장은 자신의 욕망을 채우기 위해 목형에게 절대적 권력을 부여하고, 다시 그 권력을 자신이 이어받는다. 목형이 만약 권력에 집착하는 인물이었다면 권력을 잃은 후 마을에서 떠났을 것이다. 왜냐하면 마을에서 목형이 다시 권력을 되찾을 수 있는 가능성은 전혀 없었기 때문이다. 그러나 목형은 권력이 의미 없다는 메시지를 스스로 실천하기 위하여 끝까지 마을을 떠나지 않고 죽음을 맞이한다. 영지는 해국을 이용하여 이장에게 복수를 하는 과정에서 그러한 목형의 메시지만은 전하지 않는다.

이러한 상황은 거울적 관계 속에 형성된 상상적 자아가 주체에게 미치는 대타자의 직접적인 효과를 억압하고 교란하는 L 도식과 일치한다. 영화에는 인물들이 대화하는 장면이 다양하게 등장하지만 두 사람이 마주 보고 앉아서 대화하는 장면은 거의 등장하지 않는다. 그 중 영지와 이장이 마주보며 하는 대화는 딱 한번 등장을 하는데, 그림 5-14가 보여주는 이 장면은 오버 더 숄더 쇼트로 처리되어 두 사람이 거울처럼 동일시되고 있다는 것을 암시한다. 이장의 뒷모습이 프레임에 걸린 상태에서 영지의 앞모습이 보이고, 바로 이어지는 쇼트에서는 영지의 뒷모습이 프레임에 걸린 상태로 이장의 앞모습이 드러난다. 이런 식의 쇼트는 마치 거울을 보고 있는 인물의 뒷모습과 거울에 비친 앞모습이 동시에 드러나는 거울 쇼트를 연상시키는 구성이다.

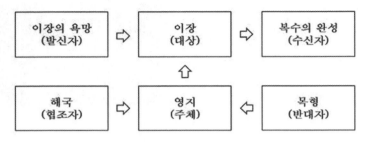

표 5-12. 〈이끼〉의 행동자 모델

따라서 이 영화의 갈등 구조를 명확하게 파악하기 위해서는 표 5-12처럼 해국이 아닌 영지를 중심으로 서사를 바라볼 필요가 있다. 영화는 이장의 욕망으로부터 시작된다. 그는 자신만의 왕국을 건설하기 위해서 목형을 이용한다. 이장이 목형의 권력을 이어받는 과정에서 영지는 희생자가 된다. 그리고 그녀는 복수를 꿈꾸기 시작한다. 목형이 죽자 영지는 이를 계기로 복수에 착수한다. 그 방법은 아들 해국을 마을로 불러들이는 것이다. 해국이 마을에 나타났을 때 가장 처음 그를 바라보고 있던 시선의 주인공은 영지이다. 마을 남자들은 해국을 보고 "어떻게 알고 왔을까?"라며 궁금해 한다.

해국을 부른 것은 영지이다. 그녀는 매우 은밀한 방식으로 카세트테이프, 성경책 등을 해국의 곁에 가져다놓으며 해국이 아버지의 죽음에 관하여 이장과 마을 남자들을 의심하도록 만든다. 그러나 목형을 죽인 것이 이장이나 마을 남자들이라는 사실은 명확히 드러나지 않는다. 따라서 본 서사는 해국이 아버지의 복수를 하는 구조로 구성되어 있지 않다. 아버지의 살해범이 명확하지 않은 것처럼 해국의 복수에는 그 의도가 명확하지 않기에 해국을 주인공으로 영화를 보는 관객들은 갈등 구조가 모호하다고 생각을 할 수밖에 없다.

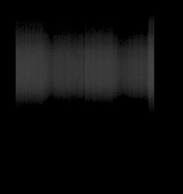

제6장

유사가족과 전이된 관계의 갈등 구조

1. 전이된 가족으로 표상된 선장과 선원들, 〈해무〉

영화 〈해무〉는 심성보 감독의 2014년 작품으로, '전진호'라는 어선을 중심으로 이야기가 펼쳐진다. 박수민은 이 영화를 "도덕을 묻는 영화"라고 했다.[1] 역으로 바라본다면 도덕을 묻고 있기에 그 이면에 존재하는, 도덕으로 인해 억압된 욕망을 볼 수 있는 영화이기도 한 것이다. 아이에게 욕망의 시작은 어머니와의 관계에서 비롯되는 것이고, 그것이 성인기의 은밀한 욕망을 구성하는 근원이 되며, 전이 상황 속에서 욕망은 다시 어머니와의 관계를 반복하여 슬며시 모습을 드러낸다. 따라서 전이 상황에서 표출된 욕망을 살펴보는 일은 그가 가진 근본적인 가족 환상을 해체해보는 작업이기도 하다.

---

1 박수민, ≪씨네 21≫, http://www.cine21.com/news/view/mag_id/81115, 2015.09.01.

리고 가족은 아이가 상징계로 진입하게 해주는 첫 번째 사회적 집단이다. 이 집단에서 대상과의 관계는 주체가 나중에 맺을 모든 사회적 관계의 원형이 된다. 맹정현은 "인간에게 최초의 대상은 사물이 아닌 어머니, 아버지, 형제이며 이외의 대상들은 이 첫 번째 대상의 확장일 뿐이다"[2]라는 주장을 펼치고 있다. 이러한 시각에서 본다면 모든 사회적 관계는 가족 내에서 주체에게 경험되었던 원초적 관계가 '전이'된 관계인 것이다. 맹정현은 이것이 라캉의 「가족 콤플렉스」라는 논문에서 제기된 주장의 핵심이라고 지적한다.[3]

따라서 선장 철주를 중심으로 구성되어 있는 전진호라는 유사가족은 선원들에게 가족 구성원과의 원초적인 관계를 반복하게 만든다. 그러한 관계가 가장 명확하게 드러나는 것은 갈등의 상황으로, 선원들이 어머니, 아버지, 형제들과의 대상관계에서 각자가 위치했던 자기만의 포지션에 따라 갈등에 대처하는 태도가 다르게 나타나게 되는 것이다.

영화의 서사는 동식이라는 주체를 중심으로 펼쳐지기 때문에 그의 포지션으로 인해 선장과 다른 선원들도 유사가족 관계에서의 자리가 정해지게 된다. 다시 말해 전이된 가족으로서의 유사가족을 이루고 있는 선원들이 아이 시절에 가족에게 '무엇'이었는지를 유추할 수 있게 하는 것은 현재의 포지션에서 갈등에 대처하는 방식이다. 만약 동식이

---

2 맹정현,『리비돌로지: 라캉 정신분석의 쟁점들』, 문학과지성사, 2009, p.190.
3 위의 책에서 맹정현은 프로이트의 포르트-다 놀이를 라캉의 관점에서 세 가지 독법으로 읽기를 시도하는데, 그 중 첫 번째 시도가 라캉의 논문 「가족 콤플렉스」에서의 관점을 통해 읽어내는 것이며, 어머니의 젖가슴과 분리될 때의 결과로 얻어진 아이의 죽음에 대한 욕망이 상상적 수준에서 자아와 동일시 된 형제라는 타자와의 관계에서 공격성이라는 형태로 반복되고, 이것은 아이가 아버지의 개입에 의해 상징계에 진입한 이후에도 무의식으로 남아 소급적 구성을 통해 타자와의 관계 속에서 다시 반복될 수밖에 없다는 독해의 결과를 보여주고 있다. (위의 책, pp.189-198.)

면 오이디푸스 콤플렉스 단계가 지나고 초자아가 내면화되는 나이, 즉 다섯 살이나 여섯 살쯤 될 때 어린아이는 실재의 아버지를 지워버린다고 한다. 그는 실재의 아버지를 상상적 아버지로 덮어씌움으로써 아버지를 둘로 만든다고 설명한다.[4]

상상적 아버지는 아이가 필요에 의해 상상 속에서 만들어낸 산물이다. 다시 말해 상상적인 아버지는 아이가 이상형에 대해 가지고 있는 이미지들을 모아 아버지로 재구성한 것이다. 아이는 자신이 어머니의 결핍을 채울 수 없는 것을 알기에 누군가에게 양보해야하지만 그러한 소유권의 양도에는 반드시 '자격을 갖춘 사람'이 소유권을 가져가야한다는 전제가 붙는다. 그렇지 않다면 양보를 강요당한 아이는 스스로 초라함을 느끼게 될 것이다. 아이는 아버지로부터 어머니를 '빼앗길만해서 빼앗겼다.'라는 합리화의 근거를 얻을 수 있어야만 하는 것이다.

동식이 해양 고등학교를 나왔다는 사실은 동식의 꿈 또는 이상형이 배와 관계된 직업의 정점, 즉 선장이라는 것을 암시한다. 따라서 철주는 전진호의 선장으로서 동식에게는 닿을 수 없을 정도로 높은 곳에 존재하는 이상형이다. 동식은 철주에게 밥을 지어 올리고 그의 명령에 복종한다. 동식에게 철주는 비록 자신을 때리는 폭군과 같은 아버지일지라도 배를 지배할만한 자격이 있는 사람이다. 반면 완호는 보잘 것 없는 인물이지만 동식을 돌봐주고 감싸주며 이끌어주는 실재적 아버지이다. 갈등이 표면화되기 전에 이 두 아버지는 배립하지 않는 것처럼 보인다. 그러나 갈등의 상황이 되면 동식은 반드시 이 두 아버지 사이에서 곤란을 겪게 될 것이다.

라캉은 실재적 아버지는 분석을 할 수 없으며 상상적 아버지가 되

---

4 Philippe Julien, 홍준기 역, 『노아의 외투』, 한길사, 2000, p.78.

미를 채워나가는 기능을 하는 미장센에 그대로 드러난다.

영화 제목이 암시하듯 '해무'는 베일과 같이 욕망의 대상이 은폐되는 장치이다. 철주에게 아내의 성행위 장면은 더러운 비닐 커튼을 통해 희미하게 보일 뿐이다. 비는 욕망의 대상인 돈을 상징하는 밀항자들이 선원들을 향해 드러나는 것을 방해한다. 멀어지는 서로의 배 위에서 손을 뻗은 두 남녀는 곧 욕망의 대상이 될 서로를 향해 닿을 듯 닿지 못한다. 이러한 미장센들은 영화에서 반복되며 포착되지 않는 욕망의 대상으로서의 남근을 관객들에게 지속적으로 환기시킨다.

그림 6-1. 베일을 상징하는 다양한 미장센들

이렇듯 베일에 가려진 남근은 기표의 연쇄 속에 그것을 다른 기표로 대체시키는 방법을 통해서만이 주체에 의해 욕망될 수 있다.[8] 철주

---

8 임진수는 이것이 기호 자체가 가진 특성에서 비롯된다고 설명한다. 기호가 의미를 가지기 위해서는 두 개 이상의 기호가 존재해야 한다는 것이다. "왜냐하면 소쉬르의 정의에 따르면, 하나의 기호형식은 다른 기호형식과의 차이에 의해 그 가치가

처럼 보이는 할머니를 위해 돈을 벌어야 한다. 또한 밀항자와 완호의 대화 속에서 그들이 배에 타게 된 공통적인 이유가 가족을 위해 돈을 벌기 위함임이 드러난다.

이쯤 되면 그들에게 가족은 돈이라는 기표에 의해 지연된 반복강박이다. 그리고 이러한 강박은 전이를 통해 반복된다. 지연되던 강박이 유사가족이라는 전이의 상황을 만나게 되면 기표로서의 돈은 더 이상 아무런 의미도 없는 것으로 전락하고 강박적 갈등을 불러일으키는 진짜 욕망이 서서히 그 모습을 드러내게 될 것이다. 정신분석학에서는 표상되지 않는 갈등의 원인이 전이된 관계 속에서만 드러나게 된다고 믿기에, 전이에 대한 중요성이 강조되어 왔다.

라캉에 따르면 정신분석에는 네 가지 토대가 존재하는 데 그것은 "프로이트가 근본개념으로 도입한 용어 중 다음 네 가지, 즉 무의식, 반복, 전이, 충동"이다.[9] 토대란 어떤 것의 근저를 이루는 요소들로서, 이 네 가지 개념은 따로 따로 존재하는 것이 아니고 서로 연동되는 것들이기에 이들 중 어느 하나가 빠져도 정신분석이 제대로 기능할 수 없다. 무의식은 그것이 남긴 흔적들을 통해 그 존재를 추론할 수 있을 뿐 무의식 자체를 확인하거나 대상으로서 경험할 수는 없다. 그렇다면 의식 밖에서 존재하는 무의식을 어떻게 의식수준에서 존재한다고 단언할 수 있는 것일까.

프로이트로 하여금 무의식의 존재를 확인할 수 있도록 해준 것이 바로 반복이라는 개념이다. 어떠한 증상이 반복되고, 징후가 반복되며, 그것이 패턴을 이룬다면 무엇인가가 증상이나 징후의 배후에 있다

---

9 Jacques Lacan, 맹정현, 이수련 역,『세미나11: 정신분석의 네 가지 근본 개념』, 새물결, 2008, p.28.

란 무의식의 현실이 표상의 수준이 아니라 행위화가 되는 것으로, 라캉에 의하여 정신분석의 본질이 상상적이거나 상징적인 것이 아니라 실재적인 것의 수준으로 옮겨지는 순간이다. 다시 말해 전이란 과거의 표상을 되살리는 것이 아니라 표상들 속에 숨어있던 리비도가 현실화하는 순간이다.

그러나 1915년 논문 「충동과 충동의 운명」에서 프로이트가 충동이란 "정신과 육체 사이의 경계선에 있는 개념으로, 신체 기관 내에서 발생하여 정신에 도달하는 심리적 대표자"[12]라고 주장한 것처럼 모든 충동은 부분 충동일 수밖에 없기에 주체는 이러한 충동을 무의식적 환상속에서 욕망의 차원으로 끌어올림으로써 '주체화'하게 된다. 따라서 주체와 타자의 관계에서 일어나는 전이는 무의식 속에서 존재하던 욕망의 회로가 현실에서 재현되는 것이다.

특히 전이는 상징계의 간극을 채우려는 시도인데 어머니의 부재로부터 열린 간극, 이 간극은 절대로 아물 수 없는 간극, 즉 실재 속에 위치한 간극이다.[13] 이것은 대상 a가 위치하는 간극이며 욕망은 이것을 겨냥한다. 그러나 대상 a는 표상될 수 없는 대상, 즉 비어있는 자리에 불과하기 때문에 욕망은 이것을 적중시킬 수 없다. 대상에 적중되지 않는 욕망은 충족을 위해 다시 그 빈곳을 겨냥할 수밖에 없는 것이다. 이러한 반복은 강박으로 나타나며, 욕망이 대상 a의 주변을 배회할 뿐, 영원히 만족될 수 없는 것이라면 반복강박 또한 멈추지 않을 것이다. 충동은 도착적인 것이기에 부분 충동의 수준은 반복강박을 통해 '주이

---

12 Sigmund Freud, 윤희기, 박찬부 역, 『정신분석학의 근본 개념』, 열린책들, 2012, p.107.
13 맹정현, 위의 책, p.210.

머니의 자리가 홍매로 채워지게 된다.

영화의 주된 사건이 일어나는 무대는 크게 세 개의 장소이다. 갑판, 어창, 기관실이다. 동식과 홍매의 전이된 가족 관계는 모두 기관실에서 일어난다. 기관실은 동식과 홍매의 환상 속에서는 집과 같은 기능을 한다. 기관실은 배에서 제일 따뜻한 곳이며 외부로부터 몸을 숨길수 있는 곳이다. 차가운 어창이 외부로부터 무언가를 강제로 은폐하는 곳인 것과는 대조된다. 배의 구조는 크게 둘로 나눌 수 있다. 드러난 곳과 드러나지 않은 곳. 드러난 곳인 갑판은 현실의 법이 지배하는 공간이기에 해경이 드나들기도 하고 아버지로서의 선장이 폭력을 휘두를 수도 있다. 드러난 공간이 현실의 법을 통해 의식을 지배한다면 드러나지 않은 공간은 의식으로부터 독립된 곳, 즉 무의식이 지배하는 공간이라고 할 수 있다.

무의식에는 어창과 같이 의식으로부터 억압되어야 하는 무언가가 은폐되는 공간(어창)도 존재하지만 의식에서 만족을 얻지 못한 주체가 도피하는 곳, 즉 환상의 공간(기관실)도 존재한다. 이러한 기관실이 동식과 홍매에게 전이적 상황을 일으킨 공간으로 작용했다는 것은 의미가 있다. 환상은 욕망의 무대이이며[16] 욕망은 환상을 통해 발현된다.[17] 기관실이라는 무대에서 홍매의 욕망이 드러났기에 동식이 전이에 이를 수 있었을 것이며, 기관에서 나오는 열의 따뜻함은 가족의 따뜻함이라는 전이적인 감각을 통해 두 사람의 전이 상황을 더욱 부추겼을 것이다. 기관실이 무의식적 환상의 공간이라는 사실은 사람들이 갑판이나 어창이 아닌 이곳에서만 성행위를 하는 장면에서도 드러난다.

16 이병창, 『지젝 라캉 영화』, 먼빛으로, 2013, p.68.
17 임진수, 『환상의 정신분석』, 현대문학, 2005, p.236.

응시는 대상을 완벽하게 재현할 수 없다. 따라서 두 사람의 성행위는 환상의 수준에서 의미를 부여할 필요가 있다. 성행위는 기관실에 숨어있던 두 사람이 철주가 완호를 죽이는 것을 목격한 직후 이루어지는 것이다. 동식의 바라봄 속에서 상상적 아버지인 철주가 실재적 아버지인 완호를 죽이는 것은 동식의 환상 속에서 두 개의 다른 아버지가 하나의 아버지로 합쳐지는 것을 의미한다. 통합된 아버지는 허약했던 실재적 아버지 완호가 윤리적인 목표를 위해 자신의 목숨을 희생함으로써 구축한 상징적 아버지이다. 동시에 이 살해 장면은 완호를 죽인 상상적 아버지인 철주가 더 이상 아버지가 아니고 단지 살인자임이 폭로되는 순간이다. 이것은 마지막에 이르러 "내가 이 배의 선장이야."라고 말하는 철주에게 동식이 "당신은 살인자야."라고 외치는 장면에서 증명된다.

아버지 철주와 어머니 홍매, 아들로서 동식의 유사가족 관계는 깨어졌기 때문에 홍매는 더 이상 동식의 환상 속에서 어머니가 아니다. 이제 홍매는 동식이 지켜야할 여자이기에 환상 수준에서 두 사람의 성행위가 가능해지는 것이다. 이런 상황을 촉발시킨 살인사건은 우연한 사고에서 시작되었다. 철주는 해경의 눈을 피하기 위해 조선족 밀항자들을 어창에 숨기는데, 낡은 냉각기에서 흘러나온 프레온 가스가 그들을 모두 죽게 만든다. 철주는 이 사고를 은폐하기 위해 선원들과 함께 밀항자들의 시체를 모두 바다에 버린다. 유일하게 기관실에 숨어 있다가 목숨을 구한 홍매는 그 모습을 목격하고 경악한다. 완호는 불의에 항의하며 신고하려고 했고 철주는 비밀을 지키기 위해 그런 완호를 죽인 것이다.

철주와 선원들은 다른 목격자인 홍매도 죽여야만 한다고 생각한다.

망하는 것이 대상 a가 아니라 홍매라는 것을 확신한다. 이러한 도착증적 포지션은 창욱이 죽음 앞에서도 홍매와의 성행위를 결코 포기하지 않도록 만든다. 도착증의 원인에 대해서는 다양한 설명이 가능하지만 구조적으로 볼 때 확실한 것은 창욱이 어머니와의 관계에 대한 환상 속에서 쾌락을 포기하지 않았으며, 그러한 창욱의 포지션이 홍매에 대한 도착증적 태도로 전이 되었다는 것이다.

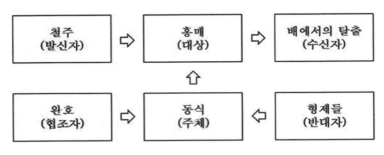

표 6-2. 〈해무〉의 행동자 모델

선장과 선원들의 포지션이 모두 다르더라도 공통적인 것은 배 위의 모든 이들이 동식으로부터 홍매를 빼앗으려고 하는 것이다. 결과적으로 동식과 형제들의 각각 다른 포지션은 서로를 죽이게 만든다. 작은 상징계로서의 배에는 구멍이 나고 점차 가라앉기 시작한다. 선장 철주도 이 상징계에 종속되어 있는 주체이기에 배를 포기하지 못하고 함께 가라앉는다. 그러나 동식과 홍매는 다르다. 그들은 전이를 통해 상징계의 한계를 넘어서려고 시도했었기에 배를 포기하고 바다로 몸을 던진다. 동식을 주체로 유사가족 갈등을 통해 펼쳐지는 서사 구조를 도식화하면 표 6-2와 같다. 동식은 갈등의 상황 속에서도 자신의 욕망을 포기하지 않는다. 오히려 목숨을 걸고 자신의 욕망을 철저히 고수

덤으로 주이상스라는 대가를 얻어내지만 실패로 끝난 표상화의 시도를 다시 반복할 수밖에 없다. 그러나 이러한 프로세스 덕분에 주체는 욕망할 수 있게 되고 충동의 공격성으로부터 자신을 방어할 수 있다.

반복의 시작은 주체가 아이이던 시절까지 거슬러 올라간다. 어머니의 부속물에 지나지 않았던 아이가 독립하여 상징계에서 주체가 되기 위해서는 말을 배워야했고 그것으로 인해 어머니는 요구를 하지 않으면 만족을 주지 않는 타자가 되어버린다. 그러나 언어를 통한 요구는 표상되지 않는 충동까지 담아낼 수 없기 때문에 타자를 통한 충동의 만족은 환상 속에서나 가능한 일이 되어버리는 것이다. 다시 말해 잃어버린 어머니와의 궁극적 재회는 환상을 통해서만 가능한 일이며 이것은 아버지에 의해 금지되어 있는 것이기 때문에 그나마도 억압을 통해 무의식 속으로 숨겨져 버린다. 그리고 이러한 무의식은 반복의 형태로 다시 돌아온다.

프로이트는 무의식이 귀환할 때 느껴지는 낯선 공포를 '언캐니(uncanny)'라고 불렀다.[24] 억압되어 있는 무의식이 표상화될 때는 일련의 변형 과정을 거치기 때문에 주체에게 그것은 낯선 것일 수밖에 없으며 인간은 언제나 낯선 것에서 공포를 느낀다. 권택영은 "언캐니는 캐니와 대립되는 단어가 아니라 종속된 단어이다. 다시 말하면 낯선 어떤 것은 원래 낯익은 어떤 것에서 나왔다고 볼 수 있다"[25]고 설명한다. 상만은 어릴 적 사고로 가족을 모두 잃고 고아원에서 자랐다. 그는 씩씩하게 살아왔지만 결국 상실의 고통을 견디지 못해 자살을 기도

---

24 프로이트는 이 언캐니가 "공포감의 일종이고 극도의 불안과 공황상태를 불러일으키는 감정이기도 하다는 점"을 지적했다. (Sigmund Freud, 정장진 역, 『예술, 문학, 정신분석』, 열린책들, 2012, p.404.)

25 권택영, 『감각의 제국: 라캉으로 영화 읽기』, 민음사, 2001, p.19.

가족은 각각 그 구성원이 가졌던 대표적인 습관들로 표상화되어 있다. 상만이 교통사고로 기억을 잃었다고는 하지만 가족 구성원이 가졌던 특징은 그의 정신 어딘가에 표상으로 남아 있다. 프로이트는 이 것을 '대표 표상'이라고 했다. 라플랑슈와 퐁탈리스에 따르면 대표 표상이란 주체의 역사 흐름에서 욕동이 고착되는 표상이나 표상군으로, 그것을 매개로 하여 욕동이 심리에 등록된다는 것이다.[26] 우리가 누군가를 기억할 때 그 사람을 대표하는 특징이 먼저 떠오르듯이 상만에게 가족들의 습관은 곧 그 사람 전체의 표상이나 마찬가지이다. 할아버지는 술을 마시는 습관, 아버지는 담배를 피우는 습관, 어머니는 우는 습관, 형은 단 것을 좋아하는 습관으로 특징지어져 있다. 이렇게 하나의 표상은 연쇄를 이루며 전체를 그려낼 수 있게 하기에 유령들의 모습이 다른 사람들에게는 보이지 않으나 상만에게만은 너무나도 명확하게 보이고 그들의 목소리 또한 생생하다. 사람들은 그런 환상을 대하고 있는 상만을 정신병자로 취급하기에 이른다. 물론 환상, 혹은 망상의 생생함은 정신병자들의 일반적인 증상이다.

그러나 핑크는 "환상과 현실이라는 관점에서 논의를 전개한다면 우리는 신경증과 정신병을 구분할 수 없다. 왜냐하면 대다수의 신경증자들도 정신병자와 마찬가지로 환상과 현실(사회적으로 구성된 현실 관념)을 구분할 수 없기 때문이다"[27]라고 주장한다. 정신병자는 표상적 차원과 물리적 차원을 구분 짓지 못하며 자신과 타자도 구분하지 못한

26 이 책에서 역자 임진수는 '충동'을 '욕동'으로 번역하고 있다. "대표 표상이라는 개념은 프로이트가 육체적인 것과 심리적인 것의 관계를 욕동과 그것의 대표 관계로 정의하고 있는 텍스트에서 만날 수 있다." (Jean Laplanche & Jean-Bertrand Pontalis, 임진수 역, 『정신분석 사전』, 열린책들, 2009, p.112.)

27 Bruce Fink, 맹정현 역, 『라캉과 정신의학』, 민음사, 2012, p.147.

이 담배를 피우는 방식도, 울보귀신이 우는 방식도 마찬가지이다.

대상의 상실로 인해 괴로움을 겪는 것은 마찬가지이지만 멜랑콜리는 상실의 슬픔과는 구분되어야 한다. 프로이트는 "사랑하는 누군가를 잃었다는 것에 대한 반응으로 나오는 깊은 슬픔에도 우울증[31]과 똑같은 고통스러운 마음, 외부 세계에 대한 관심의 상실(외부 세계가 사랑하는 사람을 상기시키지 않는 한), 사랑할 수 있는 능력의 상실로 사랑하던 사람을 대신할 새로운 사랑의 대상을 찾지 못하는 것, 그리고 사랑하던 이를 생각나게 하는 어떤 행동도 금하는 것 등이 포함된다"[32]고 하였다.

상만이 가족을 잃은 깊은 슬픔 속에서 살아왔던 것은 틀림없다. 상만은 회사도 그만두고 집에서 은거하는 삶을 살며 아무도 만나지 않는다. 또한 어떤 사람을 사랑하려는 노력조차 하지 않으며, 기억상실의 형태로 스스로 가족의 기억을 떠올리는 일 조차 금지해버렸다. 그러나 프로이트가 지적하듯 슬픔과는 달리 우리가 우울증에 관심을 가지고 우울증을 위험한 것으로 보는 것은 우울증 환자들의 자살성향 때문이다.[33] 정상적인 사람이라면 상실의 슬픔 때문에 괴로워할지라도 자살을 하지는 않는다. 그러나 멜랑콜리 환자는 대상의 상실이 자살로 이어질 수 있다는 특징을 가진 것이 결정적인 차이점이다.

영화의 프롤로그에서부터 상만은 자살을 시도한다. 여관방에 투숙하여 수면제를 다량 복용하는가하면, 한강 다리에서 투신하기도 하고,

---

31 역자 윤희기는 저자 프로이트의 '멜랑콜리'를 '우울증'으로 번역하였다. (Sigmund Freud, 윤희기, 박찬부 역, 『정신분석학의 근본 개념』, 열린책들, 2012, p.239.)

32 Sigmund Freud, 위의 책, p.245.

33 위의 책, p.256.

날이 되어보면 다들 너무 행복해 보이는 거야. 그러면 생각을 해. 아, 나만 이 모양으로 살고 있었구나. 내 인생만 이 꼬라지인 게 맞구나…"

가족 상실에 대한 슬픔이 자기 자신에 대한 비하로 귀결되는 것이다. 정상적인 사람이라면 가족을 잃었다는 사실이 자기비하로 이어지지는 않는다. 이러한 자기 비하가 리비도의 나르시시즘적인 투자에서 비롯된다는 사실은 아이러니하다. 프로이트가 슈레버라는 정신병 환자의 자서전적 기록을 만나기 전까지 리비도는 외적 대상에만 투자되는 것이었다. 그러나 슈레버 사례를 다루면서 프로이트는 리비도가 자기 자신의 이미지, 즉 자아에 투자될 수 있다는 사실을 발견했다.[34]

인간이 자아를 형성하는 과정을 설명하는 데에 결정적인 기여를 하는 것이 '자아 이상'이라는 개념이다. 맹정현은 "리비도가 자아를 대상으로 하면서 발생되는 자아 이상의 형성에는 다양한 기제들이 연루 된다. 가령 동일시라는 기제가 연루될 수 있다. 자아 이상과의 동일시, 부모와의 동일시, 동일시라는 것 자체가 나의 이미지를 형성하는 것과 관련이 있기 때문에 나르시시즘과 연관이 있다고 할 수 있다"[35]라고 설명한다. 이것은 유아의 리비도가 대상에게 투자되기 전 자기 자신에게 머물러있었던 원초적인 나르시시즘과는 구분된다. 정신병 환자의 나르시시즘에서 리비도가 투자되는 것은 자신이 아니라 자아가 동일시한 이미지인 것이다. 따라서 동일시의 문제는 정신병적 멜랑콜리를 설명하는 데에 핵심으로 등장한다. 결국 프로이트는 멜랑콜리를 잃어버린 대상과의 동일시 속에서 나타나는 자기 비난이라고 간단하게 규정한다. "내가 상실한 대상과 자신을 나르시시즘적으로 동일시하면

34 Sigmund Freud, 김명희 역, 『늑대 인간』, 열린책들, 2012, pp.107-193.
35 맹정현, 『프로이트 패러다임』, SPF-위고, 2015, p.185.

적인 동일시나 아버지의 남근과 동일시하는 부분적인 동일시와는 구분된다. 자기 자신을 잃어버린 대상의 자리에 놓는 상태, 즉 멜랑콜리적 동일시라고 할 수 있다. 유령들이 옆으로 배치될 때 상만은 그들의 특징대로 행동을 하고 말을 한다. 프로이트는 이런 식의 동일시를 "원초적인 나르시시즘으로 퇴행하는 것"으로 보았다.[37] 성인의 나르시시즘이 유아의 그것과 같을 수는 없지만 멜랑콜리 환자는 동일시를 통하여 그것과 비슷한 상태로의 퇴행을 겪는다는 의미로 해석할 수 있다. 프로이트의 발달론을 따른다면 퇴행에서 문제가 될 수 있는 것은 퇴행한 지점일 것이다. 프로이트는 그 지점을 구강기라고 생각했다.

외부의 대상들에 리비도가 투자되기 전 가장 처음으로 리비도가 발달되는 장소, 즉 젖을 빠는 입에 리비도가 머물러있는 시기가 구강기이기 때문이다. 그런 면에서 본다면 앞에서 인용을 통하여 등장한 '합체'라는 개념은 입을 통한 합체, 즉 멜랑콜리적인 주체가 입을 통하여 대상을 삼킴으로써 이루어지는 동일시이다. 그래서인지 상만이 유령들과 동일시를 하는 데에 이용하고 있는 습관은 모두 구강기적이다. 할아버지는 술을 마시고, 아버지는 담배를 피우며, 형은 사탕을 빨고, 어머니는 밥을 지어 먹는다. 상만은 그들의 행동을 그대로 따라한다. 상만의 가족들이 가진 특징이 구강기적인 습관만은 아니었을 것이다. 그러나 영화를 통해 상만이 경험하는 것들은 모두 그의 정신 안에서 벌어지는 일들이기 때문에 구강기로 퇴행한 멜랑콜리 환자인 상만이 유독 상실한 가족의 구강기적 습관들만을 떠올리는 것은 당연하다.

이 지점에서 밝혀지는 것은 이 영화에서의 주된 갈등이 모두 상만

---

37 Sigmund Freud, 윤희기, 박찬부 역, 『정신분석학의 근본 개념』, 열린책들, 2012, p.253.

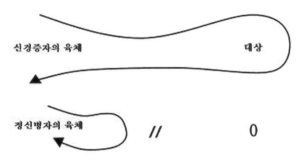

표 6-4. 신경증자와 정신병자의 충동 도식[38]

정상인(신경증자)에게는 이러한 충동을 완화시켜주는 장치가 존재한다. 바로 환상이다. 신경증자와 정신병자를 가르는 것은 주체에게서 부성 은유가 작동을 했는가의 여부이다. 충동은 만족을 얻기 위해 언제나 대상을 겨냥한다. 프로이트에 따르면 충동[39]의 대상은 충동이 그 목표에 도달하는 데 도움을 주거나 수단이 되는 것을 일컫는다. 충동과 관련된 것 가운데 가장 변수가 많은 이 대상은 애초부터 충동과 결부된 것은 아니며, 다만 충동의 만족 달성에 아주 적합하다는 이유로 충동에 지정된 것이다. 이 충동의 대상은 외부의 것일 수도 있지만 충동 주체의 신체 일부분일 수도 있다.[40] 라캉은 이러한 프로이트의 생각을 계승하여 충동의 대상으로서의 대상 a라는 개념을 고안해냈다. 충동의 목적은 쾌락으로서 충동은 어떤 대상을 통해서라도 쾌락을 얻어낼 수 있다. 따라서 프로이트의 생각처럼 충동의 대상은 고정되지 않

---

38 맹정현, 『멜랑꼴리의 검은 마술: 애도와 멜랑꼴리의 정신분석』, 위의 책, p.228.
39 윤희기는 프로이트의 충동(Drive, Trieb)을 본능으로 번역했으나, 이것은 오해를 낳을 수 있는 번역이라서 인용자가 충동으로 바로 잡음.
40 Sigmund Freud, 위의 책, p.108.

가온다는 것을 의미한다. 따라서 정신병자는 대상을 상징으로서가 아닌, 실재하는 어떤 것으로 대면할 수밖에 없다. 즉 정신병자에게는 말이 그대로 사물이 된다. 상만에게 인식되어있는 '가족'이라는 말이 그에게는 그대로 물리적으로 지각 가능한 것이 된다는 말이다. 이것이 바로 상만 앞에 나타난 유령들의 정체이다. 따라서 상만이 이 유령들과 결별하는 것은 곧 그의 정신병적 멜랑콜리를 극복한다는 의미가 된다. 그 방법은 상만이 신경증자로 돌아가는 것인데 그러기 위해서는 환상을 가동할 수 있어야만 한다.

이 과정에서 상만에게 도움을 주는 이가 호스피스 병원에 근무하는 간호사 연수이다. 연수는 상만과는 달리 정상적으로 환상을 통해 욕망할 수 있는 주체이다. 상만이 연수와 만나는 것은 연수의 욕망 앞에 선다는 것이다. 주체가 알 수 없는 타자의 욕망 앞에 선다는 것은 불안한 일이다. 주체는 이러한 불안을 방어하기 위해 환상을 작동시킨다. 이러한 환상으로 인해 매개되지 않은 타자의 욕망은 주체를 삼켜버릴 수 있는 '악어의 입'이다.[41] 그러나 환상은 타자의 욕망을 요구로 바꾸어 주체를 불안으로부터 방어해준다.

상만은 연수를 처음 만날 때부터 그녀에게 호감을 느낀다. 그러나 상만은 그녀가 무엇을 원하는지 알 수가 없다. 따라서 상만은 그녀도 자신을 좋아하는지 알 수가 없는 것이다. 만약 그녀가 원하는 것을 알 수만 있다면 상만은 그것을 가지려고 노력할 것이다. 그녀가 원하는 것을 얻는 것은 곧 그녀를 얻는 것이기 때문이다. 연수는 불현듯 상만의 가슴에 귀를 대어본다. 상만도 연수를 따라 그녀의 가슴에 귀를 대어본다. 상만은 연수가 원하는 것을 알고 싶다. 상만은 연수가 만화영

---

41 맹정현, 『리비돌로지: 라캉 정신분석의 쟁점들』, 문학과지성사, 2009, p.357.

신을 이전과 같은 형태로 동일시하지는 않는다는 것을 의미한다. 멜랑
콜리적 동일시의 포기는 멜랑콜리의 극복을 의미하는 것이다. 결말부
에서 상만의 치유를 보여주는 것은 바로 유령들과의 이별이다.

이제 상만에게 망상은 더 이상 나타나지 않을 것이다. 대신 그들은
상만의 정신 속에 표상의 형태로 존재하게 될 것이다. 이러한 사실을
환기시키듯 상만이 자라는 동안 혼자 찍었던 사진들 속에서 차례로 가
족의 모습이 드러난다. 사진은 부재하는 이들을 환상 속에서 불러내
는 장치이다. 영화에서 관객들에게 보여지는 것처럼 상만은 사진을 볼
때마다 환상 속에서 그들과 함께 하고 있었던 것처럼 느낄 것이다. 상
만이 주체가 된 갈등을 중심으로 이 영화의 서사 구조를 도식화해보면
다음과 같다.

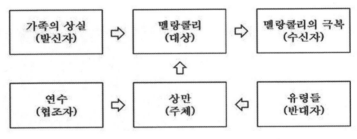

표 6-5. 〈헬로우 고스트〉의 행동자 모델

영화의 갈등은 유령이 등장하는 것으로 발생해서 사라지는 것으로
해소된다. 따라서 표면적으로는 상만과 유령들이 겪는 갈등이 이 영화
의 주된 갈등이다. 그러나 갈등 구조를 조금 더 심층적으로 살펴보면
이 모든 갈등은 상만의 정신 속에서 일어난 것이다. 이 영화의 서사는
주인공 상만이 멜랑콜리와 싸워 그것을 극복하는 과정이라고 할 수 있

수 있는 바와 같이 심청전을 재해석하여 만든 영화이다. 영화의 서사
는 교수인 심학규와 그의 외도 상대인 덕이, 그리고 학규의 딸 청이의
욕망이 뒤섞이며 만들어내는 갈등이 중심을 이룬다. 등장하는 세 명의
인물들이 서로 다른 욕망을 가지고 있고 그것들이 상호작용을 하기에
영화의 갈등구조는 다양한 국면으로 분석이 될 수 있다. 주성철은 이
영화를 청이의 효심(孝心)이 강조되었던 원작 〈심청전〉과 비교하며
심학규와 덕이를 중심으로 한 서사가 돋보인다고 평가했다.[43]

이것은 〈심청전〉이 영화화 되는 과정에서 일어난 변화만은 아니다.
김동건은 "〈심청전〉의 서사는 심청을 주인공으로 한 서사여야 함에도
불구하고, 심청이 인당수에 몸을 던지는 '처녀생지' 모티프와 심청의
아버지 심봉사가 눈을 뜨는 '개안' 모티프가 결합되어 서사를 이루고
있어 〈심청전〉은 심청의 이야기이면서 심봉사의 이야기기가 되기도
한다"[44]고 지적한다. 다시 말해 제목이 〈심청전〉임에도 불구하고 심학
규의 다양한 욕망이 서사 과정에 개입이 됨으로써, 이 이야기가 심청
의 것이 아니라 심학규의 것이라는 해석도 가능하게 하는 것이다. 그
래서인지 영화에서도 심청이라는 인물의 비중은 원작에 비하여 더욱

---

43 주성철, ≪씨네 21≫, http://www.cine21.com/news/view/mag_id/78097,
2014.10.08.

44 김동건에 따르면 "〈심청전〉의 이러한 서사적 특징은 소설 〈심청전〉을 두 가지
유형으로 구분하도록 만들기도 한다. 성현경은 이것을 '문장체 소설 〈심청전〉'
과 '판소리 문학 〈심청전〉'으로 구분하여 경판 24장본(한남본)은 심청을 주인공
으로 하는 성년식 소설로 파악하고, 완판 71장본을 비롯한 판소리 문학 〈심청전
〉은 '〈심청전〉이라기보다는 차라리 〈심학규전〉이라고 보는 편이 더 타당할지
모른다'고 하기도 하였으며(성현경, 한국옛소설론 , 새문사, 1995, 271~319쪽 참
조.), 장석규도 〈심청전〉을 심청을 축으로 하는 이야기와 심봉사를 축으로 하는
이야기로 분석할 수 있다고 한 바 있다.(장석규, 심청전의 구조와 의미, 박이정,
1998, 21~24쪽 참조.)" (김동건, 「〈심청전〉에 나타난 욕망과 윤리의 공존 방
식」,『판소리연구』 32집, 판소리학회, 2011, p.32.)

264   한국 영화의 갈등 구조

화 전체를 통해서 볼 때 학규가 사랑이라고 말하는 것은 사실 섹스와 같은 의미이다. 학규는 이렇게 강한 성충동을 소설을 통해 승화시키려고 노력해왔기에 이름난 소설가가 될 수 있었을 것이다. 말하는 인간은 언어를 통해 충동을 완화시키고 욕망하는 주체가 된다. 충동의 본성은 주체와 대상을 갈기갈기 찢어놓는 것이기 때문이다. 따라서 학규의 강한 충동은 욕망의 프로세스라는 칼집 안에 든 위험한 칼과 마찬가지이다.

덕이는 아직 자신의 욕망을 알지 못한다. 따라서 그녀는 아직 욕망하는 주체가 아니다. 덕이에게는 말을 하지 못하는 어머니가 있다. 아이는 부성 은유를 통해 어머니와 분리됨으로써 말하는 주체가 된다. 따라서 아버지 없이 말을 하지 못하는 어머니와 단 둘이 사는 덕이의 상황은 그녀가 어머니와 완전히 분리되지 못했으며, 아직 말하는 주체가 되지 못한 상태라는 사실을 의미하는 은유이다. 덕이가 어머니와 수화(이미지)를 통하여 대화를 하는 장면은 이러한 은유를 더욱 강화한다. 덕이는 학규를 만난 순간부터 그에 대한 애착을 느끼는데 그녀는 아직 상상계에 머물러있는 아이이기 때문에 그 애착은 딸이 아버지에게 느끼는 애착과 다르지 않다.

덕이는 학규와 성관계를 맺고 애인 사이가 되고난 후에도 그를 교수님으로 부른다. 군사부일체(君師父一體)라는 말이 상징하듯 동양인들의 인식 체계에서 아버지와 선생님은 같은 존재이다. 더구나 아버지가 없는 덕이가 아버지뻘인 학규를 교수님이라고 부르는 것은 마을의 다른 사람들이 그를 교수님이라고 부르는 것과는 다르다. 덕이의 무의식 속에서는 학규가 아버지의 자리를 차지하고 있을 것이다. 원작 〈심청전〉에서 학규와 뺑덕 어미의 전사가 등장하지 않는 것에 비해 영화

의 몸을 탐닉한다. 이것이 영화의 주된 갈등이 발생하는 지점이다.

두 사람은 서로 바라보는 곳이 다르다. 덕이는 학규에게 전체인 인간으로서 사랑의 대상이 되고자하지만 학규는 덕이의 몸을 분리하여 부분 충동의 대상으로 삼는다. 즉 그녀의 신체를 박제화하는 것이다. 물론 학규도 덕이를 탐닉할 때 그녀를 딸로 대하는 환상이 전혀 없는 것은 아닐 것이다. 덕이와 놀이공원에서 즐기는 성행위는 학규에게 금지된 근친상간의 환상을 자극하고 있는 것이 틀림없다. 왜냐하면 그에게는 강박증자의 징후들이 많이 나타나고 있기 때문이다. 도르는 "강박증에서 관찰할 수 있는 가장 극적인 행동 중 하나는 의심할 여지없이 위반(transgression)이다. 이는 적어도 위반 현상이 그 주체(강박증 환자)가 아버지의 법에 취할 수 있는 특수한 양가성(애매성, ambivalence)을 그 만큼 더 잘 보여준다는 이유에서 그러하다"[46]고 주장한다. 즉 강박증자는 자신의 욕망을 잘 통제할 수 있다고 믿지만 이 때문에 역으로 다양한 위반의 가능성들이 생겨난다는 것이다.

학교라는 곳은 도덕적, 윤리적으로 잘 통제되어 있는 사회의 표상이며 그곳에서 근무하는 선생님은 그 자체로 도덕이라는 사회적 환상이 존재한다. 학규도 교수로서 학교가 만들어 놓은 법에 절대 복종하는 주체이다. 억울하게 제자와의 성추문에 휩싸였으면서도 그는 변명하지 않고 학교가 정해놓은 법에 따라 학교를 떠난다. 즉 매우 과시적으로 도덕적 엄격성에 무조건적으로 집착함으로써 그는 자신을 덕성과 확립된 규범의 노예로 만든다. 도르에 따르면 "그렇지만 강박증 환자의 지나친 준법주의적 입장은 법을 위반하려는 반대의 무의식적 욕

---

46 Joel Dor, 홍준기 역, 『프로이트, 라캉 정신분석임상』, 아난케, 2005, p.153.

그림 6-6. 덕이의 시선과 학규의 시선 몽타주

그림 6-6에서 드러나듯 덕이가 학규를 바라보는 사랑 넘치는 시선 뒤에 이어지는 쇼트에서는 그가 그녀의 다리를 바라보고 있다. 학규가 욕망하는 것은 살아있는 덕이의 시선이 아니다. 인형(시체)과 같은 존재로서의 그녀의 몸인 것이다.

도르는 "강박증 환자는 사후적 취소라는 방어 장치를 가동시킨다. 이를 통해 그는 생각이나 행동이 마치 발생하지 않은 것처럼 만들기 위해 그것들(생각과 행동)을 기피한다"[49]고 밝히고 있다. 다시 말해 강박증 환자는 대상에 대한 사랑을 통해 리비도의 투자가 어느 정도에 이르면 그 사랑을 철회하려고 애쓴다는 것이다. 이것은 학규가 다니던 학교에 다시 복직이 되었다고는 하더라도 덕이에 대한 사랑을 하루아침에 철회하는 이해되지 않는 행동에 설명이 부여되는 지점이다. 학규는 아이를 지운 후 힘들어하는 덕이를 여관방에 홀로 남겨두고 떠나버린다. 덕이는 학규의 학교로 찾아가 그에게 매달린다. 그러나 언제나 도덕적인 태도를 남들에게 드러내야하는 강박증자 학규에게 그녀의 이러한 태도가 반가울리 없다. 결국 학규는 덕이가 불 속으로 뛰어드는 모습을 보면서도 그녀를 외면해버린다.

---

49 위의 책, p.158.

하게 되는 것이다. 학규는 로맨틱한 글을 쓰는 소설가로 덕이는 그의 글을 읽으며 그가 자신에게 남근, 즉 자신의 결여를 채울 완벽한 사랑을 줄 수 있을 것이라고 믿는다.

홍준기의 설명을 프로이트 식으로 다시 말하면 여자아이는 남근을 대신해 아버지로부터 남근의 '상징적 등가물'인 아기를 얻기를 원한다는 것이다.[52] 덕이가 학규에게 원했던 것은 사랑이었으며 그 상징이 바로 아기이다. 덕이는 아이를 가졌다는 사실을 알리지만 학규는 그녀를 산부인과에 데리고 간다. 그녀는 학규에게 받기를 원했던 아기를 다시 학규로 인해 잃는다. 그러나 덕이가 학규에 대한 사랑을 철회하지 않는 한 그녀는 계속해서 학규의 아이를 얻기를 원할 것이다.

화재 사고로 이후로 덕이는 사라지고 8년이 흐른다. 그동안 청이의 어머니는 우울증 때문에 죽었고 청이는 성장하여 고등학생이 되었다. 학규의 기억에서 덕이가 점차 사라져가는 것처럼 당뇨로 인해 학규의 시력도 사라져갔다. 그런 학규 앞에 덕이가 윤세정이라는 이름으로 다시 나타나지만 시력이 희미해진 학규는 그녀를 알아보지 못한다. 다시 돌아온 덕이가 학규에게 원하는 것은 여전히 아기이기에 그녀가 이번에 택한 방법은 학규의 딸 청이를 자신의 아이로 만드는 것이다. 그래서 덕이는 청이에게 접근하고 오랜 세월 어머니 없이 자라온 청이는 덕이에게 애착을 느낀다. 이것이 이 영화의 두 번째 국면으로, 변화된 유사가족 관계를 기호학적 사각형으로 도식화하면 다음과 같다.

---

52 위의 책, p.126.

적으로 학규에게 구애하지 않는다. 오히려 그녀는 학규의 욕망을 자극함으로써 아내의 자리를 얻어내어 청이를 딸로 삼는다. 그러나 덕이에게 청이와의 모녀관계는 인형놀이와 다르지 않다. 즉 이러한 관계로 인해 청이는 덕이의 부속물이 된 상태라는 것이다.

청이가 고등학생이긴 하지만 덕이가 의도적으로 그녀의 애착을 유도해내고자 접근했기에 이러한 유사가족 관계에서 청이는 아직 어머니와 분리되지 못한 아이이다. "여자아이는 어머니는 자신의 모든 요구를 다 들어주어야한다는 환상을 가지고 있는데, 이러한 환상을 충족시켜줄 수 있는 어머니가 '팔루스를 가진 어머니'이며 이러한 환상을 충족시켜줄 수 없는 어머니가 '거세당한 어머니'이다."[54] 어머니가 남근을 가지지 않았다는 사실을 알게 된 여자아이는 실망과 분노로 인해 어머니에게서 돌아서게 되는데, 청이가 덕이에게 애착을 가지고 있다는 것은 그녀에게 덕이의 존재는 아직 남근을 가진 어머니라는 것이다.

그림 6-7. 덕이의 초상화를 보는 청이 쇼트/역쇼트

따라서 유사가족 관계에서 청이는 어머니와 완전히 분리되지 못한 채 상상계에 머물러 있다고 보아야 한다. 이러한 사실을 드러내는 것

54 위의 책, p.127.

아이와 조우하는 방식이다. 따라서 상징계의 질서로 인해 분열된 어머니는 다음과 같은 삼각관계를 형성한다.

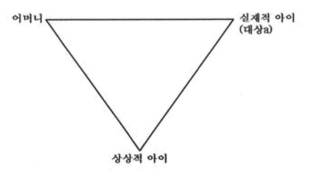

표 6-8. 어머니와 아이의 삼각관계 도식[56]

다시 말해 덕이가 학규에게서 얻고 싶었던 아이는 자신의 결여를 채워줄 수 있는 상상적 아이였다. 그러나 청이는 덕이에게 상상적 아이가 될 수 없다. 청이는 덕이를 상상적인 어머니로 생각하더라도 말이다. 오히려 덕이는 청이를 볼 때마다 자신에게 결여된 것, 즉 잃어버린 아이를 떠올리게 될 것이다. 즉 청이는 덕이에게 상상적 아이가 아닌 실재적 아이이다. 따라서 덕이에게는 청이가 불쾌하고 낯선 존재일 수밖에 없다. 영화의 표면적인 수준만 본다면 덕이가 청이를 인신매매 업자들에게 팔아버리는 것이 언뜻 이해가 가지 않을 수 있다. 덕이가 복수하려는 대상은 청이가 아니라 학규이기 때문이다. 그러나 어머니에게는 두 개의 아이가 삼각관계를 통해 존재하며 청이가 이 중 어떤 아이의 자리를 차지하고 있는지를 이해한다면, 청이의 존재가 덕이에

---

56 위의 책, p.314.

에서의 분리를 말하는 것이지 물리적인 분리가 아니기 때문이다. 덕이의 음모에 의해 팔려간 것이니 오히려 청이는 덕이에게 종속되어있다고 보아야 할 것이다. 학규는 덕이의 음모로부터 딸을 지킬 아무 힘도 없으며 청이는 덕이의 욕망으로 인해 심한 불안감을 느낀다.

핑크는 "공포증의 경우엔 아이가 엄마로부터 분리되기가 매우 힘든데 이는 부권적인 기능이 상대적으로 약하기 때문이다"[58]라고 주장한다. 프로이트의 논문 「꼬마 한스」의 사례에서는 아버지가 어머니와 분리해주는 기능을 수행하지 못하여 한스에게 공포증이 나타난다. 한스는 어머니와 분리되지 못한 채 그녀의 욕망 앞에서 불안해한다. 공포증은 오히려 한스의 이러한 불안을 감소시켜주는 역할을 한다. 한스는 무의식 속에서 아버지를 대신할 수 있는 공포의 대상을 어머니와 자신 사이에 끼워 넣어 분리를 시도하며 불안을 감소시킨다.[59]

청이는 폐인이 되어버린 학규가 덕이로부터 자신을 분리시켜주지 못하자 불안을 느끼는 것이다. 따라서 그녀는 분리를 위해 덕이와 자신 사이에 공포의 대상을 끼워 넣는데 그것은 일본에서 폭력 조직을 이끄는 회장이다. 야쿠자와 같은 폭력 조직은 누구에게나 공포의 대상이다. 청이는 이러한 공포의 대상을 이용하여 덕이와의 분리를 시도한다. 그러는 동안 점점 더 도착증적이 되어가는 덕이는 죽은 것이나 다름없는 학규를 물신화하며 그를 소유하고 있다고 믿는다.

그런 학규와 덕이 앞에 일본에서 돌아온 청이가 자신과 덕이를 분리시켜줄 공포의 대상인 일본인 회장과 함께 나타난다. 덕이는 회장의

---

58 위의 책, p.282.

59 Sigmund Freud, 김재혁, 권세훈 역, 『꼬마 한스와 도라』, 열린책들, 2012, pp.11−181.

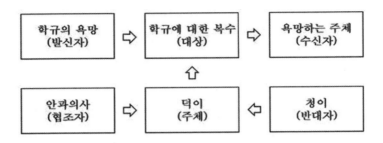

표 6-9. 〈마담뺑덕〉의 행동자 모델

따라서 학규에게 느끼는 아버지 콤플렉스를 사랑이라고 착각하던 덕이가 거세를 통해 상징계로 진입하고, 환상을 정상적으로 작동할 수 있게 되어 욕망하는 주체로 태어나는 과정은 곧 덕이가 성장하는 과정이다. 마지막 장면에서 눈이 먼 덕이는 학규를 떠나지 않고 평온한 모습으로 옆에 머물러있다. 욕망하는 주체가 된 그녀는 이제 학규의 앞에서 불안해하지 않을 것이다. 서로에게 욕망하는 타자로서 두 사람의 진짜 사랑은 이제부터 시작될 것이다.

4. 유사 형제로 표상된 남과 북, 〈의형제〉

영화 〈의형제〉는 장훈 감독의 2010년 작품이다. 제목에서도 드러나듯 영화는 한 민족이면서도 서로에게 적인 남과 북을 형제의 관계로 바라보는 감독의 시각을 담고 있다. 형제는 나와 가장 비슷한 동류(同流)이면서도 동시에 부모의 사랑을 두고 싸워야만 하는 경쟁자이다. 남과 북의 관계를 이러한 형제 관계에 적용시켜보면 둘 사이에서 일어

영화 〈의형제〉의 유사가족 관계와 일치한다. 따라서 영화의 두 주인공인 한규와 지원의 관계를 중심으로 다음과 같이 재도식화 할 수 있다.

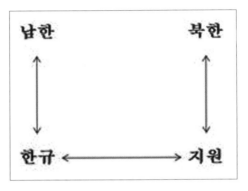

표 6-11. 〈의형제〉의 유사 형제 관계

국정원 직원으로 남파된 간첩을 잡는 임무를 수행하고 있는 한규는 '대한민국 정부'라는 아버지의 법에 의해 주체의 위치를 부여받은 인물이다. 북한의 군인인 지원은 남파되어 간첩으로서 임무를 수행하고 있는데 그가 남한에서 가진 신분은 가짜 신분일 뿐으로, 그에게 주체로서의 자리를 확인시켜주는 것은 '당'이라는 아버지의 이름이다. 따라서 두 사람이 서로 다른 부모를 두고 있는 것과 마찬가지이지만 두 사람 사이에는 절대적인 유사성이 존재한다. 그 유사성이란 바로 생김새(이미지)에서 비롯되는 같은 핏줄이라는 상상적 유사성인데, 이것은 남과 북이라는 다른 체제에서 온 두 사람이 형제의 관계를 형성할 수 있는 강력한 근거가 된다.

북한은 남한과는 전혀 다른 이데올로기를 따르고 있기 때문에 국가체제의 유사성에 있어서 미국이나 일본보다 먼 국가임에도 불구하고,

의 소명처럼 여기고 있으며 지원도 마찬가지로 '조국을 위해' 간첩의 임무를 수행하고 있는 것이다. 그러나 그들이 생각하는 것과는 달리, 국가권력이 만들어낸 허위적 기표인 '빨갱이'나 '조국'은 그것이 지시하는 의미가 부재하는 텅 빈 기표일 뿐이다. 이러한 상징계의 균열을 한규와 지원은 이데올로기라는 상상적 장치로 봉합한다. 결국 한규와 지원이 자신의 정체성을 유지하기 위해 의존하고 있는 것은 결국 상상의 산물이기에 이 둘은 언제든지 상상계로 퇴행할 수 있는 가능성을 가지고 있다고 볼 수 있다.

두 사람에게 퇴행의 계기가 되는 것은 상징계에서의 위치가 불안해지는 지점이다. 한규는 북에서 온 '그림자'라는 암살자를 체포하는 데에 실패하여 국정원으로부터 해고를 당하며, 지원은 '그림자'와 함께 수행하는 임무에서 동료의 배신으로 당의 의심을 받고 남한에 고립되는 신세가 된다. 한규는 전직의 경험을 살려 밥벌이로 흥신소를 운영하는데 그 과정에서 우연히 막노동을 하던 지원과 만나 함께 일을 하게 된다.

이 영화에서 주목할 점은 남과 북에 대한 이야기임에도 불구하고 북한의 장면이 한 번도 등장하지 않는다는 사실이다. 그림자나 지원에게 명령을 하달한 '당'이나 '조국'은 인물들의 말을 통해서만 등장할 뿐이다. 그런 면에서 영화의 인물들이 '살아가는' 장소인 남한은 상징계이고 북한은 영화에서 표상되지 않는 곳, 즉 실재이다. 영화에서는 이러한 가정을 지지하는 다양한 증거들이 등장한다. 상징계에서 실재는 대리 표상의 매개를 통해서만 그 존재를 가늠할 수 있는 것처럼 영화에서 북한은 TV라는 매체를 통해서만 접할 수 있다.

한규와 지원에게는 각자의 가족이 있는데, 이들은 영화에서 거의

히 만나 처음으로 대화를 나누고 공동의 목표인 돈 때문에 일을 같이 하기로 하며 동료의 관계가 형성되는데, 이 대화 장면에서 두 사람의 관계가 상징계적 관계라는 사실이 명확하게 드러난다.

그림 6-8. 한규와 지원의 대화 쇼트/역쇼트들

　영화적 전통에 비추어 시점 쇼트로 두 사람의 대화를 처리하는 것은 이례적으로 취급된다. 배우가 카메라를 보고 말하는 행위는 곧 관객을 보고 말하는 행위로 간주되기 때문이다. 한규가 말을 하는 쇼트는 지원의 시점으로, 지원이 말을 하는 쇼트는 한규의 시점으로 처리되고 두 쇼트가 이어지는 형식으로 둘의 대화가 이루어지는데 이러한 두 쇼트는 이미지 차원에서 봉합되지 않는다. 시점 쇼트로만 이어지는 이 씬에서 관객들은 한규와 지원이 대화를 하는 것이 아니라 모두 자신을 향해서 말을 하고 있다고 느낄 것이다.

　이러한 두 쇼트를 봉합시켜주는 것은 대화의 내용, 즉 '언어'이다. 만약 사운드를 소거시키고 이 두 쇼트를 본다면 관객들은 이들이 자신에게 무슨 말을 하고 있는 것인가 궁금할 테지만 대사를 들어보면 자신에게 하는 말이 아니라 둘이 나누는 대화라는 것을 알게 된다. 따라

그림 6-9. 상상적 형제 관계를 암시하는 오피스텔의 미장센들

오피스텔에서는 한규와 지원이 서로 마주보며 똑같은 자세로 밥을 먹고 나란히 앉아 똑같은 자세로 술을 마신다. 같은 바닥에서 뒤엉켜서 잠을 자며 같은 제사상을 향해 똑같은 자세로 절을 올린다. 형제는 이렇게 서로를 거울처럼 바라보고, 항상 옆에 있으며, 같은 자리에서 부모의 사랑을 기다리는 존재이다. 그렇기에 형제는 서로 대립하게 되는 관계가 되기도 한다. 다시 말해 형제는 동류(同流)로서 동일시하는 존재이기도 하지만 둘 사이의 작은 차이도 갈등의 원인이 될 수 있다는 것이다. 핑크는 "동일한과 상이한이라는 주요한 상상적 대립에 따라서 상상적 관계들은 두 가지 현저한 자질에 의해 특징지어진다. 사랑(동일시)과 증오(경쟁), 타자가 나와 같은 한에서, 나는 그/녀를 사랑하고 그/녀와 동일시한다"[66]는 주장을 한다.

이러한 동류 사이의 양가감정은 이 영화와 같은 버디 무비에서 일어나는 전형적인 갈등 구조를 통찰할 수 있게 한다. 한규와 지원도 형제 관계가 깊어지면 깊어질수록 싸움이 잦아지며 갈등의 골도 깊어진

---

66 Bruce Fink, 위의 책, p.161.

간극과 접속되어 있다. 바로 이 간극이 라캉이 말하는 '실재'로서 충동의 중핵을 이루는 것이다"[69]라고 설명한다. 주체는 언어를 통하여 충동을 길들이고 이 과정에서 일어나는 억압 작용에 의해 욕망하는 주체가 된다. 주체가 이렇게 충동으로부터 보호하기 위한 장치를 마련하는 이유는 충동이 가진 속성 때문이다.

로렌초 키에자(Lorenzo Chiesa)는 "라캉에게 모든 충동은 궁극적으로 죽음충동으로 간주되어야 한다는 것"을 강조하였다.[70] 정신병자처럼 충동을 방어할 수 있는 기제가 결여되어 있는 주체에서 알 수 있듯이 충동은 대상을 파괴하는 속성이 있다. 상징계가 사물의 죽음을 의미한다면 실재는 사물 그 자체인데, 키에자에 따르면 충동들은 사물에 도달함 없이 사물을 향하는 경향이 있는 것이며, 더 나아가 이런 긴장을 반복하지 않을 수 없다는 것이다.[71] 키에자의 주장대로 충동은 사물을 향하지만 사물에 도달할 수는 없기에 다시 원래의 자리, 즉 주체에게로 돌아올 수밖에 없다. 라캉은 이러한 충동의 회로를 다음과 같이 도식화했다.

69 맹정현, 『리비돌로지: 라캉 정신분석의 쟁점들』, 문학과지성사, 2009, p.229.
70 Lorenzo Chiesa, 이성민 역, 『주체성과 타자성: 철학적으로 읽은 자크 라캉』, 난장, 2012, p.293.
71 위의 책, p.296.

에서 타자로 형상화된 대상 a로서 상징계의 균열을 통해 주체의 앞에 모습을 드러낼 때 그것은 매우 두렵고 낯선 존재로 나타날 수 있다. 그의 이름이 '그림자'인 것도 의미심장하다. 실재는 표상되지 않으면서도 상징계의 이면에 언제나 존재하는 그림자와 같은 것이기 때문이다. 상징계에 모습을 그려낸 실재는 충동의 속성에 따라 매우 공격적이며, 대상을 분열시키려고 시도하는데 '그림자'도 마찬가지로 사람들을 잔인하게 공격하고 사라진다. 그러나 그림자가 완전히 사라진 것은 아니며 반복강박처럼 다시 모습을 드러낸다.

영화의 초반부에서 국정원 요원들의 집요한 추적에도 체포되지 않고 사라졌던 그림자는 한규와 지원의 형제 관계가 무르익을 즈음에 다시 그들 앞에 모습을 드러낸다. 한규는 술에 취해 지원에게 "형이라고 불러봐."라고 말한다. 지원은 거부하지만 은근히 그 말이 싫은 것 같지 않다. 그러나 형제간의 관계가 언제나 그러하듯 둘은 애증의 관계이기에 따뜻한 말도 오래가지 못한다. 한규는 추석을 맞아 차례상 앞에서 지원에게 그가 간첩인 것을 알고 있다는 사실을 터놓으며 위태로운 관계의 청산을 시도한다. 그러나 지원은 그런 한규를 경계하며 칼을 꺼내 그의 팔을 긋는다. 한규는 형답게 지원에게 끝까지 저항하지 않는다.

결국 지원도 한규의 진심을 느낀 듯 그를 받아들이고 함께 하나의 차례상에 절을 한다. 전통적으로 함께 제사를 모신다는 것은 두 사람이 형제 관계임이 확인되는 상징적인 행위이다. 그러나 차례가 끝나자마자 둘 간의 관계는 다시 외부적인 요인에 의해 위기를 맞는다. 한규는 전화를 받고 병원으로 달려가서 그림자로 인한 살인사건을 접한다. 지원도 한규의 뒤를 밟아 병원에 왔다가 국정원 직원들에게 쫓기는 입

지원은 한규를 선택하고 그림자와 싸우지만 실재가 가진 충동의 힘은 너무나도 막강하여 지원을 죽음의 위기로 몰아넣는다. 건물의 옥상에서 추락하여 실신한 지원에게 그림자는 계속해서 총을 쏘아댄다. 지원을 이러한 위기에서 구원해주는 것은 바로 상징계를 의미하는 한규이다. 주체는 상징계가 제공하는 은유와 환유라는 도구를 통해 실재의 직접적인 타격으로부터 방어할 수 있다. 한규는 그림자에게 총을 맞으며 자신의 한계(결여)를 인정하게 되지만 끝내 그림자를 제거함으로써 실재로부터 지원이라는 주체를 방어해낸다. 이렇게 모든 갈등이 마무리되는 영화의 서사는 한규나 지원의 어느 하나의 주체를 중심으로만 도식화될 수 없는데 이러한 동격 주체의 등장은 버디 무비의 특징이기도 하다.

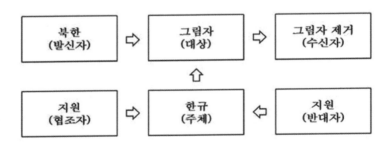

표 6-13. 한규가 주체인 〈의형제〉의 행동자 모델

먼저 한규를 주체로 놓고 보면 그가 이루려고 하는 바는 그림자라는 위협적인 존재를 남한에서 제거하는 것이다. 상징계는 상징화에 저항하는 실재를 배제시킴으로써 자신의 영토를 확정짓는다. 한규가 비록 국정원을 그만두기는 했지만 영화 전편에 걸쳐서 그는 국가체제를

하려고 시도한다. 가족들은 북한에 남겨져 있기에 지원이 가족을 대상으로 추구하게 되는 욕망의 근원에는 북한이 존재한다. 이 과정에서 그림자는 지원의 실재를 향한 충동이 그에게 다시 돌아와 공격하는 상황을 형상화하여 보여준다. 따라서 그림자는 반대자 자리에 위치하며 한규는 그러한 반대자를 제거해주는 지원의 협조자이다.

이렇게 두 개의 서사 구조를 분석해서 놓고 보면, 이들이 묘하게 유기적으로 엮여 있음을 알게 된다. 지원은 가족과의 재회라는 목표를 이루기 위해 그림자라는 장애물을 제거해야만 하는데, 한규의 목표가 그림자를 제거하는 것이기 때문에 그는 지원의 조력자 자리에 자연스럽게 위치하게 된다. 한국의 전통으로는 형제 관계에서도 형은 동생을 포용해야하는 존재인데 이 영화의 서사 구조에서는 두 사람의 목표가 유기적으로 맞물리면서 한규는 지원을 포용하고 협조하는 형으로, 지원은 형에게 방해도 되지만 힘도 되는 동생이 된다. 이 영화는 남과 북을 대표하는 인물들을 통해 둘 사이의 갈등이 어디서 비롯된 것이며, 어떻게 해소하면 될 것인지에 대한 해답을 제시하고자 고민하고 있는데 이러한 고민은 장훈 감독의 2011년 영화 〈고지전〉에서도 계속된다.

5. 갈등의 상상적 해소와 실재적 해소, 〈고지전〉

장훈 감독은 2011년 작품 〈고지전〉에서도 전작 〈의형제〉에 도입했던 시각을 그대로 유지한다. 각색에 참여했던 전작과는 달리 장훈 감독이 직접 시나리오를 쓴 작품은 아니지만, 강병진은 그가 이 영화

가 발생하는 등 최악의 상황을 맞고 있다. 은표는 이곳에서 전사한 줄 알았던 대학 동기 김수혁 중위를 만나게 된다. 수혁은 악어중대의 고 참 장교로 동료들을 살리는 것을 최고의 임무로 여기는 인물이다.

영화의 주된 갈등은 이 두 사람을 중심으로 구성되는데 이들은 대 학 동기에 같은 계급의 군인으로서 완벽한 동류 관계를 형성하고 있 다. 따라서 이 영화의 갈등은 남한군 내에서의 형제간의 갈등이 다시 남한군과 북한군이라는 형제간의 갈등에서 반복되는 대칭적인 구조를 가지고 있다. 〈의형제〉에서 그러했듯이 두 개의 갈등에서 강조되는 점은 바로 사랑과 증오라는 양가감정이다. 은표에게는 수혁이 매우 믿 음직스러운 존재지만 그가 전투에 몰입할 때만은 섬뜩함을 느끼게 하 는 존재이기도 하다. 수혁 또한 은표와의 재회가 매우 기쁘지만 한편 으로는 그가 악어중대에 온 목적이 마음에 들지 않는다. 그러나 다양 한 갈등 요소에도 불구하고 두 사람의 관계를 봉합하는 것은 '군복'이 라는 상상적 장치이다.

외국군과 벌이는 국제전이 아닌 내전이기에 양측의 군인들은 군복 을 통하여 피아를 식별할 수밖에 없다. 대사에서 드러나는 것처럼 오 랜 전쟁 속에서 그들은 무엇을 위해 싸우는지조차 잊어버렸다. 오직 그들을 남과 북으로 가르는 것은 어떤 이데올로기도 아닌 이미지(군 복)이다. 수혁이 북한군의 옷을 입고 적진에 침투할 수 있는 이유도 바 로 이것이다. 따라서 은표와 수혁의 갈등이 아무리 격해지더라도 북한 군 앞에서는 봉합될 수밖에 없다. 남한군과 북한군이 서로를 동일시 할 수 있는 요소는 상상적인 것 말고도 더 있다. 그것은 음식, 사진, 노 래, 똥과 같은 육체와 관련된 근원적인 요소들이다. 남한군과 북한군 은 거의 하루 이틀을 주기로 번갈아가며 고지의 새로운 주인이 된다.

고 부르는 것들은 입, 눈, 귀, 항문 등 라캉이 "가두리"[77]라 정의했던 육
체의 표면에서 떨어져나간 것으로, 상징계에서는 존재하지 않는 것들
이다. 고지의 창고는 상징계의 법을 따르는 남한군과 북한군, 어느 쪽
도 소유할 수 없기에 실재이며 그 안의 내용물인 음식은 젖가슴을, 사
진은 시선을, 노래는 목소리를, 똥은 배설물을 대리하는 대상 a이다.
이것을 도식화하면 다음과 같다.

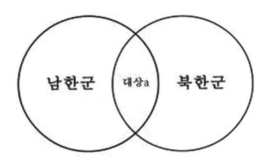

표 6-16. 보급품 창고의 도식

창고 안에 숨겨진 내용물들은 모두 충동의 대상이다. 맹정현에 의
하면 "충동은 타자와 관계하지 못하고 시니피앙의 연쇄로부터 도려내
어진 부분 대상들인 젖가슴, 똥, 응시, 목소리, 또 이들을 통칭하는 무
(無)와 관계할 뿐"이라는 것이다.[78] 따라서 주체는 충동의 수준에서는
타자와 만날 수 없다. 다만 환상 속에서만 타자와 관계할 수 있을 뿐이
다. 다시 말해 전쟁은 타자를 상정한 행위이기에 전쟁 자체가 환상이
라는 것이다.

---

77 Jacques Lacan, 맹정현, 이수련 역,『세미나11: 정신분석의 네 가지 근본 개념』,
　　새물결, 2008, p.270.
78 맹정현,『리비돌로지: 라캉 정신분석의 쟁점들』, 문학과지성사, 2009, p.231.

선은 조준경의 시점 속 태경의 쇼트로 봉합된다. 수혁이 그동안 태경을 만날 수 있는 방법은 신체의 일부분을 관통하는 총알뿐이었다. 이 장면에서 결국 수혁은 주체와 타자의 관계로 태경과 마주치게 되지만 그가 그녀를 볼 수 있는 방법은 조준경 속의 이미지를 매개로 하는 것 외에는 없다. 이것은 주체가 타자와 만나는 방식에 대한 은유로 해석될 수 있다. 주체는 직접적으로 타자와 관계하지 못하기에 환상을 매개로 할 수밖에 없는 것이다. 이러한 은유가 보여주듯이 타자를 전제로 한 전쟁은 환상 그 자체이며 주체는 자신에게 회귀하는 공격적인 충동을 적으로 상정된 타자를 이기고자하는 욕망으로 방어하는 것이다.

중대원들이 창고를 여는 순간만은 주체가 환상을 매개로 하지 않고 직접 충동의 대상과 마주치는 순간이다. 음식을 먹고, 사진을 보고, 노래를 들으며 주체의 만족이 아닌, 부분 충동을 만족시킨다. 홍준기의 지적처럼 상징계 속에 거주하는 인간에게 충동의 완벽한 만족은 불가능하다. 그러므로 이제 인간은 거세당한 후에 '여분', '나머지', '찌꺼기'로 남아 있는 향유로 만족할 수밖에 없다. 대상 a는 상징적으로 거세당함으로써 완벽한 향유를 박탈당한 후에도 인간에게 여분으로 허락되는 나머지 향유, 즉 잉여향유이다.[80] 다시 말해 주체가 실재인물(das ding)과 조우하고 완벽한 쾌락의 경지에 오를 수 있는 유일한 방법은 죽음뿐이다.

수혁은 욕망의 대상이던 태경의 총을 스스로 기꺼이 맞아주고 죽음을 택한다. 어쩌면 수혁이 이야기하듯 전쟁을 벗어날 수 있는 가장 확실한 방법은 죽음인지도 모른다. 그러나 그 전까지 주체는 어떤 식으

---

80 홍준기, 위의 책, p.40.

가로질러야만 한다. 환언하면, 치료는 주체의 기본적인 방어양식에 어떤 수정을 가져와야 하고 향락방식에도 어떤 변화를 가져와야 한다는 것이다.[82] 주체가 환상에 의존하는 한에서는 자신의 틀을 깰 수 없다. 환상을 가로지르는 방식은 타자의 욕망 앞에 자신을 대상으로 내던짐으로써 방어기제로서의 환상을 작동시키고 그것을 주체의 자리에서 철저히 검토하는 것이다. 다시 말해 주체는 자신의 행동을 결정하고 있는 것이 환상임을 폭로함으로써 조금 더 주체의 위치로 다가갈 수 있다.

창고는 주체를 충동의 대상으로 위치시킨다. 표 6-16처럼 대상 a(창고)는 주체(남한군)나 타자(북한군), 어느 쪽에도 속해있지 않으면서 동시에 주체와 타자가 함께 공유하고 있는 대상이다. 홍준기의 지적처럼 이것이 의미하는 바는 대상 a의 차원에서는 주체와 타자의 구별이 사라진다는 것이다.[83] 따라서 주체는 대상 a를 통하여 동시에 타자의 자리를 획득한다. 다시 말해 창고에 든 내용물들을 향유하는 데에는 남한군과 북한군이 따로 없다는 것이다.

두 진영의 군인들은 같은 것을 먹고, 같은 노래를 듣고, 같은 방식으로 향유한다는 면에서 서로의 적이 아니다. 군인들은 이러한 향유를 통해 상대를 타자라고 믿었던 것이 환상이라는 사실을 깨닫게 되고 그것이 바로 환상을 횡단하는 순간이 되는 것이다. 마지막 장면에서 은표가 고지에서 정윤과 만나 창고에 있는 술을 나누어 마시며 최후의 싸움을 보류하게 되는 것이 바로 이런 이유에서이다. 그리고 멀리 스피커에서는 휴전협정이 발효되었다는 소식이 들려오고 두 사람은 동

82 Dylan Evans, 김종주 외 역, 『라캉 정신분석 사전』, 인간사랑, 2004, p.438.
83 홍준기, 위의 책, p.43.

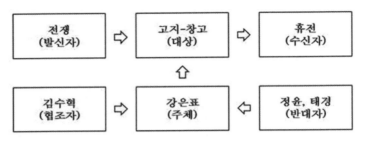

표 6-17. 〈고지전〉의 행동자 모델

감독은 전작에서 남과 북 간의 갈등의 해소 방안으로 내어놓은 상
상적 해법에 대한 보충으로 이 영화에서는 대상 a를 매개로 한 실재적
해법을 제시하고 있다.

들이 가진 환상으로 그것은 상상적 산물로서의 환상이 아니라, 주체의 상징계를 구성하는 데에 토대가 되는 무의식 속의 '근본적인 환상'을 말하는 것이다. 이러한 환상은 증상이나 꿈, 말 실수 등과 같이 은유와 환유의 과정을 통해 변형되어 나타난 무의식의 산물과는 달리 그 이면에 해석을 요하는 것이 존재하지 않으며 무의식의 내용물 그 자체라고 할 수 있다. 다시 말해 의식으로 드러난 표상들의 배후에 무의식적 내용물로서의 억압된 표상이 존재한다면, 무의식의 내용물로서의 환상의 배후에는 표상될 수 있는 것이 존재하지 않는다. 환상의 배후에는 표상화가 불가능한 충동이 있을 뿐이며 따라서 환상은 해석될 수 있는 것이 아니라 구성될 수 있을 뿐이다.[1] 그러한 의미에서 무의식적 환상을 근본적인 환상이라고 부르는 것이며 주체에게는 정체성을 지탱해주는 최후의 저지선이 된다.

　프로이트는 "환상들에 대한 기억이 되살아나는 어린 시절을 분석해 보면 아이가 어버이 콤플렉스(Elternkomplex)로 불안해하고 있다는 사실이 드러난다"[2]고 주장했다. 다시 말해 근본적인 환상은 인간 발달 단계에서 아주 초기, 즉 그가 아이이던 시절에 원억압을 통하여 형성되는 것이기 때문에 프로이트는 "원초적 환상"[3]이라고 부르기도 한다. 환상은 충동의 대상을 타자에게 종속시켜줌으로써 주체에게 타자

---

1 프로이트는 논문 「매 맞는 아이」에서 수차례 변형된 환상들을 역추적함으로써 근본적인 환상을 구성하려고 시도하였다. (Sigmund Freud, 황보석 역, 『정신병리학의 문제들』, 열린책들, 2012, pp.145−146.)

2 위의 책, p.147.

3 프로이트에 관한 다양한 저술에서 이 '원초적 환상'은 줄임말로 '원환상'으로 불리기도 한다. (Sigmund Freud, 임홍빈, 홍혜경 역, 『정신분석 강의』, 열린책들, 2012, p.500.)

포커스를 유사가족이라는 표상으로 한정하였다. 인물 간의 관계와 그 발전 양상은 서사 구조를 결정짓는 가장 중요한 요소이고, 그러한 서사 구조는 갈등이라는 플롯의 구성요소를 통해 더욱 명확해지므로 본 연구에서는 주된 갈등을 중심으로 그 서사만이 가지는 역동적 특성을 파악하고자 노력하였다.

마크 액셀로드(Mark Axelrod)에 따르면 '갈등(conflict)'이라는 단어의 유래는 라틴어 'conflictus'로서 '서로 충돌하다'라는 뜻을 가지고 있다고 한다.[6] 리차드 월터(Richard Walter)는 이러한 갈등은 서사에 긴장과 박진감을 제공하는 매우 중요한 요소라고 지적한다.[7] 또한 윌리엄 인딕(William Indick)은 서사와 갈등을 다루는 데에 정신분석학적인 접근이 매우 유용함을 지적했다.[8] 갈등의 특징은 대상에 대한 인물의 외적, 내적 반응이 동시에 작용한다는 것으로 흔히 연구되듯이 갈등의 외적 구조만을 살피는 것은 서사를 심층적으로 이해하는 데에 별로 도움이 되지 않는다. 바로 이 지점에서 도입되어야 하는 것이 정신분석학적인 시각이다.

전술한 것처럼 현재의 관계를 결정짓는 것은 인물들이 저마다 가진 근본적인 환상이기에 이것을 구성함으로써 관계를 통한 갈등의 양상을 보다 명확하게 이해하는 데에 도움이 될 수 있다. 환상을 구성하는 방식은 정신분석의 전통적인 방법에 따라 해석에 의존한다. 다시 말해

---

6 Mark Axelrod, *Character and Conflict: The Cornerstones of Screenwriting*, Portsmouth: Heinemann, 2004, p.54.

7 Richard Walter, *Screenwriting: The Art, Craft, and Business of Film and Television Writing*, New York: the Penguin Group, 1988, p.22.

8 William Indick, *Psychology for Screenwriters: building conflict in your script*, Studio City: Michael Wiese Productions, 2004, Introduction, pp.11−13.

충동으로부터 주체를 방어하고 욕망에게 무대를 제공해준다. 욕망에 접근하려는 시도는 곧 주체가 욕망하는 대상이 환유를 통해 왜 지금과 같은 형태로 결정되었는지를 이해할 수 있도록 해준다. 따라서 은유의 해석은 곧 환상의 구조를 구성하는 것으로 이어지고 그 환상을 토대로 서사의 과정을 되짚어 나가는 것은 표상할 수 없는 주체의 욕망에 '전이적으로' 접근하는 것이다.

　무의식적 갈등 구조는 플롯을 결정함으로써 주체를 중심으로 서사의 골격을 형성한다. 따라서 본 연구의 과정은 은유의 해석을 통해 무의식적 갈등 구조(환상)를 구성한 후, 다시 표상의 차원으로 논의의 중심을 이끌고 돌아와 그러한 구조가 어떻게 서사를 형상화하고 있는지를 그레마스의 '행동자 모델'을 통하여 도식화하였다. 각 영화 분석의 후반부에 서사 구조를 도식화한 것은 연구의 해석학적 성격에 실증적 성격을 더하기 위한 노력인데, 인물이 가진 환상의 갈등 구조가 표상적 차원의 서사를 형성하는 과정을 도식으로 보여줌으로써 갈등 관계에서 작용하는 인물들의 무의식이 실제로 표상의 차원까지 영향을 미치고 있음을 증명하였다.

　제4장부터 제6장까지 이루어지는 실제 분석에서 유사가족의 사례들은 대부분 '아버지'나 '어머니', '형제'와 같은 가족 호칭이 등장하는 영화를 중심으로 선택되었다. 그러나 연구의 확장 가능성을 제시하기 위해 모든 장에서 가족 관계와는 별 연관성이 없어 보이는 사례들을 몇 가지 추가함으로써 한국적 서사에서 모든 관계를 유사가족으로 바라보려는 시도를 실천했다. 이것은 한국 사회가 가진 특징적 내러티브를 포착하려는 본 연구의 목적을 명확하게 하기 위한 노력이다. 본 연구를 통해 드러난 내러티브가 보편성이라는 가치를 획득하기 위해서

의 욕망의 대상물로 전락한 아이를 그녀로부터 분리시켜주는 것은 아버지인데, 복수라는 법으로서 상징적인 아버지 자리를 맡은 현실의 미선이 그러한 역할을 수행함으로써 갈등의 여정이 마무리 된다.

영화 〈차이나타운〉의 사례는 어머니와 딸의 원초적 갈등이 중심이 된다. 우희와 일영은 유사 모녀 관계이다. 이 사례에서는 클라인의 대상관계 이론을 주로 적용하여 분석을 시도하였는데 그것은 이 이론이 모녀간의 양가감정을 가장 적절하게 설명할 수 있기 때문이다. 영화의 주된 갈등은 바로 우희와 일영이 느끼는 이러한 양가감정인데, 일영은 결국 자신을 키워준 유사 어머니인 우희를 살해함으로써 갈등을 봉합한다. 따라서 이 사례에서는 양가감정을 이해하지 않으면 서사 자체를 이해하기가 어려워 보인다. 무의식의 층위까지 분석을 하지 않으면 우희가 왜 일영의 남자친구인 석현을 죽이고 그녀를 일본에 팔아넘기는지, 그랬던 그녀가 왜 일영의 손에 기꺼이 죽어주는지를 이해할 수 없다. 또한 일영은 자신을 키워준 것이 우희인데도 왜 그녀를 결국 죽이고 마는지, 그랬으면서도 왜 다시 우희를 애도하는지도 이해할 수 없다. 다시 말해 크리스테바가 제안한 "어머니 숭배 혹은 모친살해"[11]의 은유를 해석하지 않고서는 영화가 가진 갈등 구조를 명확하게 이해할 수 없다는 것이다. 이 사례에서도 우희의 강한 욕망이 갈등을 지속하게 하는 힘이 되는데 일영은 결국 어머니를 죽임으로써 주체적으로 갈등을 해소하는 것이다.

영화 〈도희야〉의 사례도 〈차이나타운〉의 사례와 같이 어머니와 딸의 원초적 갈등이 영화 속 주된 갈등의 토대가 되는데 이 사례에서 처

---

11 Julia Kristeva, 박선영 역, 『정신병, 모친살해, 그리고 창조성: 멜라니 클라인』, 아난케, 2006, p.213.

말해 영작은 금옥의 알 수 없는 욕망을 환상 속에서 '돈'이라는 기표를 통해 요구로 바꾸어 방어하는데 그 대신 영작이 얻게 되는 것은 자유로운 욕망이 불가능한 신경증자의 포지션이다. 이 지점에서 갈등의 해소를 위해 구원자처럼 등장하는 것이 금옥의 딸 나미이다. 그녀는 '돈(남근 기표)'을 중심으로 조직되어 있는 상징질서에 종속되지 않는 인물이기 때문에 자신의 욕망을 끝까지 고수함으로써 영작을 신경증자의 포지션으로부터 구원해낸다. 영화에서 주된 갈등이 해소되는 지점은 바로 영작이 나미의 도움으로 환상을 횡단하고 돈이 아닌 다른 것을 욕망할 수 있게 되면서이다.

영화	유사가족 관계	갈등의 원인	갈등해소의 동기
〈피에타〉	어머니－아들	어머니의 욕망	아버지로서의 법
〈차이나타운〉	어머니－딸	어머니의 욕망	모친살해
〈도희야〉	어머니－딸	상상계에 고착	어머니의 욕망
〈돈의맛〉	어머니－아들	어머니의 욕망	환상의 횡단

표 7－1. 제4장의 갈등 구조 비교 분석

제4장의 사례들을 갈등 구조를 중심으로 비교 분석하면 표 7－1과 같다. 결과가 보여주는 시사점은 대상 영화들에서 아이에 대한 어머니의 욕망이 강하게 나타난다는 것이다. 어머니의 욕망이 지나치게 강해지게 되면 아이는 무의식 속에서 타자와의 관계 설정에 어려움을 겪을 수도 있다. 타자에게 언제나 중요한 존재로 인정받아야 한다는 불안감을 안고 살아야 하는 것이다. 최근 한국 사회에서는 아이의 사회생활에 어머니들이 지속적으로 간섭을 함으로써 문제가 되는 현상을 빗댄

처음 본 순간 성적 충동을 느낀다. 그러나 언제나 충동을 방어하는 것은 환상이며 그는 자신의 환상을 소설로 옮긴다. 서지우는 이적요를 아버지처럼 모시고 있는 제자로 두 사람 간에는 유사 부자 관계가 형성된다. 언제나 이적요에 대해 아버지 콤플렉스를 느끼고 있던 서지우는 우연히 그에게서 소설을 훔침으로써 콤플렉스를 넘어서고자한다. 서지우는 소설을 통해 이적요의 환상 속 아내인 은교를 욕망하면서 유사 부자간의 갈등은 극한까지 치닫는다. 이 지점에서 은교는 환상 속의 은교와 현실에서의 은교로 나뉘는데 서지우는 이 둘을 구분하지 못한다. 이적요와 서지우가 동시에 욕망하는 것은 환상 속의 은교이다. 그녀는 이적요에게는 아내, 서지우에게는 어머니의 포지션을 차지한다. 그러나 환상과 현실을 구분하지 못하는 서지우는 현실 속의 은교와 성관계를 가진다. 갈등의 해소는 서지우가 자신의 욕망, 즉 주이상스를 멈추는 방법으로 이루어진다. 결국 그것은 서지우의 초자아가 스스로를 처벌함으로써 이루어지는데, 처벌이란 곧 죽음이다.

영화 〈신세계〉에서는 범죄 조직 '골드문'에 침투한 경찰, 이자성의 어중간한 포지션이 갈등의 주된 요소가 된다. 이자성은 경찰에도, 골드문에도 완전히 속하지 못한 채 상상적인 관계를 제공하는 강과장의 욕망 속에서 괴로워한다. 강과장은 그런 면에서 이자성에게 모성적 초자아로 작용한다. 이자성을 괴롭히는 갈등의 근원에는 강과장이 서 있는 것이다. 강과장은 처음 프로젝트를 계획하고 그것에 따라 자성을 골드문에 침투시킨 인물이다. 이자성이 이러한 관계에서 벗어나기 위해서는 어머니로부터 아이를 분리시켜줄 수 있는 존재인 아버지가 필요하다. 라캉의 관점에서 보면 아이가 어머니로부터 떨어져 나와 주

Company, Inc., 2006, pp.6-48.

인(狂人)의 모습을 지녔다는 것은 아니며, 유사가족 관계에서 그의 포지션을 은유적으로 해석한 결과이다. 정신병자는 욕망하는 주체가 아니기 때문에 화이도 욕망하지 않는다. 화이가 자신을 키워준 아버지들을 죽이는 과정에서도 그가 목적하는 것은 명확하게 드러나지 않는다. 그에 따라 이 사례에서는 갈등이 끝까지 봉합되지 않는다. 그것을 보여주듯 화이는 마지막 장면에서마저도 의도가 확실치 않은 살인을 저지른다. 그가 가진 정신병적 포지션을 이해하지 못한다면 영화의 갈등 구조는 매우 불투명한 것으로 남을 수밖에 없는 것이다.

영화 〈이끼〉의 사례에서는 유사가족 관계를 도식화하기 위해 기존에 사용하던 기호학적 사각형이 아닌 라캉의 L 도식을 사용한다. 기호학적 사각형을 통해서는 해국에게 상징적인 아버지(목형)와 상상적 아버지(이장)를 동시에 제공하는 상징적 어머니로서 영지의 역할을 설명하기가 어렵기 때문이다. 이 사례에서 확인할 수 있는 것은 아버지의 중요성보다는 오히려 어머니의 중요성이다. 아이에게 아버지가 제대로 기능하기 위해서는 반드시 어머니가 매개가 되어야하기 때문이다. 그런 면에서 제5장의 마지막 사례인 본 영화의 분석은 아버지와 오이디푸스 콤플렉스의 역할에 대한 강조점이 다시 어머니에게로 회귀하는 결과를 만들어낸다. 영지의 역할을 이해하지 않고는 영화의 갈등 구조를 명확히 이해할 수 없음에도 서사 속에서 영지가 차지하는 비중은 지나치게 작다. 따라서 영화의 갈등 구조를 심층적으로 분석하지 않으면 서사의 흐름이 명확하게 드러나지 않는다. 서사의 주체는 영지이며 갈등 구조도 영지의 복수를 중심으로 구성되어 있다. 그러나 영화의 이미지들이 해국을 중심으로 흘러가기 때문에 영지가 중심으로 등장하는 마지막 반전 장면에서 관객들은 모호함을 느끼게 되는 것

다 강력한 아버지의 이름이 요구된다고 볼 수 있다. 프로이트에 따르면 어린아이가 성장하여 어른이 되기 위한 선결조건은 부모로부터의 독립이다. 홍준기는 이 과정을 "부모로부터의 독립전쟁"이라고까지 표현했다.[15] 이것이 정상적으로 완수되지 않는다면 인간은 사회적인 주체로 자랄 수 없다. 따라서 어머니의 아이에 대한 부착이 강해지면 강해질수록 떼어낼 수 있는 상징적 장치도 강력해져야 할 필요가 있는 것은 당연하다.

제6장에서는 4장과 5장에서 다루지 않은 다양한 형태의 유사가족을 다루고 있다. 〈해무〉에서는 각자의 가족을 위해 다시 가족의 형태를 이룬 선원들을 전이된 형태의 가족으로서 분석하고 있고, 〈헬로우 고스트〉에서는 멜랑콜리의 관점으로 유사가족의 범위를 망상의 형태로까지 확장시키고 있다. 〈마담 뺑덕〉에서는 이전의 장에서는 다루지 않은 아버지와 딸의 관계를 다루고 있는데 국면을 나누어 딸이 어머니가 되는 과정을 다양한 은유를 통해 분석하였다. 〈의형제〉에서도 역시 이전의 장에서는 다루지 않은 동류(同流)로서의 형제 관계를 분석의 대상으로 하였으며, 앞으로 후속 연구에서 이루어질 본격적인 비교 분석의 가능성을 열어두기 위해 같은 감독의 작품인 〈고지전〉을 바로 이어서 다루었다.

영화 〈해무〉에서 등장하는 주요 인물들은 배의 선원들이다. 잘 알려져 있듯이 배에서의 선장은 가부장을 의미한다. 헨리 메인(Henry S. Maine)에 따르면 로마인의 가정에서는 아버지가 그 자녀에 대하여 생사여탈권을 가지고 있었을 뿐만 아니라 무제한적 처벌권한도 가지고

---

15 Philippe Julien, 홍준기 역, 『노아의 외투』, 한길사, 2000, 옮긴이의 말, p.21.

도입하면 영화의 갈등 구조의 분석은 간단해진다. 가족의 상실로 인해 멜랑콜리라는 내적 갈등을 겪던 상만이 연수의 조력으로 그것을 극복하며 갈등을 해소하는 과정인 것이다. 거세를 겪지 않은 정신병자에게는 무의식이 존재하지 않기 때문에 이 사례에서는 심층적 구조가 존재하는 것이 아니라 드러난 것이 곧 구조이다.

영화 〈마담 뺑덕〉에서는 갈등이 두 가지 국면으로 나누어진다. 첫 번째 국면은 학규와 덕이가 유사 부녀 관계를 이루는 국면으로 이것은 원작인 심청전에는 등장하지 않는 국면이다. 이 국면이 의미가 있는 것은 학규가 강박증자의 포지션을 가지고 있다는 사실을 드러내기 때문이다. 학규의 강박증적 성향은 그가 첫 번째 국면에서 덕이를 버리고 두 번째 국면에서 딸 청이를 빼앗기고도 성행위에만 집착하는 이유를 이해할 수 있게 한다. 주된 갈등은 두 번째 국면에서 모습을 드러내게 되는데 첫 번째 국면은 이러한 갈등의 동기를 설명해주기 위한 장치로서 작용한다. 두 번째 국면에서는 흔히 알려진 심청전처럼 청이와 덕이가 유사 모녀 관계를 형성하게 된다. 이 국면에서 덕이는 도착증적 포지션을 가진 비정상적 주체인데 그녀는 복수의 과정을 통해 그러한 포지션을 은유적으로 드러낸다. 결국 갈등의 해결자는 덕이의 복수를 방해하던 청이로, 덕이의 눈을 떼어냄으로써 그녀를 정상적으로 욕망할 수 있는 주체로 되돌려놓는다. 이 사례에서는 아버지를 사이에 두고 갈등을 빚는 일반적인 모녀간의 갈등을 극단적으로 보여주는 듯한데, 영화에서 나타나는 갈등이 일반적으로 보이지 않는 이유는 학규와 덕이가 가진 비정상적인 포지션 때문이라고 할 수 있다.

영화 〈의형제〉에서는 형제 사이의 갈등이 유사가족 관계로 전이되었을 때 어떤 양상을 보일 것인가에 대한 답이 제시된다. 상상적으로

되어 어떤 갈등이 발생되었을 때 그것을 극복할 수 있는 다양한 방법이 존재하지만, 변할 수 없는 것은 갈등 해소의 실마리 또한 관계 안에 있다는 것이다. 타자와의 관계를 정의하는 것은 주체의 근본적인 환상이기에 이것이 변하지 않는 한 갈등은 반복될 것이다. 다시 말해 갈등을 근본적으로 해소하는 방법은 관계에서 결여된 부분을 은폐시키는 이 환상의 구조를 흔들어 놓는 것이다. 지젝에 따르면 이러한 환상은 해석될 수 있는 게 아니라 오로지 '횡단'만이 가능한 것이다. 우리가 해야 할 일은 어떻게 그것 뒤에 아무것도 없는지를 체험하는 것뿐이다. 어떻게 환상이 정확히 그 '아무것도 아닌 것'을 감추고 있는지를 체험하는 것이다.[17]

이제 이 지점에서 결과에 대해 종합적으로 논의하는 것이 필요할 것이다. 연구 결과 드러나는 사실은, 다양한 유사가족 관계에서 갈등의 근저에는 언제나 가족으로부터 비롯된 근본적인 환상이 자리하고 있다는 것이다. 지젝이 지적하는 것처럼 이데올로기는 우리의 사회적 현실 자체를 구조화하는 (무의식적) 환상 수준에 있다.[18] 사회적 주체는 언제나 사회와 개인의 의식적/무의식적 상호 작용 안에 놓여 있기에 역으로 개인이 가진 가족 환상은 한국 사회의 '가족주의'로 인해 더욱 견고해질 수도 있다. 특히 한국의 가족주의는 가부장제를 중심으로 이루어져 있는데 프롬에 따르면 가부장제의 결함을 보여주는 전쟁, 독재, 공포정치 등[19]에 대한 반작용으로 대두된 것이 반권위적 성격을 지

---

17 Slavoj Zizek, 이수련 역, 『이데올로기의 숭고한 대상』, 새물결, 2013, p.208.

18 위의 책, pp.68-69.

19 프롬에 따르면 "가부장적 사회 구조는 오늘날의 사회에서 볼 수 있는 계급구조와 밀접하게 결부된 특징을 지니고 있다." 이러한 구조를 만들어내는 심적 태도는 "행정기구의 외면적인 억압체제를 효과적으로 보완하고 있다." (Erich Fromm,

착되는 결과를 가져오고 있다는 것이다. 문화적으로 환상이 자유롭게 풀려나지 못하고 고착화된다는 것은 서사가 다양하고 풍부하게 발전하지 못하고 특정 구조의 반복적이고 강박적인 변형만을 답습할 수밖에 없다는 의미이기도 하다.

문화적으로 내러티브가 이렇게 고착화되면 아이가 가족으로부터 독립하지 못하듯 사회적 주체로서 우리의 환상도 결국 다시 가족주의로 퇴행할 수밖에 없는데 이것을 극복하기 위해서는 가족이라는 환상을 횡단해야만 한다. 보다 상위 개념으로서 아버지의 이름을 고민하는 동시에, 나와는 다른 알 수 없는 타자의 욕망 앞에 자신을 던져놓고 주체의 환상을 작동시킴으로써 그것을 철저히 체험하고 그 허위성을 폭로하는 방법 밖에 없다는 것이다. 새로운 아버지의 이름의 모색과 환상 횡단 행위는 주체가 타자라는 존재의 환상을 깨트리고 모두가 동시에 욕망하는 주체가 됨으로써 고착화된 사회, 문화적 갈등을 해소하고 한국적 서사의 가능성을 풍부하게 만드는 계기가 될 것이다.

2. 연구의 한계와 제언

연구의 객관성을 확보하기 위하여 다양한 학자들의 관점을 도입하고 논리적 접근을 시도했음에도 불구하고 연구가 환원론적이라는 비난의 소지는 여전히 남아 있다. 그것은 두 가지 이유에서이다.

하나는 유사가족 사례의 대상 텍스트를 선정함에 있어서 '유사'라는 개념이 만들어내는 문제이다. 유사성의 범위는 사람마다, 혹은 기준에 따라 다르기 때문에 유사가족의 선택에 있어서 반드시 연구자의

한 개념인 '사후 작용' 때문이다. 정신분석의 관점에서 주체에게 실제로 일어난 경험을 바탕으로 구성된 역사는 의미가 없다. 라플랑슈와 퐁탈리스가 지적하듯 프로이트는 처음부터 주체는 지나간 사건을 사후에 수정할 뿐 아니라, 그 사건에 의미와 병인의 효과나 힘을 부여하는 것은 바로 그 수정이라고 분명히 못을 박는다. 따라서 주체의 역사에 대한 정신분석적인 개념을, 현재에 대한 과거의 영향만을 고찰하는 직선적인 결정론으로 환원하려는 피상적인 해석을 금지시킨다.[21] 그러나 본 연구는 실제 환자에 대한 해석이 아니므로 그러한 금지에 종속될 필요가 없다. 문화의 변화에 따라 그 표상도 변화하기 때문에, '동시대'라는 명제가 역사적인 의미를 획득하기 위해서는 과거의 영화 사례들과 비교 연구를 할 필요가 있다. 다시 말해 과거의 영화에서는 유사 가족의 사례들이 어떤 형태로 나타났는지를 다양한 표상들을 통해 분석하고 그것을 본 연구의 결과와 비교해보는 일은 사회, 문화와 그것에 속한 대중들의 심적 구조에 어떤 변화가 일어났는가를 알 수 있는 의미 있는 작업이다.

공시적으로는 '한국'이라는 지역의 한계이다. 본 연구는 한국 영화와 그것의 문화적 맥락에만 집중하였기 때문에 공시적 의미를 크게 확장하지 못한다. 김성도에 따르면 표상(기호)들은 그것의 내적인 가치로 작용하지 않고 그것의 상대적이고 대립적인 관계에 근거해서만 작동한다는 것이다.[22] 다시 말해 표상이 의미를 발생시키는 지점은 다른 표상과의 비교를 통해 차이가 드러날 때라는 것이다. 이런 의미에서는

---

21 Jean Laplanche & Jean—Bertrand Pontalis, 임진수 역, 『정신분석 사전』, 열린책들, 2009, p.185.
22 김성도, 『현대 기호학 강의』, 민음사, 1998, p.39.

참고문헌

1. 기초 자료 (영화)

〈고지전〉. 장훈 감독. 2011.07.20 개봉.
〈도희야〉. 정주리 감독. 2014.05.22 개봉.
〈돈의 맛〉. 임상수 감독. 2012.05.17 개봉.
〈마담 뺑덕〉. 임필성 감독. 2014.10.02 개봉.
〈신세계〉. 박훈정 감독. 2013.02.21 개봉.
〈은교〉. 정지우 감독. 2012.04.25 개봉.
〈의형제〉. 장훈 감독. 2010.02.04 개봉.
〈이끼〉. 강우석 감독. 2010.07.14 개봉.
〈차이나타운〉. 한준희 감독. 2015.04.29 개봉.
〈피에타〉. 김기덕 감독. 2012.09.06 개봉.
〈해무〉. 심성보 감독. 2014.08.13 개봉.
〈헬로우 고스트〉. 김영탁 감독. 2010.12.22 개봉.
〈화이: 괴물을 삼킨 아이〉. 장준환 감독. 2013.10.09 개봉.

2. 단행본 (국내 저자)

강응섭. 『자크 라캉의 세미나 읽기』. 세창미디어, 2015.
고영복. 『철학사상과 사회과학의 만남』. 사회문화연구소, 2005.
곽정연. 『정신분석: 정신분석학과 문학비평』. 연세대학교 출판부, 2011.

_____.『영화 그 기호학적 해석의 즐거움2』. 커뮤니케이션북스, 2010.

백승국.『문화기호학과 문화콘텐츠』. 다할미디어, 2006.

서정철.『기호에서 텍스트로』. 민음사, 2007.

송낙원.『시나리오 쓰기』. 커뮤니케이션북스, 2014.

안영순, 노시훈.『영화와 애니메이션을 위한 36가지 극적 플롯』. 동인, 2009.

여성문화이론연구소 정신분석세미나팀.『페미니즘과 정신분석』. 여이
　　　연, 2003.

이득재.『가족주의는 야만이다』. 소나무, 2001.

이병창.『지젝 라캉 영화』. 먼빛으로, 2013.

이성록.『비영리 민간조직 갈등관리론』. 미디어숲, 2007.

임진수.『환상의 정신분석』. 현대문학, 2005.

_____.『남근의 의미작용』. 파워북, 2011.

정재형.『영화 이해의 길잡이』. 개마고원, 2003.

조남현.『소설 신론』. 서울대학교출판문화원, 2013.

최영민.『쉽게 쓴 정신분석이론: 대상관계이론을 중심으로』. 학지사, 2011.

최재석.『한국의 가족과 사회』. 경인문화사, 2009.

코디최.『동시대 문화 지형도』, 컬처그라퍼, 2012.

한용환.『소설학 사전』. 문예출판사, 2012.

홍준기.『오이디푸스 콤플렉스, 남자의 성, 여자의 성』. 아난케, 2013.

_____외.『라캉, 사유의 모험』. 마티, 2010.

3. 단행본 (외국 저자)

Abbott, H. Porter. 우찬제, 이소연, 박상익, 공성수 역.『서사학 강의』.
　　　문학과지성사, 2010.

Andre, Serge. 홍준기, 박선영, 조성란 역.『여자는 무엇을 원하는가?: 히
　　　스테리, 여자동성애, 여성성』. 아난케, 2010.

Fink, Bruce. 이성민 역.『라캉의 주체: 언어와 향유 사이에서』. 도서출
　　판b, 2010.

_____. 맹정현 역.『라캉과 정신의학』. 민음사, 2012.

Forster, E. M. 이성호 역.『소설의 이해』. 문예출판사, 1991.

Freud, Sigmund. 이덕하 역.『끝낼 수 있는 분석과 끝낼 수 없는 분석』.
　　도서출판b, 2004.

_____. 오현숙 역.『성에 관한 세 편의 해석』. 을유문화사, 2007.

_____. 임홍빈, 홍혜경 역.『정신분석 강의』. 열린책들, 2012.

_____. 임홍빈, 홍혜경 역.『새로운 정신분석 강의』. 열린책들, 2012.

_____. 김정일 역.『성욕에 관한 세 편의 에세이』. 열린책들, 2010.

_____. 김재혁, 권세훈 역.『꼬마 한스와 도라』. 열린책들, 2012.

_____. 김명희 역.『늑대 인간』. 열린책들, 2012.

_____. 황보석 역.『정신 병리학의 문제들』. 열린책들, 2012.

_____. 윤희기, 박찬부 역.『정신분석학의 근본 개념』. 열린책들, 2012.

_____. 김석희 역.『문명 속의 불만』. 열린책들, 2012.

_____. 이윤기 역.『종교의 기원』. 열린책들, 2013.

_____. 정장진 역.『예술, 문학, 정신분석』. 열린책들, 2012.

_____. 박성수, 한승완 역.『정신분석학 개요』. 열린책들, 2012.

_____. 임진수 역.『정신분석의 탄생』. 열린책들, 2012.

Fromm, Erich. 최혁순 역.『프로이트와 정신분석』. 홍신문화사, 2010.

Gay, Peter. 정영목 역.『프로이트』. 교양인, 2014.

_____. 정영목 역.『프로이트2』. 교양인, 2014.

Greenberg, J. R. & Mitchell, S. R. 이재훈 역.『정신분석학적 대상관계
　　이론』. 한국심리치료연구소, 1999.

Greimas, A. J. & Fontanille, J. 유기환, 최용호, 신정아 역.『정념의 기호
　　학』. 강, 2014.

Hamilton, N. Gregory. 김진숙, 김창대, 이지연 역.『대상관계 이론과 실

들, 2009.

Lapsley, R. J. & Westlake, M. R. 이영재, 김소연 역.『현대 영화이론의 이해』. 시각과 언어, 1999.

Leader, Darian. 이수명 역.『라캉』. 김영사, 2005.

Maine, Henry S. 정동호, 김은아, 강승묵 역.『고대법』. 세창출판사, 2009.

McGowan, T. & Kunkle, S. 김상호 역.『라캉과 영화 이론』. 인간사랑, 2008.

Mckee, Robert. 고영범, 이승민 역.『Story 시나리오 어떻게 쓸 것인가』. 민음인, 2013.

McWilliams, Nancy. 정남운, 이기련 역.『정신분석적 진단: 성격구조의 이해』. 학지사, 2012.

Metz, Christian. 이수진 역.『상상적 기표 – 영화, 정신분석, 기호학』. 문학과지성사, 2009.

Nobus, Dany et al. 문심정연 역.『라캉 정신분석의 핵심 개념들』. 문학과지성사, 2013.

Palmer, Richard E. 이한우 역.『해석학이란 무엇인가』. 문예출판사, 2011.

Poulter, Stephan B. 송종용 역.『모든 인간관계의 핵심 요소 아버지』. 씨앗을 뿌리는 사람, 2007.

Propp, Vladimir. 유영대 역.『민담형태론』. 새문사, 2009.

Rodowick, David Norman. 김수진 역.『현대 영화 이론의 궤적』. 한나래, 1999.

_____. 정헌 역.『디지털 영화 미학』. 커뮤니케이션북스, 2012.

Roland, Alan. 심은정 역.『다문화와 정신분석』. 학지사, 2012.

Samovar, L. A. & Poter, R. E. 정현숙 외 역.『문화 간 커뮤니케이션』. 커뮤니케이션북스, 2007.

Sarup, Madan. 김해수 역.『알기 쉬운 자끄 라깡』. 백의, 1996.

Segal, Hanna. 이재훈 역.『멜라니 클라인』. 한국심리치료연구소, 1999.

Stam, Robert et al. 이수길 외 역.『어휘로 풀어읽는 영상기호학』. 시각

김소연. 「김기덕 영화에서의 도착적 주체성의 문제: 사마리아를 중심으로」. 『라깡과 현대정신분석』13권/2호. 한국라깡과현대정신분석학회, 2011.

김시무. 「라깡의 주체이론 재조명 : 〈살인의 추억〉과 〈장화,홍련〉에 나타난 실재계 개념을 중심으로」. 동국대학교 대학원 박사학위논문, 2005.

김용임. 「한국 영화에 재현된 가족이데올로기의 해체적 양상과 대안적 형태 연구: 2000~2003년 영화 중심으로」. 동국대학교 대학원 석사학위논문, 2004.

김혜미. 「1997년 경제 위기 이후 한국 영화에서 가족의 재현과 수용 양상」. 한양대학교 대학원 석사학위논문, 2010.

나지현. 「2000년 이후 한국영화에서 도착성의 재현에 관한 연구」. 중앙대학교 첨단영상대학원 석사학위논문, 2008.

박통희. 「가족주의 개념의 분할과 경험적 검토－가족주의, 가족이기주의, 의사가족주의」. 『가족과 문화』16권/2호. 한국가족학회, 2004.

백선기, 손성우. 「영화 속의 욕망, 기억, 증상 및 상흔: 영화 올드보이에 대한 서사구조, 공간구조 및 시간구조 분석을 중심으로」. 『기호학 연구』19집. 한국기호학회, 2006.

서의석. 「한국 가족영화의 서사와 양식체계의 변화에 관한 연구」. 경기대학교 대학원 박사학위논문, 2015.

손종희. 「한국 영화에 나타난 신가족주의 고찰: 1990－2001년 영화를 중심으로」. 동국대학교 대학원 석사학위논문, 2001.

신병식. 「영화 〈똥파리〉를 통해 본 정신분석적 권력 개념」. 『라깡과 현대정신분석』12권/1호. 한국라깡과현대정신분석학회, 2010.

신수진. 「한국의 가족주의 전통과 그 변화」. 이화여자대학교 대학원 박사학위논문, 1997.

심재욱. 「봉준호 영화의 서사 구조 연구 : 정신분석학적 접근을 통해」.

화를 중심으로」. 중앙대학교 첨단영상대학원 석사학위논문, 2006.

5. 웹사이트

강병진. ≪씨네 21≫. 〈http://www.cine21.com/news/view/mag_ id/61568〉. 2010.07.15.

____. ≪씨네 21≫. 〈http://www.cine21.com/news/view/mag_ id/61721〉. 2010.07.29.

김지미. ≪씨네 21≫. 〈http://www.cine21.com/news/view/mag_ id/76997〉. 2014.05.29.

박수민. ≪씨네 21≫. 〈http://www.cine21.com/news/view/mag_ id/81115〉. 2015.09.01.

정한석. ≪씨네 21≫. 〈http://www.cine21.com/news/view/mag_ id/71619〉. 2012.11.08.

주성철. ≪씨네 21≫. 〈http://www.cine21.com/news/view/mag_ id/74524〉. 2013.10.10.

____. ≪씨네 21≫. 〈http://www.cine21.com/news/view/mag_ id/72644〉. 2013.02.20.

____. ≪씨네 21≫. 〈http://www.cine21.com/news/view/mag_ id/78097〉. 2014.10.08.

차우진. ≪씨네 21≫. 〈http://www.cine21.com/news/view/mag_ id/70403〉. 2012.07.13.

허지웅. ≪네이버 영화≫. 〈http://movie.naver.com/movie/bi/mi/ point.nhn?code=88295〉.

황진미. ≪씨네 21≫. 〈http://www.cine21.com/news/view/mag_ id/81116〉. 2015.09.01.

한국영화의 갈등 구조

초판 1쇄인쇄 2018년 6월 24일
초판 1쇄발행 2018년 6월 26일

저 자 유세문
발행인 박지연
발행처 도서출판 도화
등 록 2013년 11월 19일 제2013-000124호
주 소 서울시 송파구 중대로34길 9-3
전 화 02) 3012-1030
팩 스 02) 3012-1031
전자우편 dohwa1030@daum.net
인 쇄 (주)현문
ISBN ㅣ 979-11-86644-59-1*93680
정가 15,000원

도화道化, fool는
고정적인 질서에 대한 익살맞은 비판자,
고정화된 사고의 틀을 해체한다는 뜻입니다.